Nico

Dijkshoorn

Appelleren

Nico Dijkshoorn

Appelleren

Voetbal International
Gouda

Inhoud

Een Cruijff doet wat een Cruijff wil

15 APRIL 2009

Wat een weldadige rust hangt er rond onze twee grootste voetballers ooit, Johan Cruijff en Willem van Hanegem. Het bevalt me goed, eens een keer een jaartje geen wandtegelspreukjes. We weten het nu allemaal wel. Als ik wil, schrijf ik zes Cruijff-boekjes per jaar. 'Als je wint, ben je geen knaagdier'. 'Koppen is geen schieten'. 'Een balletje gehakt is geen visje.'

Zo makkelijk is het.

Je gaat een kwartiertje naast een bejaarde zitten, je vraagt hem wat het morgen voor weer wordt, je noteert de stroom van woorden, je vervangt de naam Opa Bakkebaard overal door Cruijff en hij kan weer naar de drukker, je volgende geinige Cruijff-uitsprakenboekje. 'Mooi weer kan ook regen zijn'. 'Gras is eigenlijk blauw'. 'Wie wint, ruikt lekker.'

Cruijff verscheen dit jaar, ondanks gemaakte afspraken, niet bij de NOS om Champions League-wedstrijden te analyseren. Het is precies zoals het hier staat. Hij kwam niet opdagen. Geen zin, dus zoeken ze het maar uit in Nederland. Johan doet alleen nog maar dingen die hij leuk vindt. Daarom zien we hem ook nooit meer bij het lusteloze gevecht om de Johan Cruijff Schaal. Geen reet aan. Bij de NOS aanschuiven vindt hij even niet leuk, dus komt hij niet. Contract of niet. Typisch iets voor Cruijff. Als je zaken wilt doen met de Cruyff Foundation, is het een heel ander verhaal. Dan moet je, als je een boekje publiceert waaraan Cruijff zijn goedkeuring verleent, op de achterflap zetten dat de Cruyff Foundation een schitterende organisatie is en, als het tegenzit, een gedeelte van de recette afstaan. Dat geld wordt gebruikt om een op de Cruyff University studerende sporter zó op te leiden, dat hij net zo moeilijk over sport gaat lullen als Cruijff zelf.

Achteraf is het een denkfout geweest dat we Cruijff niet meteen op zeventienjarige leeftijd een chirurgische vleespleister om zijn mond hebben laten naaien. Hij was een van de eerste voetballers die ongevraagd gedachten gingen formuleren. Daar zijn we nu lekker klaar mee.

De reden dat Cruijff niet meer bij de NOS verschijnt is ontroerend. We houden niet meer genoeg van hem. We bewonderen hem niet meer zo onvoorwaardelijk als vroeger. We lachen zelfs een beetje om hem. *Ach, die Johan, kijk hem daar nou zitten.*

Dat is begonnen in Duitsland, tijdens het WK. Hoe Cruijff daar langs het trainingsveldje stond te hunkeren naar herkenning. Dat prachtige vogelhoofd. Loeren of ze al in de gaten hadden dat hij een training bijwoonde. Marco van Basten, heel gevoelig voor hiërarchie, pleegde daar al zijn coup. Hij wenkte dat Johan best wel even op het veld mocht komen. Dodelijk. Cruijff sta je niets toe. Een Cruijff doet wat een Cruijff wil.

Johan trapte daarin. Hij gaf alle spelers van het Nederlands elftal netjes een hand. Fout. Daar zag je de verslapping. De echte grote Cruijff was halverwege de training weggereden en zou de volgende dag tegen een journalist hebben gezegd dat hij opeens zin had in een broodje makreel. Na het WK verklaarde Cruijff dat Van Basten hem vóór het toernooi nog had gevraagd de coaching te willen doen. Daar had hij geen zin in gehad. Zoals gewoonlijk.

Het lijkt allemaal niets, maar daarin zit de kern van Cruijffs langzame vervaging. Hij voelt dat we hem niet meer helemaal serieus nemen. Zelfs Cruijff begrijpt inmiddels dat zijn analyses voor de NOS steeds meer werden beleefd als een vermakelijke freakshow. We lachten ons rot. Wat zou hij nú weer in de rust bij elkaar brabbelen? Dat moet voor Cruijff en Van Hanegem het allerergste zijn, dat ze niet meer als Cruijff en Van Hanegem worden behandeld. Dat ze een lollig item zijn geworden, vlak voor de reclame. Dat er inmiddels een generatie voetballiefhebbers is opgegroeid die koffie gaat zetten als Cruijff en Van Hanegem aan het woord zijn. Oude mannen die vroeger fantastisch konden voetballen en nu voor eeuwig hun gelijk komen halen.

Er zit een wonderschone tragiek in. De verloren onschendbaarheid. Door een straat lopen en merken dat niet iedereen meer omkijkt. Je hoort dat ze je nadoen. Je maakt een grap en merkt dat mensen lachen om je een plezier te doen. Wegrijden bij de NOS-studio en je afvragen: zat die Tom Egbers nou de hele avond zijn lachen in te houden?

Ik vind dat Johan het goed doet. De waardigheid van een stervende olifant. Hij sleept zich – een tocht van jaren en jaren – naar het Kerkhof der Grote Voetballers. Cruijff voelt dat hij steeds vaker achter de kudde aan loopt en tegen de achterkant van een veel gespierder, jonger mannetje aankijkt. Er zit ook zo een raar vals geluidje in zijn getrompetter de laatste tijd. Niemand reageert als hij toetert.

Óf Johan heeft zelf de beslissing genomen langzaam te verdwijnen en alleen nog in beelden te bestaan, óf zijn vrouw Danny heeft hem geholpen. Dat moet een mooi gesprek zijn geweest. Samen in de tuin. 'Johan, lieverd, kom eens naast me zitten. Of nee, ga eens staan. Hier, pak eens aan.' Danny geeft hem een wit lint in zijn handen. 'Doe nou eens net alsof je hebt gescoord. Zoals toen. En spring eens, met dat witte lint in je handen. Alleen voor mij. Toe maar. Doe maar.' Cruijff twijfelt, maar dan begint hij te hollen en springt. Met dat lintje in een hand. Danny kijkt. Dat is haar man. Ze voelt weer die warme bal magma door haar lijf stromen. Oh, als Johan voetbalde. Oh, als hij sprong en met een arm zwaaide. Die verliefdheid. Haar man. Dat voelde ze nooit als hij met een colbertje naast Mart Smeets zat. Johan kijkt haar aan. Hij roept: 'Nog een keer?' Ze knikt.

Zo'n vrouw gun je Van Hanegem. Want die zit volgend jaar gewoon weer ergens met een roze trui achter een desk, te hopen dat ze om hem lachen.

Niemand omarmt Van Gaal ongestraft

22 APRIL 2009

Voor een echte Louis van Gaal-follower zoals ik waren het afgelopen week gouden tijden. Zo veel om van te dromen en over te fantaseren. Heeft Louis zich bijvoorbeeld met de voorbereidingen van het kampioensfeest bemoeid? Dat kan bijna niet anders. Iemand die het menu in de brasserie van het DSB Stadion verandert omdat er een knolgewas in zit dat hij niet lust, die geeft zo'n feest niet zomaar uit handen.

Van Gaal en de aanloop naar de feestelijkheden, dat roept mooie beelden op. Louis naast een medewerker die een grote opblaasbare pop heeft besteld. U kent ze wel, die dom juichende fladderdingen die zo vreselijk irritant staan te juichen doordat er lucht doorheen wordt geblazen. Louis zet de machine aan. De plastic pop verheft zich van het gras en juicht. Louis kijkt even. 'Wat is dit?', vraagt hij. 'Een windmannetje, meneer Van Gaal.' 'En hoe juicht dit mannetje?' 'Heel wild met zijn armen omhoog, meneer Van Gaal.' 'En hoe juichen wij bij ons in de selectie?' 'Met één arm omhoog, meneer Van Gaal.' 'Precies, ondergeschikte. Dit is dus de verkeerde pop. Ruilen maar.'

Totale controle. Niets aan het toeval overlaten. Daar houdt Louis van. Ik ben dan ook benieuwd hoe hij heeft gereageerd op de fotoreportage in het tijdschrift Life After Football, waarin Moussa Dembélé en Demy de Zeeuw herenmode presenteren. Met getuite lipjes dragen zij kalfslederen vrijetijdsschoenen van zeshonderd euro per stuk en brutaal vallende jasjes die net zo veel kosten als de gemiddelde boerenlul per jaar aan Dirk Scheringa moet terugbetalen voor zijn geleende bruine gezinskeuken. Het zal wel op hun vrije woensdag hebben plaatsgehad, de fotoshoot, maar je ziet Van Gaal alweer zitten tandenknarsen. Ik denk dat hij de heren na deze modereportage op zijn kantoor heeft gevraagd.

'Zo, heren. Zijn wij meer dan mij of zo? Ja, zeg het maar, hoor, meneer De Zeeuw met uw – even lezen – polo van Replay, vestje van Fred Perry, jack van Tiger of Sweden, pantalon van Fred Perry, een horloge van Rolex en schoenen van Timberland. Wat is er mis met Tante Ria's Maatpakkenparadijs, voor al uw maatpakken, waar ome Dirk al zijn kleding koopt?'

Normaal gesproken werkt dat typische Louis van Gaal-gedoe me nogal op de zenuwen, maar de afgelopen week ontroerde hij mij. Die enorme drang te controleren en dan zien dat het anders loopt dan jij in je blocnote hebt geschreven; het maakte Van Gaal opeens een stuk menselijker. Lief vond ik hem bijna, zaterdagavond na het verlies op eigen veld tegen Vitesse. Wat zou hij graag hebben laten zien aan Nederland, na die afgang van twee jaar geleden bij Excelsior, dat zijn ploeg wél onder druk kan presteren. En wéér ging het mis. Opnieuw met een labiele, stijf van de zenuwen spelende Stijn Schaars, die als het erop aankomt vooral wereldkampioen hoofd laten hangen en schreeuwen op de verkeerde momenten is.

Ik heb er vol mededogen naar zitten kijken, hoe de wedstrijd rommelig naar het einde werd gespeeld en hoe Louis zijn tot in de kleinste details uitgewerkte kampioensfeest, in een vol eigen stadion, door zijn vingers zag glippen. Juist die teleurstelling, die wat gebogen houding in de dug-out en de laatste lusteloze aantekening in zijn boekje, maakte Van Gaal tot iemand die je misschien toch eens uitnodigt op je verjaardag, op het gevaar af dat hij daar weer drie uur lang ongevraagd gaat zitten uitleggen wat de lekkerste zoute pinda's zijn en hoe je vuile vaat streeploos schoon krijgt.

Louis zou afgelopen zaterdagavond zo graag omhoog zijn gegooid door zijn spelers. Zogenaamd met tegenzin. Hij had van tevoren bedacht zijn aantekenboekje gewoon vast te houden, tijdens het hossen. Hij had zo graag zijn stem willen verheffen in een doodstil stadion. We zullen nooit weten welke Martin Luther King-achtige uitsmijter hij voor zaterdagavond had verzonnen. *Ook ik ben een kaas. Ik had een kaas! Yes, we kaas!* Zoiets moet het zijn geweest.

Nu moest hij machteloos toekijken hoe Dirk Scheringa hem weer kwam troosten. Een Louis van Gaal troost je niet, want een Louis van Gaal weet altijd precies wat er gaat gebeuren. Behalve zaterdag dan. Het was prachtig om naar te kijken. Scheringa, vlak na het eindsignaal, als een angstig hertje langs de zijlijn. Hij loert naar Louis. Kijken of-ie wil worden aangeraakt. Hij waagt het erop. Zo onderdanig mogelijk lopen nu, schouders laten hangen en dan even naast Van Gaal gaan staan. Als een vogel. Louis kijkt weg. Dat is geen goed teken. Scheringa kijkt naar zijn schoenen. Van Gaal zegt iets tegen hem. Daarna doet Scheringa heel even een hand op Van Gaals rug. Het hoofd dat Louis dan trekt vergeet ik nooit meer. Hij wordt daar, op dat veld, vlak na AZ-Vitesse geschoffeerd door zijn eigen voorzitter. Die troost hem. Het is dezelfde truc die Guus Hiddink na de EK-wedstrijd Nederland-Rusland met Marco van Basten uithaalde. Guus legde troostend en vaderlijk een hand op het hoofd van Marco. Daarmee vernietigde Guus met een simpel gebaar de status van Van Basten. Echte sterren voel je niet aan hun hoofd als je ze troost.

Zo ver ging het niet bij Dirk en Louis, maar het komt nooit meer goed. Niemand omarmt Louis ongestraft.

De spelers moeten het zondagmiddag hebben gevoeld, toen ze samen met Van Gaal naar de voorbeschouwing van PSV-Ajax keken. Het beeld zal zeker even voorbij zijn gekomen. Hun trainer, Louis van Gaal, in de dug-out. Lege blik. Ze zullen hebben gezwegen, toen ze op de televisie hun voorzitter langzaam het beeld in zagen schuifelen.

Daar, precies op dat moment, toen alles net even anders liep dan verwacht, verloor het kampioenschap voor Louis zijn glans. In plaats van regisseur en vormgever werd hij het mannetje dat zich op de rug liet kloppen en moest wachten wat Ajax, dat verdomde Ajax, tegen PSV deed. Zijn spelers moeten het zondagmiddag hebben gevoeld, daar voor het tv-scherm. Zij moeten het hebben gezien aan Louis' roerloze rug, bij elk doelpunt van PSV. De voetballers van AZ hebben Louis van Gaal zaterdagavond zijn glorieuze moment afgenomen. En dat deed pijn. Veel meer pijn dan de hand waarmee hij woedend op een camera van de NOS ramde.

Niets mislukt mooier dan een panenka

29 APRIL 2009

Een mislukte panenka. Wat is dat toch een prachtig begrip. Helemaal als je niet weet waar het over gaat. Ik heb het ooit uitgeprobeerd en in een aantal winkels gevraagd naar een onsje dungesneden panenka. Gingen ze bij de vleeswaren zoeken. Bij de niet-voetballiefhebber roept het prachtige beelden op, een mislukte panenka. Dat is het mooie van het woord panenka. Het kan van alles zijn. Een ingezakt taartje. Een turnoefening. 'En daar komt hij... Nee, oohhh wat jammer, een mislukte panenka', en dan fijne beelden van een turner die beteuterd op de mat zit. Het kan ook een vleesgerecht zijn. Iets dat je terugstuurt in een duur restaurant. Gevloek in de keuken van Gordon Ramsay. 'Ik heb fucking gezegd dat we die fucking panenka niet meer op de fucking kaart moeten zetten en wat wordt er fucking teruggestuurd net, precies, een fucking mislukte panenka, fuck.'

Als je weet wat een mislukte panenka is, dan wordt alles nog fijner. Niets mislukt mooier dan een panenka. Voor de kluizenaars onder de lezers: een panenka is een beetje vreemd genomen strafschop, vernoemd naar de man die hem voor het eerst in een belangrijke wedstrijd uitvoerde: Antonin Panenka. Tijdens de finale van het EK van 1976, om precies te zijn. Aanloopje, net doen alsof je hard schiet en dan de bal stiften. De keeper duikt en de bal verdwijnt tergend langzaam in het doel. Keeper vernederd, doelpunt. Hoera.

Ik heb de panenka live op de televisie gezien. En werd gek. Antonin Panenka, penaltynemer bij de Tsjechoslowaken, liet de West-Duitse keeper Sepp Maier als een bolletje wol de hoek in rollen, terwijl hij de bal in het net toverde. Ik kan me nog goed herinneren wat er toen allemaal met mij gebeurde. Eerst begon mijn lichaam te bewegen. Dat heb je vaak met geniale sportmomenten. Je gaat staan. Duizenden mannetjes moeten na het nemen van de strafschop, net zoals ik, midden in hun huiskamer hebben gestaan, met de handen op het hoofd.

Het was te veel durf, te veel vernieuwing om in één keer te kunnen begrijpen. Het was de perfecte combinatie van lef, techniek, show, doeltreffendheid, vernedering en verknipte genialiteit. Pas toen Antonin Panenka juichend richting middenlijn holde, begon ik een beetje te begrijpen wat hij had gedaan. Hij had tijdens een van de belangrijkste momenten van zijn leven geen zenuwen gevoeld. Tijdens een beslissend sollicitatiegesprek je kunstgebit uit je mond halen, er een heel kunstig ritme mee op tafel kloppen en dan toch de baan krijgen, vergelijk het daar maar mee. Winnen met een provocatie, dat was het. Je geloofde ook meteen in die vlaag van gekte. Hij bedacht de panenka tijdens zijn aanloop. Zo zag het er in ieder geval uit.

In de jaren daarna hebben veel voetballers gescoord met een panenka. Dat klinkt armoedig en dat is het ook. Iets doen wat al eerder is gedaan. Meestal durven voetballers het pas met een nulletje of zes voorsprong, in een halfleeg stadion. Eigenlijk beledigt iedere voetballer die scoort met een panenka de bedenker van de panenka zelf. Het is geleende roem. Bijna altijd worden panenka's uitgevoerd door egocentrische gekken die van hun strafschop een kunststukje willen maken.

Ik dacht dat de panenka definitief was verkracht door Zidane tijdens de WK-finale van 2006. Hij kon het niet laten en wilde de Italianen vernederen. Het werd de op één na lelijkste panenka ooit. Via de onderkant van de lat heel benauwd over de lijn. Zidane spotte daar met alle panenkawetten. Een panenka moet er juist uitzien alsof de speler aan het stofzuigen is. Een panenka is achteloos. Je bent op weg naar de slager, onderweg kom je een bal tegen en je wandelt hem het doel in, met je boodschappentas in je hand. Zo hoort het. Een panenka overkomt je. Zidane probeerde zich de panenka toe te eigenen. Met dramatische gevolgen. Een panenka die medelijden oproept met degene die schoot is altijd een slechte panenka. Je hoort medelijden te hebben met de keeper. Een goed uitgevoerde panenka degradeert de doelman tot een nutteloze beenham met armpjes.

Maar het kan altijd nog erger. Afgelopen zondag nam Suarez de lelijkste panenka ooit. Het moment was goed. Er stond veel op het spel. Deze strafschop kon miljoenen opleveren. Erop of eronder. Een ideaal momentje voor een panenka. De uitvoerder was helaas een autistische Uruguayaan. Suarez trakteerde ons op de domste panenka ooit. Je zag het al aan zijn aanloop. Hij liep te veel alsof hij heel hard ging schieten. Suarez acteerde een aanloop. Dat zag een kind. Suarez had ook zijn Suarez-karakter tegen. De doelman van AZ verwachtte alles, behalve een normale strafschop. Iemand die zestien uur per dag in de kleedkamer zijn haar staat te kammen gaat niet zomaar ordinair een bal strak in het zijnet schieten. Het moest weer eens lekker apart.

Dat is ook het mooie aan de uitvinding van Antonin Panenka. Als zijn strafschop niet goed wordt uitgevoerd, ziet het er armzalig uit. Suarez stiftte de bal ook te schijterig. Bang voor de onderkant lat. Ook alweer zo ontzettend fout. De originele panenka was juist zo briljant omdat de bedenker geen angst kende. Van Basten zei niet boos te zijn op Suarez. Hij is nu eenmaal grillig. Je weet nooit wat hij doet. In dit geval is dat aantoonbare onzin. De keeper wist juist precies wat Suarez ging doen. Daarom stopte hij de strafschop.

Suarez kan enige troost putten uit het feit dat een andere Ajacied ooit een nog armoediger strafschop nam. Johan Cruijff met zijn van te voren bedachte kinderdagverblijfpenalty in tweeën. Panenka zou zich ervoor schamen.

Nog één ding kan Van Basten redden

6 MEI 2009

Coaches en hun confrontatie met de fans, daar mag ik graag naar kijken. Nergens wordt mooier de kloof zichtbaar tussen Het Grote Geld en De Eeuwige Supporter. Al die prachtige beleefdheidsafspraakjes tijdens persconferenties werken opeens niet meer met zeshonderd briesende bouwvakkers voor je neus. Afgelopen zondag was het weer eens zover. Marco van Basten werd bij het Ajax-stadion opgewacht door ontevreden supporters.

Ontevreden supporters. Ik snap het hele begrip niet. Ik ben een voetballiefhebber die nóóít ontevreden is. Soms wint een club, soms verliest een club. Ik hou van voetbal, niet van clubs. Ik hou van de briljante ingeving. Van een geniale steekbal. Ik hou niet van een rood-wit hart en een clubspeldje. Ik moet ooit de enige zijn geweest die, in een vak vol Ajax-fans, juichend opsprong toen Peter Houtman weergaloos scoorde voor Feyenoord. Het was de volmaakte omhaal. Een actie waarvoor je naar het stadion gaat. Applaus voor Peter.

Het lijkt me dodelijk vermoeiend, leven met een clubhart. Dan gebeuren er rare dingen met je. Nog niet eens zo heel lang geleden ging ik met mijn zoon en dochter naar Ajax-PSV. Het was de eerste keer dat zij meegingen naar een voetbalwedstrijd. In de metro, vlak tegenover ons, zat een man van mijn leeftijd. Mijn kinderen loerden naar hem. Het was ongeveer hun vader, maar dan met een rood-witte shawl om zijn nek en een muts op zijn kop. Vanuit het niets schreeuwde de man opeens: 'Joden!' Niemand keek op. Hij riep het nóg een keer, als een dier. Zoals een meeuw af en toe krijst, zonder dat hij het zelf in de gaten heeft. 'Joden!', riep de man weer. Daarna at hij een koetjesreep. Op mijn kinderen maakte het een verpletterende indruk.

Een van die mannen stond zondag Marco van Basten op te wachten, met nog een paar honderd andere Joden-schreeuwers. Ze kwamen hem ter verantwoording roepen. Dat leverde schitterende beelden op. Marco, met een gezicht als een dodenmasker, tegen zijn zin in converserend met gewone mensen. Met mensen die een balverplaatsing over zes meter wel begrijpen, maar de tweede en de derde man niet zien. Mensen die de afvallende bal niet begrijpen. Met leken moest hij praten over zijn functioneren. Dat deed hem zichtbaar pijn. Als de supporters tegen hem spraken, deed Marco zijn ogen dicht. Dan waren ze er even niet.

Het was niet helemaal verstaanbaar, de discussie daar vlak voor het stadion, maar het ging ongeveer zo: 'Ja, maar mensen, ik probeer Ajax vanuit een dynamisch middenveld te laten spelen en dat vergt tijd, snappen jullie?' 'Nee, Marco, dat snappen we niet, want het was helemaal kut met rundvlees vanmiddag bij Sparta. Helemaal ruk van de bok was het, Marcootje. Hé, man, doe je ogen open als ik tegen je lul. Ben je homo of zo, man, met je vriendje Johnny? Met jullie gebaartjes. Met jullie geschrijf, met lettertjes en zo. Maken jullie de opstelling samen in bad? Kijk hem staan, met zijn luldoelpunt tegen Rusland. Dat is twintig jaar geleden man. Moeten we onder de indruk zijn of zo? Dat was een lucky. Echte mannen schieten met binnenkant voet. Ja, man, wat sta je nou dom te lachen? Joden! Joden! Ja, ik riep even twee keer Joden en ik roep het nóg een keer: Joden. Omdat ik daar zin in heb. Omdat ik een clubmens ben! Mijn twee zonen, die heten Suur en Bier! Nu jij weer. Hoe heten jóúw kinderen?

Balletje en Rondspelen? Lazer nou toch op, man, met je gelul.'

Naar dit soort onzin heeft Van Basten moeten luisteren. Op de achtergrond stonden de spelers van Ajax. Ze verbeten zich. Zaten ze bijna in hun auto en dan dit... Luis Suarez keek op zijn horloge. Dat staat na enkele jaren wonen en werken in Nederland nog steeds op Uruguayaanse tijd. Geen woord verstond hij van de discussie. Door een interview in Holland Sport weten we dat Suarez in al die jaren precies drie woorden Nederlands heeft geleerd: ik, meer en theezakje. Ik denk dat er afgelopen zondag definitief iets bij Marco is geknakt. Een vernietigend beeld. Na de confrontatie met de supporters komt hij thuis. Geen tas om kwaad in de gang te gooien. Eerst gaat hij drie uur huilend onder de douche staan, omdat hij met gewone mensen over voetbal heeft moeten praten. De troep van zijn lichaam wassen. Daarna zit hij aan de keukentafel. Het blijft vreemd stil. Vroeger belde Johan Cruijff nog wel eens, als het slecht ging, maar die geeft alleen nog maar voetbalveldjes weg aan spelers van de concurrentie. 's Avonds is die klootzak van een Hugo Borst op de televisie. Hij kijkt ernaar met zijn ogen dicht en hoort zichzelf spreken. In de catacomben van Het Kasteel legt hij aan een journalist uit wat er misging. Hij herkent zijn eigen stem bijna niet. Zo zachtjes. Zo schuldbewust.

Dat is misschien wat nog het meest pijn doet als je naar Marco kijkt. De lol is eraf. Voetbal is werk geworden. Zijn instinct en intuïtie werken niet meer. Het is bij Ajax blijkbaar toch niet genoeg om gewoon Marco te zijn.

Dat is erg. Nooit meer zullen we Marco op zijn handen zien staan en met zijn beentjes zien trappelen. Nooit meer zullen we hem gedachteloos, vlak nadat hij in Athene heeft gescoord in een

Europa Cup II-finale, vlak voor de aftrap een door de opwinding veroorzaakte erectie recht zien leggen. Waar gebeurd, kijkt u het maar na. Het gaat de verkeerde kant op. Marco is na zijn zoveelste ongemakkelijke gesprekje met de supporters qua uitstraling angstig dicht in de buurt gekomen bij types als Robert Maaskant en Hans Westerhof. Gymleraren met een colbertje aan.

Nog maar één ding kan hem redden. Stoppen. Zonder uitleg. Tas inpakken en vertrekken. Nooit meer met iemand spreken. Weer een beetje een mythe worden. Weer de Marco worden die je niet durft aan te spreken.

Humberto Tan

13 MEI 2009

Oprechte emotie, daar gaat het om bij voetbal. Voetbal is: de bal raken en weten dat hij in de hoek zal draaien. Voetbal is: met nat haar, heel lekker ruikend, na een wedstrijd een kantine binnenlopen. Voetbal is toch vooral dit: veel voelen. Tenminste, zo zou het moeten zijn.

Afgelopen zondag zag ik een aantal van dit soort momenten voorbijkomen. Het verdriet om een gemiste kans. Ontroostbare supporters. Spelers van FC Volendam die het ene moment denken dat ze volgend seizoen nog in de eredivisie spelen en vier minuten later, na de gelijkmaker van De Graafschap, met hun hoofd ergens in Almere zitten. Moeten ze weer naar dat ongehoorde kutveld van FC Omniworld. Alleen de naam al... Een clubnaam als een pretpark.

Op de gezichten van de Volendammers waren afgelopen zondag emoties te lezen die ik te vaak mis. Verslagenheid. Wanhoop. Net niet gered en daar stonden ze, stamelend uit te leggen wat ze voelden. Dat ging niet erg goed, want ze voelden zo véél. En zo hoort het ook. Niks de gelouterde prof uithangen, maar doodziek zijn dat je op de laatste dag op één doelpunt verschil eruit vliegt. Even vergeten dat het je werk is en dat je je representatief moet gedragen. Uren na de wedstrijd het stadion uitlopen en met je blote vuisten zo'n lelijke geleasede gezinsauto van de club helemaal kapotslaan, omdat je het nog steeds niet kunt geloven. Je moet weer een jaar in de Jupiler League spelen. Waar de dood boven het veld hangt. Waar iedere geschreeuwde belediging van welke supporter dan ook, door de lege tribunes akoestisch zó wordt versterkt dat hij over het veld blijft galmen. 'Prutsers!' Ach, de FC Volendam-speler... Daar ligt hij, 's avonds in bed. Het clubkostuum nog aan. Geen zin dat uit te doen. De ogen dicht. Hij voelt oprecht de emotie die al die smartelijk uit de ogen kijkende rukzangers uit Volendam alleen maar faken: verdriet. Hij heeft nergens zin in. Een jaar geknokt en dan niks. Hij slikt. Daar wil ik in blijven geloven. Voetbal doet ertoe. Voetbal zit in je nieren. Je kunt niet anders. Eigenlijk precies het tegenovergestelde van Humberto Tan. Hij maakte afgelopen zondag alles wat mooi is aan voetbal kapot, met egocentrisch gekwek, slecht acteerwerk en schaamteloze zelfverheerlijking.

Humberto Tan... Kan iemand deze juichjongen eens uitleggen dat wij hem gewoon elektronisch versterkt, via de televisie, in de huiskamer ontvangen. Hij zit nog steeds tijdens elke uitzending van Eredivisie Live tegen mij te schreeuwen alsof ik een wilsonbekwame zwakzinnige ben. In het hoofd van Humberto Tan is het voor eeuwig Sesamstraat. Hij blijft Eredivisie Live presenteren alsof er aan kinderen van vijf jaar wordt uitgelegd hoe boter nu eigenlijk wordt gemaakt. Daarom schreeuwt hij ook steeds zo. Dat wij het goed horen. Want wij zijn niet goed bij ons hoofd. Dat is de rotsvaste overtuiging van Humberto Tan, dat je je kijkers moet toespreken alsof ze net een grote bah hebben gedaan. Als ik naar Humberto luister, is het alsof ik gebukt voor hem sta en moet laten zien dat ik zelf al heel goed mijn billen kan afvegen. Humberto infantiliseert zijn publiek.

Dat zou niet zo erg hoeven te zijn. Het gebeurt wel meer. Marga van Praag las jarenlang het nieuws alsof ze een script van Peppi en Kokki voordroeg. Ook Yvon Jaspers heeft er een handje van. Die presenteert standaard alsof ze de voice-over van een avondvullende Mickey Mouse-film inspreekt. Maar, en dat is een belangrijk verschil, ondanks hun toon ben ik geneigd ze te geloven. Ik denk dat Yvon werkelijk helemaal dol van enthousiasme boeren aan vrouwen koppelt.

Humberto Tan geloof ik geen seconde. Hij acteert een enthousiaste presentator. Humberto Tan denkt dat als hij maar veel op het puntje van zijn stoel gaat zitten en veel met zijn armen beweegt tijdens het schreeuwen van een vraag, wij automatisch geloven in zijn betrokkenheid. Afgelopen zondag, afgezet tegen de rauwe, oprechte emoties van de FC Volendam-spelers, werd nog eens extra duidelijk hoe ongeloofwaardig Humberto een anchorman acteert. In het verleden, bij Studio Sport, waren de montages van de degradatiewedstrijden adembenemend. Zelfs tv-narcist Mart Smeets stelde zich dienstbaar op. Het ging om de emotie. Om het voetbal. Om winst en verlies. Bij Studio Sport snapten ze tenminste waar het om ging. Echte emotie. Oké, Mart Smeets zei nog wel eens: 'En ja, lieve mensen, dat is ook het gezicht van verliezen. Laten wij, als volwassen mannen, stil zijn en naar de volgende beelden kijken, en laten wij diep, diep, diep ons petje afnemen voor – mag ik dat zo zeggen? ja, dat mag ik zo zeggen – een prachtige sportman. Waarvan akte.' En dan zag je een voetballer huilen.

Humberto Tan kreeg het afgelopen zondag voor elkaar een hele middag topamusement in z'n eentje de nek om te draaien. Midden in de ultieme degradatiewedstrijd tussen De Graafschap en FC Volendam werd er op onverwachte momenten teruggeschakeld naar de studio, waar de schnabbelkoningen Jan van Halst en Ronald Koeman met zichtbare tegenzin moesten luisteren naar Humberto's geloei. Geen minuut heb ik geloofd in zijn opwinding. Iedereen die zondag naar Eredivisie Live keek, zag een slecht toneelstuk met in de hoofdrol een D-acteur. Nooit is Humberto oprecht geraakt. Steeds maar is hij bezig met de snedige oneliner. Nooit ziet hij de emotie, altijd is hij bezig met het schijtlollig geformuleerde bruggetje naar een volgend itempje.

De regie hielp Tan bij zijn bedrog. Ook díé mensen denken dat ik achterlijk ben. Doelpunten tijdens Feyenoord-Roda JC werden steeds gepresenteerd alsof ze toevallig vielen als er werd overgeschakeld naar De Kuip. In werkelijkheid keek ik steeds naar een opname.

Humberto en zijn ploeg hebben afgelopen zondag een prachtige middag vergald met leugenachtige, ongeloofwaardige televisie. Sport voor en door kinderen. Dat is jammer. Eén ding werd duidelijk: een betrokken presentator bén je. Die kun je niet acteren. Hoe hard je ook schreeuwt.

Andries Jonker

20 MEI 2009

Andries Jonker gaat naar Bayern München. Niet als een omgeschoolde trainer die probeert nieuwe modellen lederhosen te verkopen, maar als assistent-trainer. Dat lijkt ongelofelijk, iemand als Jonker bij Bayern. Vergelijk het maar met Jan Smit die een leuk nummer zingt. Of Freek de Jonge die weer eens een scherpe show schrijft. Dat geloof je ook niet. In die categorie lijkt de nieuwe baan van Andries Jonker te vallen.

Toch is er helemaal niets vreemds aan. Andries is fulltime het eeltknobbeltje van Louis van Gaal. Heel ongemakkelijk als je nette schoenen draagt, maar fijn om aan te krabben. Dat is precies Jonkers functie. Louis krabbelt af en toe aan hem. En dat vindt Andries heerlijk. Jonker is al jaren de hond die op verjaardagen zijn natte neus in je kruis drukt en geaaid wil worden. Hij vindt het heerlijk als je tegen hem praat. 'Ben jij dan een hele goede trainer, hè? Ja! Kijk eens even wat een goede trainer. Is een hele goede trainer hoor. Stil maar, stil maar, oh oh oh wat een goede trainer ben jij.' Laat hem ruiken aan een kledingstuk van zijn oude vriend Dennis van Wijk en Andries verscheurt het grommend. Trouw als een herdershond.

En hier komt Louis in beeld. Die houdt van trouwe mensen. Mensen die in hem een unieke halfgod zien. Mensen die niet zeuren. Mensen die zich klein maken en mensen die gevaarloos zijn, omdat ze nooit zijn niveau zullen bereiken. Dan zit je met Andries Jonker wel goed. Die voldoet aan alle eisen. Als Louis samen met Jonker reist, zit deze heel klein opgevouwen in het rollende koffertje achter Van Gaal.

Niemand bewondert Louis zo onvoorwaardelijk als Andries Jonker. Hij doet thuis een wolkje melk in zijn koffie en laat dat dan heel enthousiast zien aan alle familieleden. 'Kijk eens, die room! Precies het gezicht van Louis van Gaal.' Andries Jonker heeft thuis een collectie van 96 aardappels die gelijkenis vertonen met Van Gaal. In het weekend draait hij platen van Cuby + Blizzards achterstevoren en hoort daar dan trainingsschema's van Louis van Gaal in. Andries draagt zijn haar zelfs als Louis. Beetje jaren vijftig. Je denkt er automatisch een regenjas onder.

Deze Andries Jonker neemt Louis mee naar Bayern. Dat is slim. Men zal bij Bayern meteen begrijpen, alleen al door het gedrag van Jonker, hoe het werkt bij hun nieuwe trainer: je moet hem bewonderen en dan ben je zijn vriend. Zo werkte het ook met Martin Haar bij AZ. Ik heb dat een aantal keren meegemaakt, als ik bij een training ging kijken. Zeker vorig seizoen, toen het erg slecht ging met AZ, fungeerde Martin Haar als buffertje. Van Gaal liep ongenaakbaar over het trainingsveld en Haar lulde wat met de vaste supporters. Ja, het was me wat, die resultaten. Nou wat je zei, dat was niet best. Nee, hij was het met de supporters eens, het ging moeizaam. Niemand anders dan Martin Haar heeft harder gehoopt dat de resultaten wat beter zouden worden, want hij wist het ook: als het goed gaat voert Van Gaal graag zelf weer het woord. Dan heeft hij opeens weer tijd om aan de rand van het veld te poseren met bussen vol AZ-fans.

Ik verheug me erg op de eerste beelden van Andries Jonker als assistent-trainer van Bayern. Misschien wordt het wel net zo mooi als ooit met Henk ten Cate, de assistent-trainer van Frank Rijkaard bij FC Barcelona. Henk loerde steeds met een half oog naar de camera als hij Ronaldinho een klopje op zijn kont gaf.

Henk deed vaak net even te enthousiast zijn arm om de sterren heen. Ik vond dat wel lief. Je zag aan Henk dat hij het zelf eigenlijk ook nog niet geloofde. Hij, de man die ooit hollend langs de kant, met schuim om zijn bek, de lichtinstallatie bij Vitesse probeerde aan te krijgen, stond opeens in het verre Spanje. Ongelofelijk.

Fotografen van Voetbal International, die foto wil ik zien, na de eerste training. Zé Roberto tegenover Andries Jonker. Een legendarische middenvelder in gesprek met een kolenboertje. 'Drie zakken eierkooltjes graag. Dank u wel.' Zé Roberto zal naar Andries luisteren zoals je naar iemand luistert die een telefoonabonnement aan je probeert te verkopen. Verveeld. Maar Andries zal genieten als hij de fotografen hoort afdrukken. Dat neemt niemand hem meer af.

Vreemd genoeg maken veel journalisten zich zorgen of Louis van Gaal en de Duitse pers wel goed met elkaar kunnen opschieten. Louis heeft, in tegenstelling tot Rafael van der Vaart, geen vrouw die tijdens een wedstrijd langzaam de tepelhoven kan laten zwellen. Ik zie Truus niet zo snel in een typisch Beiers jurkje met een getuit mondje anderhalve meter braadworst door een pan schudden, op de cover van een Duits magazine. Zondag in Studio Sport legde Youri Mulder nog eens uit dat de Duitse journalistiek nog wel even wat anders is dan hier in Nederland. Wat Youri eigenlijk bedoelde: Van Gaal zal ons nog gaan missen.

Dat geloof ik helemaal niet. Je moet wel blind zijn als je niet ziet dat Van Gaal de confrontatie met de media juist opzoekt. Hij doet dat bewust, om het wij-gevoel in de groep te vergroten. Een goedkope, eenvoudige truc. Journalisten keihard aanvallen en als een keizer pal voor je groep gaan staan. Je komt op voor je spelers. Wie aan zijn team komt, krijgt met Louis te maken. Dat doet blijkbaar iets met spelers. Ik denk dat Louis zich juist vreselijk verheugt op de confrontatie met de Duitse pers. Hij zal zich weer eens als volkomen authentiek kunnen profileren. Als een man met een missie.

Van Gaal en de Duitse pers gaan elkaar vinden in een uiterst harmonieus huwelijk. Hij scheldt ze verrot en zij schrijven dat ze verrot zijn gescholden. Louis zijn spelers zullen steeds meer van hem gaan houden, de lezers zullen hem steeds meer gaan haten en steeds meer kranten gaan kopen. Zo wordt iedereen gelukkig.

Het zal allemaal lopen zoals Louis het wil. Andries zal het levende bewijs zijn van Louis' levensfilosofie: bewonder mij en het komt allemaal goed.

Een trainer moet dik zijn

27 MEI 2009

Anderhalve week geleden zei René van der Gijp, in het televisieprogramma Voetbal International, iets opvallends. Hij vond Ronald Koeman te dik voor AZ. Er moesten eerst wat kilootjes af, want zoals Ronald er nu bijliep, dat kon niet. Van der Gijp legde het uit. 'Als je van je spelers eist dat ze een perfect afgetraind lichaam hebben, dan kan je zelf niet met een dikke pens in de rondte gaan lopen.' Hans Kraay jr. vond dat Louis van Gaal eigenlijk ook te dik was.

Ze ontroerden me, die twee oud-voetballers daar aan tafel. Ze hadden het natuurlijk over zichzelf. Als er iemand weet wat fnuikend is voor een carrière in de voetballerij dan is het René van der Gijp wel. Heel grappig, op een brommer naar de training komen en dan ballen afwerken op doel met een helmpje op je hoofd en inderdaad, bijzonder anekdotisch leuk, een bitterbal op de rug van Erik Gerets' vrouw gooien, maar nu merkt hij pas het effect. Oud-maatje Mario Been staat tonnen te verdienen in De Kuip en wordt serieus genomen. Hij zit naast Hans Kraay jr. te blèren dat iets *Hi-La-Risch* was. Als René het over het buikje van Koeman heeft, zegt hij dat eigenlijk tegen zichzelf. Als je wilt dat mensen serieus naar je luisteren helpt het niet om bekend te staan als de man die schreeuwend op een fiets een Chinees restaurant binnenreed en – met een voetbal onder de arm – twee porties pangsit bestelde.

Hans Kraay jr. deed ook aan verkapte zelfanalyse. Van Gaal iets te dik. Hij iets te golvend haar. Het zal de kift zijn. Kraay jr., goed *in shape*, acteert al jaren een presentator en sinds kort een succestrainer. Hij trekt precies de goede koppen, leunt op de goede momenten naar voren als hij serieus genomen wil worden, maar het is blijkbaar niet genoeg. Zelfs mensen met rare neuzen en dikke buiken laten hem moeiteloos verschrompelen tot een rommelaar in de marge. Hans Kraay jr. is een coach zoals ik hem zou casten voor een fijne nieuwe Nederlandse jeugdfilm over voetbal.

Maar toch... Van der Gijp zijn opmerking blijft wel hangen. Is Koeman te dik voor AZ? Die discussie is al eerder gevoerd. Martin Jol werd indertijd door Jorien van den Herik als te dik en te ongeschoren aan de kant geschoven. Zo iemand kon nooit trainer van Feyenoord worden. Niet veel later stond, na het schrikbewind van fulltime dressboy Ruud Gullit, Erwin Koeman voor de groep. Iemand die zijn clubkostuum het liefst omgekeerd draagt. Een man die zich thuis scheert met een oude schelp en nog steeds de onderbroek draagt die hij aanhad tijdens de wedstrijd KV Mechelen-Ajax.

Ik denk dat een trainer juist dik moet zijn. Kortademig zelfs. Dat maakt indruk. Je selectie dertig keer in de week een bosloop laten doen en zelf, wachtend op een wipkip aan het eind van de route, een broodje worst naar binnen werken. Dat zou ik doen. Ze keihard het verschil laten voelen. In de literaire wereld begrijpen ze dat heel goed. Ik heb beroepsschrijfster en -drinkster Connie Palmen tijdens een lezing tergend langzaam een sigaret zien opsteken. Kijken wie er iets van ging zeggen. Ongenaakbaar gedrag, dat lijkt me alleen maar goed als je trainer bent. Jongens als René van der Gijp en Gertjan Verbeek gaan uit van het verkeerde idee. Verbeek wil nog steeds na iedere looptraining met beide armen juichend boven het hoofd als eerste binnenkomen.

Fout. Een trainer die vanuit de kantine met een broodje bal in zijn hand de spelers met een draaiende beweging van zijn arm duidelijk maakt dat ze nog zes rondjes kunnen lopen, die dwingt pas respect af.

Ik geloof helemaal niet in passend uiterlijk en een passende muzieksmaak om bij een topclub te kunnen werken. Voor Ajax kan het momenteel niet verloederd genoeg zijn. In godsnaam niet iemand met een kostuum. Ajax heeft behoefte aan een slecht geklede, uit zijn bek stinkende, zwalkende en ruftende trainer. Maarten van Rossem, ga je maar warmlopen. Qua kleding graag een type dr. Fadrhonc of Otto Rehhagel, mannen in te strakke trainingspakjes uit de jaren zestig. Broeken waarin je van kilometers afstand kunt zien of ze links- of rechtsdragend zijn. Ajax heeft juist iemand nodig die zijn 65 kilo varkensbuik op een wagentje voor zich uit rijdt. Iemand waar ze doodsbang voor zijn bij Ajax. Ik wil bij Ajax een trainer die zich niet scheert. Dat wil ik zien, de verwende Urby Emanuelson naast een trainer met stukken ei in zijn baard. Een trainer die Sjaak Swart niet herkent en hem vraagt of hij even de kleedkamers wil schoonmaken.

Er wordt te hysterisch gedaan over trainers. Ze vertellen ook te veel. Dingen die je helemaal niet wilt weten. Ron Jans doet zich al jaren voor als de eenvoudige, getapte jongen, maar vindt het helemaal niet raar als er één keer per jaar een journalist over de vloer komt die hij dan uitlegt wat goede muziek is. Ron houdt namelijk van Muziek Met Ruige Gitaren en vindt zichzelf daarom, binnen de voetbalwereld, best een gekkie. Ron voelt zichzelf een beetje anders omdat hij boeken met heel veel letters leest en niet naar Marco Borsato luistert. Zoiets kan je ook in de weg gaan zitten. Frank Rijkaard, die ooit, een jaar of 25 geleden, in Paradiso werd gesignaleerd bij een concert van REM moet daar nu nog steeds vragen over beantwoorden. Een voetballer die van gitaarmuziek houdt, het is blijkbaar ongehoord binnen de voetbalwereld.

Als ik Koeman was zou ik het op een vreten zetten. Een kilotje of twintig aankomen. Niet meer naar de kapper. Elastiekje in het haar en lekker op de motor naar de training. Alleen trainers die helemaal niets meer hoeven te doen, behalve aanwezig zijn, zoals Josep Guardiola van Barcelona, kunnen het zich veroorloven om er uit te zien als een Italiaanse loverboy.

Koeman, die aan het begin van het volgend seizoen zo'n dikke kop heeft dat hij de Johan Cruijff Schaal niet langs zijn oren kan tillen, daar verheug ik me op. En René van der Gijp die dat dan weer *Hi-La-Risch* vindt.

Zorgen om Patrick Kluivert

3 JUNI 2009

Enkele maanden geleden stond ik met een bal aan mijn voet, in een veel te lange winterjas, op het verlaten hoofdveld van voetbalvereniging Zeeburgia. Omdat in mijn zojuist geschreven boek een briljante voetballer figureert, leek het de uitgeverij een leuk idee om een promotievideo op te nemen. Ik probeerde, net als Ernst Happel dat ooit vijf keer achter elkaar deed, een bierflesje van de lat te schieten. Een vrij armzalige toestand, ik daar ergens net buiten de zestien, met mijn dramatische traptechniek. Allemaal ijdelheid. Dat zag ik mijn baas, Johan Derksen, niet meteen doen, verkleed als rendier een balletje hooghouden om het dubbeldikke VI-kerstnummer te promoten. Dat moest ik nog leren, *nee* zeggen tegen promotiedingetjes.

Daar stond ik. Geen bal kwam ook maar in de buurt van het flesje. Toen kwam Sjaak Swart aanwandelen. Ik herkende hem meteen. Sjaak Swart ziet er nog steeds enorm uit als Sjaak Swart. Søren Lerby, die duw je een halve makreel in zijn handen als je hem tegenkomt. 'Hier jongen, heb je wat te eten vanavond.' Piet Keizer ziet eruit als zes Piet Keizers. Sjaak Swart is nog steeds Sjaak Swart, alleen nu met een lange broek aan. Sjaak lijkt zich altijd net te hebben gedoucht na een belangrijke wedstrijd. Sjaak Swart bleef even staan kijken. Hij zei niets. Heel even loerde hij naar het flesje en toen weer naar mij. Zo te zien had hij er niet erg veel vertrouwen in. Ik ook niet trouwens. Ik schoot. Weer niet in de buurt. Toen liep Sjaak door, zonder om te kijken.

Dat vond ik toch jammer. Een geroepen aanwijzing zou ik mooi hebben gevonden. Of, nog fijner, hij had het even voor kunnen doen. Aanloopje, schieten en nog steeds dat flesje op de lat. Kijken, kijken en dan opeens dwarrelt er langzaam iets naar beneden. Sjaak heeft het etiket van het flesje geschoten.

We zijn gestopt met filmen en ik heb Sjaak lang nagekeken. Swart, de mooiste oud-voetballer ooit. Eeuwig in de ontkenningsfase. Gaat op zaterdagavond nog steeds vroeg naar bed en eet zondagochtend om 11.00 uur een rood biefstukje, voor het geval de trainer hem nodig heeft. Het ontroerde me, zoals hij daar wandelde. Heel dicht bij de plek van zijn oude stadion, De Meer, waar mensen voor hem juichten. Van een afstand heb ik naar hem staan kijken. Mooie bewegingen nog steeds. Dezelfde gebaren. Het is iedereen zijn schuld als een bal niet goed aankomt.

Sjaak Swart voetbalt iedere week met een paar oud-voetballers en een aantal vrienden op een bijveldje van Zeeburgia. Guus Hiddink schijnt af en toe een balletje mee te trappen, als hij in de buurt is. Freek de Jonge is er bijna altijd bij. Mooi gebaar van Freek, die als geen ander de pijn van de tanende roem kent. Hij laat zich iedere week geheel belangeloos door zijn benen spelen door Sjaak. Oud-coryfeeën die elkaar helpen, ik vind het allemaal van een weergaloze schoonheid.

Je ziet hem zo thuiskomen, Sjaak. Trots en voldaan. Hij laat die jonge pikkies van 47 jaar nog alle hoeken van het veld zien. 's Middags gaat hij nog even bij de jeugd van Ajax kijken, hopen dat mensen hem herkennen. Als hij vlak naast het doel van het hoofdveld gaat staan, kunnen alle mensen in de kantine hem goed zien.

Ik moest aan deze ontmoeting denken toen ik deze week voor het eerst het tijdschrift Life After Football doorbladerde. Patrick

Kluivert op de cover. Dat vind ik wel goed gekozen. Als je je om iemand zorgen maakt, dan is het Patrick wel. Die heeft nu weer het rare idee in zijn hoofd zitten dat hij een goede trainer kan worden. Je weet precies hoe dat is gegaan. Dronken worden op een Rolex-party en dan twee vrienden die tegen hem zeggen: 'Trainer, Patrick, is dat niets voor jou?' Patrick heeft bij PSV, omdat hij verder toch nooit werd opgesteld, goed kunnen kijken hoe dat werkt, trainen. Ibrahim Afellay, daar had hij een klik mee. Die raadde hij aan om eens op doel te schieten. Je moet er maar opkomen.

Patrick is nu al een van de mooiste en meest tragische ex-voetballers ooit. Daar gaan we nog een hoop plezier aan beleven. Hij tilt de weemoed die om dit soort mannen heen hangt naar een heel ander, eigentijds niveau. Patrick kookt graag. Op een van de kookeilanden van tachtigduizend euro waar in dit soort bladen reclame voor wordt gemaakt. In het interview meldt hij dat zijn Surinaamse bami met kip uit de oven en solomillo met aromat wereldberoemd is in Laren en omstreken. Een Surinamer in Laren, de titel hebben we in ieder geval al voor de definitieve biografie over Kluivert.

In het interview lezen wij verder dat Patrick en zijn nieuwe vrouw het zwaar hebben. Ze moeten in Laren iets huren tot hun nieuwe huis klaar is. Maar hij maakt er het beste van. 'Om inspiratie op te doen, zijn Rossana en ik samen met interieurdesigner Jan-Evert de Brouwer naar een woonbeurs in Parijs geweest.'

Interieurdesigner... Sjaak Swart heeft denk ik geen interieurdesigner. Die zet een vaas bloemen op een kleedje en zegt: 'Hè gezellig.' Coen Moulijn, die weet niet eens waar Parijs ligt. Rinus Israel schopt mensen met een dubbele voornaam keihard tussen hun benen. Ik zou het graag zien, oud-voetballer Jan van Beveren, die het tijdschrift Life After Football doorbladert. De verwrongen trek op zijn gezicht bij advertenties voor horloges van een jaarsalaris per stuk. Lounge-setjes in de tuin waar oud-voetballers op na kunnen denken over vroeger, toen men nog van ze hield.

Alle voetballers die aan het woord komen in Life After Footbal gaan een vreselijk leven tegemoet. Dat wordt verveeld rondhangen in het door hun zesde vriendin gerestylede huis en een beetje pokeren op internet. Coen Moulijn houdt op hetzelfde moment een kostuum uit zijn kledingzaak vlak voor een klant. 'Staat u prachtig, meneer.' Op een of andere manier wens je dat iemand als Patrick Kluivert toe. Een leuke baan in een dierenwinkel. Dan komt het geluk vanzelf.

Frank Rijkaard raak je niet aan

10 JUNI 2009

Afgelopen weekend zag ik bijzondere beelden. De aankomst van Frank Rijkaard in Turkije. De bekende taferelen. Niet echt mensen die bij het vernemen van nieuws even van hun theekopje opkijken en weer lekker doorgaan met hun potje backgammon, die Turken. Ik was een maand geleden nog in Istanbul. Een wilde stad. Als je iets op straat laat vallen en je wijst ernaar, staan er meteen vijfduizend mensen om je heen te dringen. Enthousiast zijn in Turkije, betekent nog steeds heel wild springen met een vlag boven je hoofd en van vreugde je baard uit je kin trekken.

Tussen dat soort Turken, de uitzinnige variant, liep Frank Rijkaard door de aankomsthal. Iedereen wilde zijn haar aanraken. Frank liep twee meter per half uur met een hossende en juichende menigte om zich heen. De mensen in Turkije konden het zelf ook nauwelijks bevatten: Frank Rijkaard werd de nieuwe coach van Galatasaray. Frank lachte een beetje. Hij leek het fijn te vinden, het aanraken. Dat deed pijn. Ik vind: Frank Rijkaard raak je niet aan.

Ik zou het niet durven. Als hij in een tijdschriftenwinkel vlak naast mij zou staan bladeren in Arts & Auto, zou ik net doen alsof ik hem niet herkende. Het zou niet in me opkomen om langzaam mijn hand onder zijn haar te doen om te voelen of het veerkrachtig is als bamboe. Iemand als Frank Rijkaard die volg je op een afstand. Omdat hij Frank Rijkaard is. De enige voetballer in Nederland die het ooit oneens was met Johan Cruijff. Dan verdien je respect. Een ziener blijkbaar. Nu is zo'n beetje heel Nederland het oneens met Johan Cruijff. Die droomt ervan dat mensen weer aan zijn haar willen zitten. Frank Rijkaard heeft iets ongenaakbaars, hoe erg hij het ook verkloot. Tekenen bij PSV en Ajax tegelijk, omdat iemand je een stereosetje belooft, dat vind ik niet dom, dat vind ik ontroerend. Ik zou graag willen dat Auke Kok daar eens een heel boek over schrijft. *Het Stereo Mysterie.* Auke ontdekte al eerder dat The Cats in 1974 een bedenkelijke rol hebben gespeeld bij de zwembadaffaire in Duitsland. Dit lijkt me een mooi nieuw project. Hoe is dat gegaan, met die stereoset?

Je ziet Frank zo staan, met iemand van Philips, vlak voor het nieuwste model versterker en cassettedeck. Open mond van verbazing als de Philips-meneer hem uitlegt wat er allemaal mogelijk is. 'Kijk en dan druk je op dit knopje en dan gaan er allemaal lichtjes branden. Ja, raak hem maar aan. Mooi hè! En deze knop, daar kan je aan draaien. Dan wordt de muziek opeens veel harder. Dat is het nieuwste van het nieuwste. Philips, dan is het hard. Je kunt er ook rockmuziek op draaien. Die kan voor jou zijn Frank!'

Ik heb het altijd als een koloniaal momentje ervaren. Ik begreep het ook niet. Frank Rijkaard, mijn Frank Rijkaard, het genie, die zich als de eerste de beste wilsonbekwame Afrikaan uit *Kuifje in Afrika* liet verblinden door een blinkend voorwerp. En toch tekende hij toen.

Zo moet het nu ook zijn gegaan. Ik denk dat iemand van Galatasaray hem een flonkerende koperen theepot heeft laten zien of een Turks horloge met allemaal knopjes erop. Op een andere manier is het niet te verklaren waarom Frank Rijkaard heeft gekozen voor deze club. Ik had Rijkaard zo graag bij AC Milan gezien. Ongenaakbaar ergens midden op een pleintje achter een bord spaghetti. Mooi pak aan. Zonnebril in het haar. Af en toe groet hij een passant. Ze zijn wel wat gewend in Italië. Na Ruud Krol zal er toch nooit iemand meer mooier aan een tafeltje zitten. Ruud Krol, die in Napels schoenen zonder sokken leerde dragen. Nu nog hele zinnen gaan leren spreken.

Rijkaard op dat magische trainingscomplex van Milan, Milanello. Een soort Neverland van Michael Jackson, maar dan voor voetballers. Je hoort er de mooiste verhalen over, maar nog nooit is iemand binnen geweest. Het schijnt dat de voetballers naar de eetzaal worden gedragen en dat naakte meisjes stukjes sinaasappel heel voorzichtig achter op de tong van Seedorf leggen, zodat hij nauwelijks hoeft te slikken. Frank zou zo mooi op dat complex hebben gepast. Echt iemand naar wie je met een verrekijker uren ligt te loeren. Als een hertje met zwarte pijpenkrullen zie je hem af en toe langs de bosjes lopen. Hij lacht en houdt een balletje hoog. Zijn spelers krijgen ondertussen door het medisch team zuurstof in hun hiel gespoten.

Veel voetbaljournalisten waren de laatste dagen verbaasd. *Frank Rijkaard naar Turkije. Onbegrijpelijk.* Bijna iedere journalist vertelde erbij dat dit een heel onverwachte move was en daarom weer helemaal Rijkaard. Eigenwijs, onvoorspelbaar. Een niet te vangen Einzelgänger die iedereen steeds weer verbaast. Frank doet expres wat niemand verwacht.

Ik denk dat het anders zit. Frank doet maar wat. Dat is men in de voetbalwereld niet gewend. Daar wordt geloerd op baantjes. Daar wikt en weegt men. Iedere trainer is in oktober al in onderhandeling met zijn volgende club. In november zitten de wegrestaurants weer vol met gepermanente trainers in het goedkoopste pak van Hugo Boss, om daar met bijvoorbeeld BV Veendam de secundaire arbeidsvoorwaarden dicht te timmeren. 'Ieder weekend onbeperkt vlees bij de kiloslager, anders teken ik niet.' Frank Rijkaard gaat daar al een voetballeven lang heel anders mee om. Die zegt gewoon meteen *ja*. Vraag maar aan Sparta. 'Frank, we hebben een tribune en een veld en voetballers en zo. Wat dacht je ervan, trainertje worden?' Waarom niet?

Barcelona leek hem ook wel geinig. Het Nederlands elftal, hij had er een lekker gevoel bij. Istanbul, goede broodjes, vis langs de kade. Proberen maar eens. Zo simpel gaat dat bij Frank. Ik geloof helemaal niets van de verhalen dat hij het voor het geld doet. Frank is sinds zijn ruzie met Cruijff en het tekenen bij PSV helemaal niets veranderd. Je houdt iets voor zijn neus en hij zegt meteen: *Ja, leuk*.

Veel mensen vinden dat dom. Ik vind het eigenlijk schitterend. Frank kiest nieuwe clubs uit op zijn gevoel. Hij wilde gewoon weer eens lekker worden aangeraakt door enthousiaste mensen. En dan ga je vanzelf naar Turkije. Frank Rijkaard zal volgend jaar met een grote prijs in zijn handen zijn hoofd naar voren laten hangen en dan mag iedereen hem aaien.

Het sterrengedrag van Royston

17 JUNI 2009

Cristiano Ronaldo doet het met Paris Hilton. Of deed. Dat kan bij Hilton binnen een uur veranderen. Die wandelende bril met tieten verslijt mannen in hetzelfde tempo waarmee Gordon vriendjes zijn huis binnensleept. Cristiano Ronaldo geniet momenteel van een welverdiende vakantie in Amerika. Dan weet je eigenlijk al genoeg. Tijdens je vakantie in een nachtclub gaan zitten ergens in Hollywood. Dat komt nooit meer goed. Cristiano Ronaldo is een narcist die toevallig heel goed kan voetballen.

Dan droom je toch van mannen als Ed de Goey en Jaap Stam. Lekker tijdens de zomerstop op vakantie naar Bakkum, op de vaste campingstek. Ed de Goey had, zelfs toen hij al jaren bij Feyenoord keepte, een vaste plek met zijn caravan naast de toiletgroep. Vond hij best zo. Hij herkende de mensen van de camping aan hun manier van doortrekken. Gemoedelijk, zo zijn onze voetballers. Het heeft gelukkig geen grandeur. Onze profs vragen in een nachtclub of het licht aan mag, anders zien ze hun vriendin niet.

Jaap Stam, die ging in de vakantie lekker kaaskarnen. Gregoor van Dijk, aanvoerder van Utrecht, zit nu op een kinderboerderij in Meppel. Lekker hangbuikzwijntjes wassen. Onze voetballers kunnen het gewoon niet, groots en meeslepend leven. Het is allemaal te aards en te emotioneel. Ruud Gullit had zonder meer de uitstraling van een popster, maar was niet weg te rammen bij Nelson Mandela. Een man met een jurk. Op foto's zag je steeds de paniek in de ogen van Mandela, als hij weer met zijn arm om Ruud heen moest hangen. Als hij dat had geweten, was hij op

Robbeneiland gebleven. Nederlandse voetballers gaan het liefst lekker golfen. Dat is de Nederlandse manier van ruig doen. Zes uur door de bossen wandelen met een trui over je schouders. Slenteren in een ruitjesbroek. Willem van Hanegem herkent zelfs al vogels. Die ziet op 1200 meter afstand of er een schele specht in een boom zit.

Het komt gelukkig niet echt van de grond, het sterrengedrag van onze voetballers. Alleen Wesley Sneijder doet een beetje zijn best, maar als je het afzet tegen Cristiano Ronaldo is het armoedig gedoe. Ronaldo wordt met een overhemd van 900 euro om zijn geile bastje gefilmd, als hij voor het verlichte raam van Paris Hiltons appartement staat te telefoneren. Wat Paris op dat moment doet kunnen wij alleen maar raden. Waarschijnlijk de camera scherp stellen, waarmee ze de splijtende penetratie door het midden gaat filmen. We zien het filmpje over een weekje wel weer op YouTube, dat verkrampte Portugese modellenhoofd van Ronaldo, met die blonde helleveeg onder hem.

Nee, dan Wesley. Die kan het weer alleen maar Hollands lullig. Hij werd deze week met Yolanthe gesignaleerd in een vipbox van De Arena, tijdens een concert van De Toppers. Lulliger kan het niet. Op de nek van Yolanthe, met een bitterbal in je mond, meezingen met het zoveelste ruknummer van Gordon.

Toch denk ik dat we die houding moeten koesteren. Daar ligt onze kracht, schrikbarend ouderwets doen. Kijk naar Royston Drenthe. Die was eerst een half jaartje de weg kwijt. Daar stond hij in zijn witmarmeren badkamer met uitzicht op een van de 39 logeerkamers. Het was bijna aandoenlijk, dat geforceerde sterrengedrag van Royston. Hij veroorzaakte wel een aanrijding, maar dan weer op zijn Hollands, met een politieauto. Een beetje voetballer, zoals Wayne Rooney, die ploegt zich met een Ferrari dronken door een restaurant heen, rijdt slippend de keuken binnen, doet zijn raampje naar beneden en bestelt een bordje fucking uitgesneden zalm. Royston heeft zijn best gedaan, maar inmiddels is hij weer onder ons. De gewone mensen. Een Rotterdammer in Madrid. Geen haven te bekennen. Een doodgewone jongen die midden in Madrid droomt van het met twee jassen gemaakte doeltje op het voetbalpleintje uit zijn jeugd.

We kunnen het gewoon niet. Rinus Israel zat wekenlang, met een foto van zijn vrouw onder zijn trui, in een Roemeense hotelkamer naar een blinde muur te staren. Johan Cruijff verstopte zich niet toen hij werd ontslagen bij Barcelona, maar ging de hond uitlaten. Leo Beenhakker werkt in de zomer als hoofd frituur in snackbar De Patatgeneratie en daarna gaat hij weer eens een derdewereldclub uit de brand helpen, Feyenoord in dit geval.

Ik geef toe, tijdens het WK vond ik het nog wanstaltig, dat familiegedoe rond het Nederlands elftal. Van der Sar en Dirk Kuijt, met hun kinderen op hun arm. Dat doe je als je bij een derdeklasser voetbalt en je hebt voor het eerst in zestien jaar gescoord. Dan ben je even de held. Met nat haar de kantine binnenkomen en dan je dochter optillen. 'Hoe vond je pappa? Zag je dat, wat pappa deed? Dat heet scoren.' Kindje neerzetten en voor zes euro snoep laten kopen. 's Avonds dronken je vrouw slaan en dwars door een tafel heen vallen als je voor probeert te doen hoe je scoorde. Zo gaat dat.

Eerst vond ik het heel erg dat de spelers van het Nederlands elftal opeens allemaal leken mee te spelen in Het Kleine Huis Op De Prairie. Het leek meer op een partijcongres van de Christen-Unie dan een voetbalwedstrijd. Dat gezeul met die kinderen over het veld. Gênant. Het wachten was op de volgende stap, Van der Sar die tijdens de wedstrijd, ondertussen gezellig keuvelend met het publiek, zijn naast het doel geparkeerde auto wast.

Ik was eerst tegen de ontmythologisering van de helden. Je wilt Harry Mulisch ook niet voor je zien in een zwembroekje langs het zwembad, met zijn dochter op schoot. Mulisch, de Cristiano Ronaldo van de literatuur. Schrijft voor een enorme spiegel, die hij zo heeft laten slijpen dat zijn hoofd nog groter lijkt.

Nu, in de aanloop naar het WK, denk ik dat daar misschien juist onze kansen liggen. Een enorme, wanstaltige suikerzoete liefde voor het gezin uitstralen. De tegenstander verwarren met oer-Hollandse normen en waarden. Wachten tot die dressboys van Portugal het veld op komen en dan met zijn allen op de middenstip gaan zitten fonduen. Ruziemaken om de kleur stokjes. Dan sta je tegen types als Ronaldo al 3-0 voor.

Jezus op gymschoenen

22 JULI 2009

Veel mensen zien in Mario Been de verlosser. Eindelijk weer eens wat volks gevoel in De Kuip. Peter Bosz dient daarbij als afschrikwekkend voorbeeld. Een aardige voetballer, leuke pass. Daar had hij het bij moeten laten. Bosz werd een sprekend kostuum. Ik geloofde hem niet. Thuis zag je hem zo zitten, in zijn joggingpak, met een schaal gehaktballetjes van de buurtsuper in zijn schoot. Als Bosz naar zijn werk ging, naar het stadion, oefende hij voor de spiegel. Kin omhoog, stropdas strak, hangend verveeld mondje. Bosz heeft zich jaren lang verkleed als een beleidsmaker.

In de voetballerij sterft het van dit soort mensen. Het is permanent gewoeker met een woordenschat van zestien lettergrepen, door figuren die vijftien jaar geleden hun naam nog vier keer verkeerd spelden als ze het wedstrijdformulier moesten invullen. Zet je een camera op dat soort jongens, dan gaat het fout.

Ooit zag ik het eerste interview met John van Loen. Hij had gescoord voor FC Utrecht. We hebben het nu over de tijd dat FC Utrecht nog niet werd geassocieerd met Hans van Breukelen, die voor drieduizend euro per spreekbeurt met een brilletje op zijn gok komt uitleggen hoe je in je bedrijf de neuzen allemaal dezelfde kant op krijgt. Nee, FC Utrecht was nog volks. Van Loen gaf antwoord op een simpele vraag en ging opeens moeilijke woorden gebruiken. Dat lukte niet. Hij kwam geloof ik niet uit het woord *instinctief.* Op de achtergrond stonden zijn ploeggenoten in hun broek te pissen van het lachen. Die John. Wat zei hij nu opeens allemaal?

Daar, in die ene minuut, zag je het hele wezen van de latere Van Loen. Een straatvechter, een bikkelaar, een scorende spits, met een ongezonde drang naar intellectuele erkenning. We weten hoe dat is afgelopen. Van Loen heeft een jaartje of tien met een blocnote naast verschillende trainers aantekeningen staan maken. Als zij iets riepen, dan knikte Van Loen en noteerde hij het in een schriftje. Handig voor later, als hij misschien nog eens hoofdtrainer werd. Niet eens zo heel lang geleden kwam Van Loen eindelijk weer eens positief in het nieuws. Als de echte John. Tijdens een jeugdwedstrijd raakte hij, langs het veld, betrokken bij een vechtpartij.

Dat deed me goed. Het gif, de gal, het verdriet, de ellende. Het moest er uit. Desnoods met de vuisten. Niet met een woordenboek Modern Nederlands onder je arm onbeholpen formuleren wat je dwarszit. Er zijn genoeg voorbeelden van voetballers die boven hun macht zijn gaan praten. Johan Cruijff, Ruud Gullit, Jan van Halst, Ruud Krol en Aron Winter. Vooral de laatste is een feest om naar te kijken. Stel Aron een vraag en je ziet het volgende: een doodsbang hert aan de bosrand. Je voelt zijn paniek. Hij snapt voetbal wel, maar weet niet hoe hij het moet uitleggen. En dan toch in een studio gaan zitten. Het gaat om de intellectuele triomf.

Wat heeft dit met Mario Been te maken? Alles. Been kiest te bewust voor de andere kant. Hij wil te geforceerd laten zien dat hij ook maar een jongen van de gestampte pot is. Het is allemaal net even te bedacht gewoon. Been forceert de laatste weken. Mario wil de Rotterdammers te graag geven wat ze in hem zien: een eenvoudige Jezus op gymschoenen. Helaas overdrijft hij dat een beetje.

Nu al word ik helemaal schijtziek van het *Ernst Happel Schilderij Verhaal.* Voor de drie mensen die het verhaal nog niet kennen: Been gaat kort voor iedere wedstrijd naar een café, waar een schilderij van Ernst Happel hangt. Mario Been hangt dit recht. Daarna wint zijn team. Het gaat mij niet om het verhaal. Het gaat mij erom dat Mario het vertelt. Hij is er trots op. Hij vindt het een geinig verhaal. Een verhaal dat hem, als hij het vertelt, in één klap neerzet als een heerlijk eenvoudige boerenlul, die zich onder het volk mengt om een schilderij recht te hangen. Niet geheel toevallig een schilderij van Happel, voor eeuwig de volksheld in Rotterdam omdat hij deed wat zij zelf zo goed kunnen: niks zeggen en doorwerken. Been vertelt het verhaal net iets te vaak en te gretig.

Hij doet lollig in interviews. Vaak zijn dit grapjes die ongeveer zo gaan: 'Als ik de Vierdaagse loop, kom ik over negen dagen aan.' Op papier vallen deze grapjes nogal tegen. Je moet er waarschijnlijk bij zijn geweest. Been, de hoofdtrainer, dollend met journalisten. Ze genieten van zijn zelfspot. Zoveel fijner dan de mompelende Erwin Koeman, de afgemeten Bert van Marwijk en de docerende Gertjan Verbeek. Met Mario kun je lachen. Dat beeld bevestigt Been net iets te enthousiast.

Ik hoor tot nu toe eigenlijk alleen maar gemeenplaatsen. Hij geeft een vechtende speler een standje. Hij tempert de verwachtingen. En tussendoor doet hij leuk en verliest hij zijn scherpte. In Rotterdam en omstreken zijn er T-shirts te koop met het hoofd van Mario Been, getekend als Che Guevara. Een Argentijns/Cubaanse vrijheidsstrijder die door zijn kop is geschoten. Een man met wie het volk nog steeds dweept. Een mythe. Als ik Been was geweest, zou ik tegen zo'n T-shirt hebben geprotesteerd. 'Doe maar niet jongens, die verheerlijking. Ik wil niet met die man worden vergeleken. Ik moet dat nog verdienen.' Been verklaarde vorige week in een interview dat hij het wel lollig vindt. De mensen doen maar. Niet scherp dus.

Ik ken ze inmiddels allemaal, de Been-verhalen. Leuke woning, stijlvol ingericht. Leuk vrouwtje dat overal mee naar toe gaat. Als het tegenzit gaat hij paintballen met zijn team. Been doet dan mee. Mogen de spelers de trainer in zijn nek schieten. Lachen.

Het echte werk komt nog. Ik ben erg benieuwd hoe Been dat gaat oplossen, Roy Makaay na drie wedstrijden uit het eerste zetten omdat hij steeds lustelozer wacht op zijn eerste treffer. Dan is het uit met de pret. Als Been dan leuk gaat doen en op een persconferentie het volgende verklaart: 'Ik zei Makaay tegen Happel en het schilderij flikkerde meteen van de muur', dan weten we dat het nooit meer goed komt. Is hij toch voor eeuwig de lolbroek gebleven.

Medelijden met Keisuke Honda

5 AUGUSTUS 2009

De Nederlandse competitie is nog maar één weekeinde oud en we worden alweer doodgegooid met verhalen. Schitterende verhalen. In dit geval over Keisuke Honda van VVV-Venlo. Dat is waar ze bij de televisie, kranten en tijdschriften op zitten te wachten: een verhaal. Drama. Het individu. Sport wordt blijkbaar alleen nog maar begrepen als het groots en meeslepend is en leuk haar heeft. Bij Honda klopt dat allemaal. Hij is een blonde Japanner en heeft ook nog eens een geinige achternaam. Honda. Een autootje. Het verleidt Poul Annema van de Volkskrant tot de volgende openingszinnen van een artikel: 'Op het wagenpark van de eredivisie bezit PSV een auto uit de duurste prijsklasse, VVV-Venlo daarentegen houdt het bij een eenvoudige middenklasser. Maar met de Japanner Keisuke Honda aan het stuur, kreeg het Limburgse mobiel zondag na rust een formule 1-achtige uitstraling, dat titelfavoriet PSV met veel bravoure bijna in de kreukels reed: 3-3.'

Dit allemaal omdat Honda een Japanner is met een autonaam. Wat een verhaal! Natuurlijk speelde Honda erg goed tegen PSV, maar PSV speelde ook erg slecht tegen VVV. De bekende hoogmoed. Nieuwe trainer, nieuwe spelers, 2-0 voor en dan lekker achterover gaan hangen. Al had er een Italiaan van 1 meter 53 met de naam Fiat bij VVV gespeeld, dan nóg had die ploeg drie keer gescoord tegen de Eindhovenaren. Ze vroegen erom.

Honda was precies wat ze in de studio bij Eredivisie Live nodig hadden. Jan van Halst had van hem genoten. Samen met Humberto Tan keek hij naar het interview met Honda, vlak na de wedstrijd. Terug in de studio was Jan lyrisch. Wat een schitterende jongen, die Honda! Was hij nog teleurgesteld ook, omdat hij niet had gewonnen. Tegen PSV! Prachtig. Wat een verhaal!

Dat zei meer over Jan van Halst dan over Honda. Jan denkt als analist alleen nog maar in patronen. Beroepsdeformatie heet dat, het voetbal beleven alsof je zo'n machine met pijltjes, cirkeltjes en statistieken eeuwig in je hoofd meedraagt. Honda reageerde juist zoals je dat van iedere sporter verwacht: balen dat je niet hebt gewonnen.

Ik heb medelijden met Honda. Hij had beter iets minder goed kunnen spelen. De Japanner krijgt het zwaar deze weken, als de nieuwe hype in Nederland. Vanmiddag hangen de eerste jongetjes al met hun hoofd in een emmer met bleekwater. Honda's kapper zal worden geïnterviewd. Krijgen we weer de gebruikelijke lulverhalen van mensen die Honda goed kennen. Ze gaan allemaal zeggen dat hij een heel gewone, rustige jongen is. Ook zijn kapper. 'Ja, altijd hetzelfde. Hij wil zijn haar wit. Heb ik nog een geintje gemaakt. Heb ik hem gezegd hoe dat bij Michael Jackson is afgelopen, jezelf wit maken. Snapte hij niet. Hij lacht vaak maar wat, om je een plezier te doen. Ik vraag hem net als iedereen of hij nog op vakantie gaat. Het interesseert me natuurlijk geen hol, maar dat vraag je als kapper. Dat is een wetje. Gaat u nog op vakantie? Naar IJmuiden gaat hij altijd. Een week rauwe vis ruiken. Dat doen Japanners.' Daarna een interview met een visser in IJmuiden. 'Ja, Honda, die ken ik wel. Dáár staat hij altijd, tijdens zijn vakantie. Aan de kade. Met een stuk tonijn in zijn armen. Soms vinden we hem 's ochtends. Ligt hij daar in de hoek, met zijn wang op een zak met krabbenpoten. Dat is dan sushi of zo. Weet ik veel. Aardige jongen.'

De komende weken zal er worden gezocht naar het verhaal achter Honda, want alleen goed voetballen is niet meer genoeg. De medewerkers uit de buurtsuper, zijn moeder die in Japan met de hele familie – ook allemaal met wit haar – de wedstrijden volgt, zijn tandarts... We gaan ze allemaal zien en horen. Voor de duidelijkheid: Honda is een heel aardige voetballer, maar heeft voorlopig op eredivisieniveau nog maar één wedstrijd heel goed gespeeld. Tegen PSV, dat hem vrijuit liet dartelen. Vanaf komende zondag krijgt Honda geen meter meer. Met dank aan Eredivisie Live.

De hype rond Honda laat nog eens zien hoe infantiel het eraan toe gaat in de bedrijfstak betaald voetbal. Nergens regeert zo onverbiddelijk de waan van de dag. Honda passeert twee man, geeft een hakballetje, scoort en meteen vindt Humberto Tan dat alle grote clubs hebben zitten slapen. Fred Rutten zegt tijdens de persconferentie na PSV-VVV dat Honda voor iedere grote club een verrijking zou zijn. Klaar is Honda ermee.

De waarheid is dat alle grote clubs Honda wel volgden, maar geen een het aandurfde hem al vóór het begin van de competitie in te lijven. Nu Honda opeens een verhaal is, ligt dat anders. Honda is opeens ook commercieel interessant. We zullen het zien wie van de topclubs dit verhaal gaat binnenhalen. Eens kijken hoe Honda dat gaat bevallen, in een elftal vol miljonairs spelen.

Dat is namelijk de kracht van Honda. Binnen VVV is hij een verhaal omdat de spelers om hem heen een metertje extra lopen. Honda kan schitteren doordat andere voetballers niet zo nodig een verhaal hoeven te zijn. In Venlo komt het niet bij de spelers op hun haar ook eens te gaan verven. Zet Honda bij PSV in de selectie en Danko Lazovic verschijnt binnen een week met een roze hanenkam op de training.

Dat Honda zo geweldig speelt, is vooral de verdienste van Jan van Dijk. Een fijne trainer, die zondagmiddag zichtbaar genoot. In 2007 was hij nog coach van het Team VVCS, een selectie van werkloze voetballers. Assistent-trainer geweest in Saoedi-Arabië, ooit ontslagen bij FC Emmen. Dan weet je het wel. Dát vond ik zondag pas een verhaal, Jan van Dijk met zijn armen omhoog midden in het Philips Stadion. Het klopje op de kont van alle spelers die voorbijliepen. Jan van Dijk in zijn auto naar huis. Dolgelukkig. Hij traint en hij wint weer. Met zijn kapper zal niemand gaan spreken. Jan van Dijk. Te oud, te gewoon, te blij. Gelukkig maar.

De vernedering, het luistert heel nauw

12 AUGUSTUS 2009

We worden de laatste weken verwend met schitterend drama uit Madrid. Iedereen spreekt schande van het miljoenencircus, maar van mij mogen ze nog even doorgaan. Ik vermaak me kostelijk. In een interview met Simon Zwartkruis van Voetbal international, vertelt Wesley Sneijder dat Klaas-Jan Huntelaar – als de echt grote mensen een oefenwedstrijd elf-tegen-elf spelen – voetvolleyt met wat jeugdspelers. Wesley vindt dit zielig. Hij zegt: 'Dat verdient Klaas-Jan niet.'

Ik zou het graag hebben gezien. Dat moet je kunnen, voetvolleyen en tegelijkertijd laten merken dat je boos bent. Het is een heel uitbundig spelletje, voetvolley, met veel geschreeuw. Uitgevonden in Brazilië. Dan weet je het wel. Daar wordt het gespeeld tussen het verwekken van twee buitenechtelijke kinderen door en kluiven ze tijdens het spelletje een halve kip van zijn botjes. Juichen als de bal in het speelvlak valt. Bij elkaar op de rug springen. Zo'n spelletje is dat. Ontspanning.

Een geniale zet dus van coach Manuel Pellegrini, om Huntelaar uitgerekend te laten voetvolleyen. Met jeugdspelers een spelletje moeten doen, dat klinkt als door je ouders achtergelaten worden bij de ballenbak van Ikea. Daar zie je ook altijd veel Klaas-Jannen. Kinderen die na drie minuten al willen worden opgehaald uit het kinderparadijs en met een chagrijnige smoel demonstratief tussen die ballen gaan zitten.

Vergelijk het maar met de baas van Ferrari, die tijdens een trainingskamp in Nederland met zijn coureurs het komende seizoen bespreekt en Michael Schumacher ondertussen rondjes laat rijden in een minuscuul elektrisch wagentje op verkeerspark Assen. Zo moet het hebben gevoeld, de vernedering van Klaas-Jan. Voetvolleyen langs het veld, met jeugdspelers die net overal haar op hun lichaam krijgen en dan uit je ooghoeken Cristiano Ronaldo een bal zien aannemen, met zijn zorgvuldig onthaarde benen van 50 miljoen per stuk. Dat doet pijn. De vernedering op de training in Madrid heeft zijn effect niet gemist. Klaas-Jan is weg. Hij mag weer met volwassen mannen trainen, in Milaan.

Rafael van der Vaart zijn lijdensweg is nog niet volledig opgetekend, maar daar moet een klassiek toneelstuk in zitten. Die stond krap een jaar geleden nog glimmend van trots en van varkensvet in een koeling vol Spaanse hammen te poseren. In zijn lievelingsstad, Madrid. Ja, hij was eindelijk thuis. Zijn opa had Alfredo Di Stéfano ontmoet en Sylvie kon het al goed vinden met de clubkapper. Ook Rafael wordt nu vernederd en wil weg. Over enkele weken zal Rafael in een lang interview verklaren dat hij, tijdens trainingen van de selectie, in een bestelbusje gerookte hammen moest bezorgen bij bestuursleden. Kwam hij iedere avond thuis met een wit schort vol bloed.

De vernedering, het luistert heel nauw. Je moet rekening houden met veel factoren. Hoe groter het ego, des te harder komt de vernedering binnen. Ruud Gullit verneder je al, als je hem niet als de enige echte zoon van Nelson Mandela behandelt. Zo voor de vuist weg kan ik nog wel een paar mensen bedenken die je makkelijk vernedert. Samuel Eto'o, laat die een metertje tuinpad aanharken en hij is weg. Mido is beledigd als je niet zegt dat zijn haar zo lekker ruikt. Beenhakker lijkt een volksjongen, maar als je die een emmertje sop geeft en vraagt of hij de buitenboel van De Kuip even wil doen is hij weg. 'Ik laat me niet piepelen.'

In vernederen lopen we in Nederland ver achter op landen als Spanje en Italië. Wij kunnen het niet echt hard genoeg. Toch werden er een paar dappere pogingen gedaan. Dat is bemoedigend. Eerst werd Kenneth Perez vorige week woensdag vernederd tijdens de wedstrijd FC Twente-Sporting Lissabon. Dat was niet moeilijk. Perez vindt zichzelf een door een onbekende voetbalgod aan ons geschonken flonkerend juweel. Tegen Sporting Lissabon speelde Perez eerder als een stuk wegrottend zandsteen. Perez raakte geen bal fatsoenlijk en werd dus gewisseld. Dat leverde een mooi interview op. Perez stond, enkele minuten na de dramatische uitschakeling, de pers te woord. Daarbij viel het op dat hij over Twente sprak alsof het over een buitenlandse waterpolovereniging ging. Hij leek niet erg geëmotioneerd door de uitschakeling. Omdat hij was gewisseld. Net goed, dat hoorde ik vooral in zijn toon. Deze zondag speelde Perez gewoon weer mee tegen PSV. Een slecht gelukte vernedering dus.

Nicky Hofs dan. Speelde afgelopen zondag tegen zijn grote liefde, Feyenoord. Voor Hofs een belangrijke wedstrijd. Hij kon laten zien dat Feyenoord hem ten onrechte had weggestuurd. Dat lukte goed. Hofs speelde gedreven, bezeten en... werd gewisseld. Vernederend. Hij moest naar de kleedkamer lopen, langs oud-trainer Mario Been. Na vier minuten gewisseld worden, met je nieuwe vriendin op de tribune, zo moet het hebben gevoeld. Hofs weigerde zijn eigen trainer een hand te geven toen hij van het veld kwam. Vernedering geslaagd, denk je dan. Helaas maakte Hofs vlak na de wedstrijd al zijn excuses. Geen ruggengraat die jongen.

Tijdens dezelfde wedstrijd mislukte nog een vernedering. Mario Been wisselde zijn aanvoerder, Roy Makaay. Een uitgekookte vernedering van Been. Als aanvoerder worden gewisseld is misschien wel de ultieme vernedering. Dat komt door het gedoe met de aanvoerdersband. Je kunt niet van het veld sluipen. Een heel stadion zit te kijken hoe je je band afstroopt en aan een ander geeft. Je hebt gefaald. Iedere andere speler zou er een seizoen kapot van zijn. Behalve Makaay.

Die kijkt het even twee wedstrijden aan, zijn reserverol, en gaat dan ergens in Griekenland voetballen. Makaay is niet te vernederen. Hij kent geen clubliefde en heeft geen ego. Hij is broodvoetballer. Makaay houdt van de club die hem betaalt en opstelt. Andere spelers dromen een leven lang van Feyenoord. Peter van Vossen is naakt door Zeeland gehold, met een vlag boven zijn hoofd, toen hij bij Feyenoord mocht spelen. Nicky Hofs zou, ondanks alles, zelfs in een stofjas op het middenveld van Feyenoord spelen. Makaay ziet Feyenoord slechts als een club waar hij doelpunten moet maken. Gebeurt dat niet, dan gaat hij weer eens verder.

Niets aan de hand. Makaay verneder je niet. Hij vernedert jou.

De rol van Ruud Gullit

19 AUGUSTUS 2009

Afgelopen zondag was PSV-Ajax niet alleen door het scoreverloop een vermakelijke wedstrijd. Het was voor mij ook de eerste keer dat ik Ruud Gullit als analist van Eredivisie Live naast presentator Jan Joost van Gangelen zag staan. Jan Joost alleen was al zo fijn om naar te kijken. Mooi figuur. Normaal gesproken verkopen dat soort jongens zelfgemaakte leren armbandjes of zelfgekleide en handbeschilderde theeserviesjes ergens op een strand in Spanje. Figuren als Jan Joost, iedereen kent ze wel. Je ziet ze tijdens een vakantie op een verlaten pier naar de horizon zitten turen. Wapperend haar op de rug, wat voelen aan hun kralenketting, naar de zee kijken en dan denken: Wat zijn we dan eigenlijk nietig. Jan Joost ziet er, bij de start van de competitie, gelukkig weer net zo bestudeerd onverschillig uit als vorig seizoen.

Niemand staat tijdens het presenteren mooier dan Jan Joost. Benen wijd, overhemd open, shampoo met bamboe-extract in zijn krullen gesmeerd en dan die dwingende blik in de camera. Er ligt toevallig een voetbalveld achter hem, maar dat maakt niet uit. Geef Jan Joost een microfoon in zijn handen en hij begint te lullen. Een geboren presentator. Jan Joost lag vanaf het aankleedkussen op de commode al de jurk van zijn moeder te becommentariëren.

Dit seizoen is Jan Joost nog fijner om naar te kijken, omdat hij tegen zijn zin in met Ruud Gullit moet spreken. Dat gaat allemaal van zíjn tijd af. Afgelopen zondag leverde dat in elk geval prachtige haantjestelevisie op. Bij Eredivisie Live heeft iemand bedacht dat het leuk is Ruud naast Jan Joost neer te zetten.

Voor de broodnodige Kijk van de Kenner. Nederlandse sportkijkers schijnen niet zonder te kunnen, de mening van een oud-voetballer. Het zou iets toevoegen. Dat is helaas maar heel zelden het geval. Het deskundige commentaar van Wim Kieft bij Sport1 lijkt nog het meest op een zich al jaren voortslepende aankondiging van een zelfmoord. Nog nooit iemand zo somber en traag horen spreken over iets waarvan hij schijnt te houden. Willem van Hanegem, een schitterende voetballer, maar als analist inmiddels meer een stand-upcomedian die het studiopubliek probeert te behagen met het voorspelbare Van Hanegem-gemompel. 'Ja, dan kennie dom gaan zitten lachen, maar ik vind dat een rare vraag. Ja, dat mag toch? Hebbie een pak slimmies gegeten of zo?'

Maar het kan dus nog slechter. Ruud Gullit zet een geheel nieuwe standaard. Het is zó gênant dat het vanzelf weer leuk wordt. Vergelijk het maar met een heel slechte weerman van de lokale tv-zender Schemeringen-Oost, die gekleed in een gele oliejas al dertig jaar voorspelt dat het morgen gaat vriezen. Dat soort zonderlingen breken af en toe opeens door naar de landelijke televisie. Als rariteit. Het fenomeen Ton Ojers, de amateurtrainer met het uiterlijk van een aan heroïne verslaafde Duitse schlagerzanger, die bij AT5 jarenlang lekker mocht beppen over Ajax. Over dat soort culthelden hebben we het. Volkomen belachelijk zijn en het zelf niet in de gaten hebben, dat is altijd leuk om naar te kijken. Hans Kraay junior bouwde er een carrière mee op.

Ruud Gullit heeft het in zich daarin de allergrootste te worden. Als íémand niet weet hoe lang we ons al gek lachen om hem, dan is het Ruud wel. Gelukkig voor ons vindt Gullit al snel dat hij iets heel goed kan. Dat is de makke van Ruud, denk ik.

Hij zegt te snel ja. Denkt iets te snel dat het wel voldoende is gewoon als Ruud Gullit ergens aan te schuiven. Vreemd genoeg trappen daar nog steeds veel werkgevers in. Gulit dacht tot nu toe dat hij ons samen met Nelson Mandela wereldvrede kon schenken, dacht een zanger te zijn, dacht coach te zijn en nu denkt hij weer dat hij een analist is.

Goed voor ons. Ga snel kijken, voordat het te laat is. Gullit staat er namelijk niet om bekend dat hij de dingen waaraan hij begint ook afmaakt. Intussen is het genieten van onbedoelde satire op hoog niveau. Ik heb me letterlijk tranen gelachen, afgelopen zondag om de rol van Ruud Gullit. Daar stond hij dan, naast Jan Joost. Niemand had hem geleerd hoe je moet staan als je een microfoon in je handen hebt. Dat moet je kúnnen. Het was ook nog eens zo'n lullige microfoon met een kapje eromheen. Het vervelende van dat soort microfoons is dat je ze zo ontzettend duidelijk in beeld ziet hangen als je er niet in praat. Bij Jan Joost zag het er vertrouwd uit. Zó doe je dat: kordaat je teksten eruit gooien. Gullit keek alsof hij een dode bunzing vast had. Doodsbang. Door de microfoon in zijn handen, was ook de rest van Ruuds lichaam een beetje in de war. Je ziet mannen wel eens vlak voor de deur van de H&M boos op hun vrouw staan wachten. Zo stond Ruud er afgelopen zondag ook bij in Eindhoven. Alsof hij eigenlijk ergens anders wilde zijn.

Na de wedstrijd voegde Ibrahim Afellay zich bij Jan Joost en Ruud. Dat leverde de mooiste televisie van de afgelopen jaren op. Jan Joost liet Ruud niet aan het woord. Dat deed iets met Ruud. Zijn hele lichaam straalde onbehagen uit. Niemand laat de Grote Ruud zo lang zwijgen. Opeens greep Ruud zijn kans. Hij begon tegen Afellay te spreken. Ongeveer iets als dit: 'Ik zei al dat jij deze wedstrijd kantelde en dat klopt, want jij was degene die de wedstrijd liet kantelen, wat ik dus al zei, dus dat heb je goed gedaan, want je deed wat ik al zei, je kantelde de wedstrijd en nam PSV bij de hand en dat zei ik dus al, dus echt gefeliciteerd en vind je nou zelf ook dat je deed wat ik al zei, de wedstrijd kantelen?'

Nog nooit een voetballer zó verbijsterd zien kijken en nog nooit iemand zó tevreden zien staan nagenieten van een vraag die eigenlijk maar weer over één persoon ging: over Ruud Gullit zelf.

Co Adriaanse leeft op wraak

2 SEPTEMBER 2009

Co Adriaanse is terug in Nederland en dat gaat niet onopgemerkt voorbij. Meteen na zijn eerste analyse voor Studio Voetbal raasde er een fris windje door Nederland. Co vond iets van het petje en het jack van Martin Jol. Co had er de Ajax-reglementen nog eens op nageslagen en wat bleek: Ajax is helemaal niet consequent. Bij Ajax draagt iedereen al meer dan een eeuw een net jasje. Als iemand dat jasje uitdeed, brak er meteen een rel uit. Winston Bogarde wilde ooit, als speler van Ajax, iemand te lijf en deed eerst zijn jasje uit.

Op zich is dat een vernietigend mooi beeld. Je jasje uitdoen voor je gaat vechten. Dat vind ik juist ontzettend Ajax. Stijlvol. Twee weken geleden rolde Melvin Platje van FC Volendam nog oerlelijk in zijn clubkostuum over de grond bij FC Omniworld. Ordinair gedoe. Sla dan meteen iemand met een bedorven schol achter op zijn hoofd. Gescheurde jasjes na een vechtpartij, bijna niets ziet er armoediger uit. Een vechtpartij tijdens een VVD-congres en dan zes nahijgende mannen, met de voering half uit hun jas. Dat ziet er niet uit. Je jasje uitdoen getuigt juist van klasse. Daar dwing je respect mee af. Ik zou dat veel meer willen zien. Tom Egbers aan een presentatiedesk naast Mart Smeets. Voor de zoveelste keer wordt Tom live vernederd en dan, eindelijk, staat Tom op, doet zijn jasje uit, hangt het netjes over de rug van zijn stoel en slaat Smeets, zonder verder een woord te zeggen, met een daverende klap naar de studiovloer. Daarna doet Tom zijn jasje weer aan en presenteert gewoon door, met die aangespoelde potvis achter in beeld.

Aangespoelde potvis, ja. Merkt u het? Ik voel geen enkele gêne meer om mensen aan te pakken op hun uiterlijk. Het mag namelijk van Co Adriaanse! Als hij tijdens zijn eerste analyse meteen al begint over het dragen van een trainingsjack, dan voel ik mij ook niet meer bezwaard om puur modetechnisch naar zijn optreden bij Studio Voetbal te kijken. Daar gaan we.

Ik vind Co er al jaren net naast zitten, qua mode. Dat heeft onder andere met zijn haar te maken. De scheiding in het haar is te schnabbelkoning-congres-achtig. Zo zag je er een jaar of zeven geleden uit als je, voor duizend euro per uur, een zaal vol medewerkers van de ABN Amro toe moest spreken over motivatie. Ik vind Co er niet uitzien als een trainer. Meer iemand die aan de deur een messenset of een elektrische deken komt verkopen. Mannen als Co verkopen op straat de wat duurdere telefoonabonnementen. Co Adriaanse zou, met zijn uiterlijk, een heel goede standwerker zijn op jaarmarkten. Ik zie het hem zo doen. Lekker in de weer met een geschilde ui en een hakkertje. Of een vlek uit een kleed borstelen. Je ziet mannen als Co ook vaak buiten staan roken voor kantoren. Doen ze even het knoopje los. Toen Co aankwam in Qatar dachten ze daar dat hij een steward van de KLM was. Daar heeft hij iets van weg, zo'n kappersjongen die met een schitterend over het voorhoofd vallende kuif een luchtje probeert te verkopen in het gangpad van een vliegtuig.

Het voelt als een bevrijding, merk ik, lekker doorrammen op het thema kleding en uiterlijk. Toen ik deze column voor Voetbal International begon te schrijven, dacht ik dat het allemaal inhoudelijk moest zijn, maar dat hoeft dus helemaal niet. Van Co mag je het onbekommerd over uiterlijk hebben. Dat Co dit nodig heeft, is wel een beetje tragisch. De reden van zijn aanval op Jol is namelijk wel weer heel erg Co Adriaanse. Co leeft nog steeds op wraak. Wraak op Ajax. Ajax waar hij hoofdcoach was en waar men zich niets heeft aangetrokken van al zijn ideetjes over de opleiding, zijn dwingende verhandelingen over hoe wasvrouwtjes eruit horen te zien, hoe je een grasveld maait, welke schoenen de suppoosten moeten dragen en welk merk bitterballen er in de sponsorruimte wordt uitgedeeld. Co heeft bij Ajax nog geen millimeter clubcultuur kunnen veranderen. En dat doet pijn. Als je Co ergens uitnodigt of contracteert, wil hij zijn stempel drukken. Eeuwig de schoolmeester. Van Gaal heeft het ook. Ze coachen niet, ze leren mensen te leven. Meestal zoals zij leven. Mensen als Co proberen bij iedere club die schitterende, unieke eigen kijk op het leven bij anderen door de strot te duwen. In Rusland zitten alle spelers van Metallurg Donetsk nu nog doodsbenauwd iedere ochtend hun wasgoed op te vouwen met een instructietekening van Co ernaast.

Daar zit de pijn van Co. Martin Jol doet bij Ajax wat hij wil. Als een koning loopt hij in de rondte, in zijn morsige trainingsjasje. Jol lacht om clubcultuur. Als hij aan zijn zak wil krabben tijdens een wedstrijd, dan doet hij dat. Co Adriaanse deelde ooit een boete uit aan een speler die een scheet liet. Dat is het verschil tussen Jol en Adriaanse. Jol loopt langs en zegt: 'Mmh, lekker, hachee?' Co Adriaanse doet de bus op slot, gaat met zijn armen over elkaar voor in de bus staan en zegt: 'We gaan pas naar buiten als ik weet wie deze scheet liet? Ik heb de tijd hoor jongens!'

Al deze kinnesinne, die enorme frustratie bij Co als hij naar Jol kijkt, levert ondertussen wel prachtige televisie op. Co is een beetje aan het overcompenseren. Dat merk je aan alles. Hij praat te veel met een te strak, verbeten mondje. Adriaanse analyseert niet, hij geeft college. Hij forceert. Het duidelijkst blijkt dat uit zijn wanhopige pogingen om weer een echt typisch nieuw Co Adriaanse-dingetje in onze spreektaal te moffelen. Dat vindt Co leuk.

Co schonk ons als eens de omgekeerde kerstboom. Andere taalvondsten van Co: scorebordjournalistiek, snelwegvoetbal, en vooral zijn TIPS. Een afkorting voor de begrippen techniek, inzicht, persoonlijkheid en snelheid. Co glundert altijd een beetje als hij dit soort taaldingetjes debiteert. Dit weekend probeerde hij het weer. Hij noemde de belangrijkste S'en. Scoren, schieten, stijlvol, stoppen, stuiteren, selectie, spieren, schaven enzovoort.

Dat kan geen toeval zijn. Ik heb Co zelf altijd ervaren als een echte S'en-trainer. Stuitend, Superieur, Schaamteloos en Snakkend. Naar erkenning.

Vrouwenvoetbal

9 SEPTEMBER 2009

Er is iets vreemds aan de hand. Ik moet vrouwenvoetbal opeens leuk vinden. Dat is even wennen. Nog niet eens zo heel lang geleden ging je naar vrouwenvoetbal als je zin had om met een uurtje onbekommerd te schuddebuiken. Het was zoiets als synchroonzwemmen. Ook niet serieus te nemen, vrouwen die met een knijper op hun neus op muziek van een Duitse componist zwaaiend het bad betreden en daarna met hun voetjes precies tegelijk proberen boven te komen.

Zo keek ik naar vrouwenvoetbal. Als tijdverdrijf. Ik zag het als een persiflage op een bestaande sport: mannenvoetbal. Laat mij op zeshonderd meter naar twee voetballende mensen kijken en ik zie of het vrouwen zijn of niet. Dat heeft met het koppen te maken. Vrouwen kopen met tegenzin. In de verloren halve finale tegen Engeland kostte het Nederland de kop. Aanvoerster Daphne Koster ging verdedigend wel de lucht in, maar te laat en te halfslachtig. Daar hing een vrouw in de lucht, die bang was dat ze het ventiel op haar voorhoofd zou krijgen. Daphne zweefde onder de bal door en vlak achter haar stond de nummer 10 van Engeland, die wél durfde te koppen.

Ik vond alle wedstrijden van het Nederlands vrouwenteam heel lelijk. Het voelt onnatuurlijk om te kijken naar een sport waar je van houdt, maar die wordt uitgevoerd door mensen met een beperking. De beperking bij vrouwen: ze kunnen niet koppen, ze kappen en draaien als middelbare scholieren die tegen hun zin meedoen aan gym en ze zijn te nederig en te lief. Het is als met rolstoelbasketbal. Ontzettend knap, heel erg mooi, zeer te bewonderen, maar uiteindelijk heeft het niets met basketbal te maken. Het lijkt er een beetje op, maar het is basketbal in een stoel. Na een kwartier word je, als basketballiefhebber, helemaal gek van die piepende wieltjes.

Er zijn mensen die na een wedstrijd rolstoelbasketbal heel hard staan te vertellen dat het net echt basketbal is. Die mensen geloof ik niet. Net zoals ik de mensen niet geloof die nu, vlak na de verloren halve finale, zeggen dat ze zo hebben genoten. Ze zeggen er ook steeds bij waar ze zo ontzettend van hebben genoten. De sfeer. Een verademing vinden ze het, hoe beleefd die vrouwen voetballen. 'Nee, na u, ik sta er op dat u scoort, echt, na u!' Wat je ook steeds hoort: ze zijn nog zo lekker ongecompliceerd. Het is nog zo puur. Ze zijn nog niet bedorven door de commercie. Je mag ze gewoon altijd filmen. Ook als ze zitten te eten. Schattig vindt iedereen dat.

Het gaat ver, die omslag. Hugo Borst vertelde zondag tijdens Studio Voetbal dat hij had genoten van de onbekommerde eenvoud. Het spelplezier. De beheersing. Spelen ze de rest van het seizoen zo bij zijn geliefde Sparta, dan zitten er aan het eind net zo veel mensen op de tribune als tijdens wedstrijden van het Nederlands vrouwenteam. Een mannetje of honderd.

Ik vind dat gejuich een beetje gênant en hypocriet. Door voetballende vrouwen zo uitvoerig te prijzen, ze op de rug te slaan en te koesteren, maak je ze eigenlijk alleen maar klein. Ik zou, als ik een vrouw was en voetbalde, nooit op die gronden willen worden gewaardeerd. Dat is vernederend. Heb je net een toernooi gevoetbald, moet je van Jack van Gelder horen dat zijn vrienden bij AFC, tussen de bitterballen door, gewoon bleven kijken. Blijkbaar tot Jacks verbazing. Nee, het was nog gekker, er was zelfs gejuicht bij de beslissende penalty's in de kwartfinale.

Daar sta je dan, leeg gespeeld in de catacomben en in Nederland waarderen ze je vooral omdat je camera's in je hotelkamer laat en de journalisten mee laat kijken hoe je ontbijt. Juist die houding, dat omarmende, dat hijgerige gedoe over de onbevangenheid van de vrouwenploeg, werpt vrouwen twintig jaar terug in de tijd. Ze worden geaaid als dieren.

Wees eerlijk en neem voetballende vrouwen serieus. Zeg het zoals het is. Het had geen moer met voetbal te maken. Op zijn best zag het er uit als een wedstrijd tussen twee degradatiekandidaten in de tweede klasse West. Pas als er zo'n etter tussen loopt als Wesley Sneijder, of één Nigel de Jong met borsten, ga ik weer eens kijken.

Wesley Sneijder, met hem is ook iets raars aan de hand. Hij zou te verwend zijn. En dat mag niet. Tenminste, dat vinden veel mensen. Ongeveer dezelfde mensen die iedere week anekdotes ophalen over Wim Suurbier, Willem van Hanegem en Johan Cruijff. Boeken vol zijn er geschreven over de onaangepastheid van Johan. Hoe hij op beslissende momenten het team in de steek liet. Hoe Van Hanegem een WK liet schieten omdat hij voelde dat hij niet zou spelen. Prachtig vinden wij dat. We hebben ze allang vergeven. Zo waren ze gewoon. Karakters. Zo zie je ze niet meer. Tegelijk vinden wij dat Wesley zich als een kostschooljongen moet gedragen.

Ook hier waait het gezelligheidsvirus door de voetbalwereld. Doe maar gewoon, dan doe je al gek genoeg. Er zouden te veel ego's in het Nederlands elftal spelen. Zaterdagmiddag hoorde ik topcoach Ton Boot pleiten voor verwijdering uit de selectie van Sneijder. Sneijder denkt alleen aan Sneijder. Dat kan niet. Ook

Ton Boot vindt blijkbaar dat we met twintig padvinders naar Zuid-Afrika moeten. Tussen de wedstrijden door, uit vrije wil, met z'n allen de townships in, om de sanitaire voorzieningen te verbeteren. Arjen Robben met een mengkraan in zijn hand. De hele verdediging van Oranje aan de afwas.

Ik geniet juist van Sneijder. Hij worstelt en daar kijk ik graag naar. Ik zie drama. Te mooie vriendinnen, foute zwembroekjes, geforceerde tackles, blinde haat richting Madrid, een machtsstrijd met Van Persie, woedeaanvallen en, o ja, dat ook nog, briljant voetbal. Doelpunten als schilderijen. Sneijder heeft nu al alles in zich, waar we vijftien jaar later smullend over willen lezen.

Van mij mag Sneijder met een tattoo op zijn voorhoofd voetballen. Desnoods mag hij eisen dat hij Yolanthe de hele wedstrijd op zijn rug wil dragen. Dat mag, want Wesley gaat – daar ben ik van overtuigd – Nederland met een geniale vrije trap naar de finale van het WK schieten.

Edgar Davids bij Vitesse

16 SEPTEMBER 2009

Prachtig nieuws. Edgar Davids heeft, via een tussenpersoon, te kennen gegeven dat hij bij Vitesse wil voetballen. Alleen op deze ene zin kan je een 24-delige comedyserie voor de TROS schrijven. Je hoort de aankondiging meteen. 'Een middelmatige provincieclub wordt opgeschrikt door de komst van een lezende, woeste voetballer. Met alle gevolgen van dien. Veel plezier bij een nieuwe aflevering van *Davids en de jongens van Vitesse*.'

Misschien is, als u dit leest, net besloten dat beide partijen toch afzien van samenwerking, of is Edgar Davids al voorgesteld aan de plaatselijke pers. Dat doet er niet toe. Het gaat om die ene zin. Die roept een hele wereld op.

Een mannetje bij Vitesse, in een kantoor. Hij probeert voor de zoveelste keer zijn bureau precies op arbohoogte in te stellen. Hij moet niet vergeten, zo direct na de koffie, de Vitesse-kalender bij te werken. Hij zit nu al vier maanden tegen die rotkop van Piet Velthuizen aan te kijken. Net zag hij hem nog door de gang lopen. Als je die vijftien jaar geleden had verteld dat hij ooit de maand juli 2009 in de Vitesse-kalender zou worden, had hij je doodgeschopt. Dan gaat de telefoon. De tussenpersoon van Edgar Davids aan de lijn.

Het kantoormannetje luistert even en hangt dan op. Hij gaat door met het bouwen van een dug-out van aan elkaar geplakte lucifers. Bij zo'n telefoontje denk je in de voetballerij meteen aan een geintje. Bellen met een Spaans of Italiaans accent, het gebeurt bijna dagelijks. Bij Veendam is Kaká deze zomer 36 keer aangeboden. Het mooiste bod: hij zou komen voor vier kruidkoeken en een rookworst. De slechte imitatie van een Spaanse of Italiaanse tussenpersoon, niemand in de voetballerij neemt dat nog serieus. Meestal is het René van der Gijp. Die heeft, ook jaren na diens overlijden, met de stem van Rinus Michels spelers van eerste-divisieploegen opgebeld. 'Kuitenbroer spreek ik mee? Waarom lig jij nog niet in bed jongen. Morgen sta je der naast.' Voetbalhumor.

Toch moet iemand bij Vitesse deze tussenpersoon serieus hebben genomen. Misschien zijn er, na intern overleg, wat controlevragen gesteld. 'Welke kleur veiligheidsbril had Edgar op tijdens Juventus-Genoa op 14 april 2002?' 'Welke trainer liet zich volgens Edgar Davids in zijn reet kruipen?' Daar moeten goede antwoorden op zijn gegeven. Nu, op het moment van schrijven, maandag, wordt er nog overlegd.

Ook daar zou ik graag bij zijn. De leiding van de club bij elkaar, met voor zich op tafel een prototype van een Edgar Davidspruikje. Aan de pony zit een plastic brilletje. Ze hopen er twintigduizend te verkopen. Er is al voorzichtig contact geweest met een fabrikant die een *Edgar Davids Vitesse action figure* op de markt wil brengen. Als je aan het elastiek achter op zijn hoofd trekt, schopt hij een kleine plastic roofvogel tegen zijn kop en schreeuwt een tekst van Nietzsche.

Daar zitten ze, de mannetjes van Vitesse. Normaal gesproken vergaderen ze maandag over zoekgeraakt wasgoed, wisselen ze Edward Sturing-grappen uit of laten ze zich voorlichten over een nieuwe Nespresso-machine, die tijdens het zetten van de koffie het clublied van Vitesse afspeelt en daarna zijn eigen kopje opdrinkt. Nu moeten ze beslissen over de komst van Edgar Davids. Er wordt niet veel gezegd. Net als ik proberen de Vitesse-mannetjes zich eerst een beeld te vormen van Edgar Davids in Arnhem. Dat lukt moeilijk. Edgar bij bakker Bollebos in de rij voor een halfje wit. Davids met een krantje aan het raam, bij Croissanterie De Fazant. Davids, aan het tanken bij Kobus Rapen.

Ze hebben gisteren met wat mensen van Groningen gebeld. Die hebben ooit Johan Neeskens aangetrokken als speler. Alleen zijn linkerknie leek nog een beetje op de oude Neeskens. De Groningers hebben een goede tip voor Vitesse. Test Edgar Davids langer dan twee minuten. Niet al na een minuut met de tranen in je ogen gaan staan, alleen maar omdat deze onbereikbare speler, bij hoge uitzondering, in de provincie wil spelen.

Ik zou graag willen weten wat Edgar Davids die kant op drijft. Hij moet een zakelijk contact hebben in Arnhem. Zoiets moet het zijn. Of misschien schildert Davids en vindt hij het licht in Arnhem mooi. Davids werkt al een jaar lang, in een atelier vlak bij Arnhem, aan een enorm doek. De werktitel: *Met de wreef in de vrije zone*. Davids wil zijn schildercarrière combineren met af en toe wat beweging. Hier en daar een balletje trappen, in de buurt. Zo moet het ongeveer zijn gegaan.

Ik hoop dat het doorgaat. Davids tegen de grens van Duitsland, op een of andere manier is dat ontroerend. Ik wil Davids zo graag dat veld op zien komen hollen. Alsof Robert De Niro opeens een Nederlandse film binnenwandelt. Ik wil Davids graag naast mijn collega Marcel van Roosmalen zien staan. Marcel, die twee dodelijke boeken schreef over Vitesse. Eens kijken hoe Davids gaat reageren op Van Roosmalen zijn zuigende vragen. 'Hoi Edgar? En, al een beetje gewend? Wat vind je van onze wasvrouw?' Niemand laat dan dreigender stiltes vallen dan Edgar. Daarna volgt een verbale geseling. 'Hoe bedoel je wasvrouw? Wat bedoel je? Dat ik het met de wasvrouw doe? Omdat ik een kleurling ben? Bedoel je dat? Dat alleen maar witmannen met een wasvrouw mogen praten? Zeg het maar, Van Roosmalen, moet ik op een speciaal negerveld gaan trainen? Is dat het? Met steeldrums? Bedoel je dat?'

Oh, wat worden dat fijne interviews na de wedstrijd. 'Edgar, je eerste wedstrijd bij Vitesse. Je leek er eigenlijk helemaal niets meer van te kunnen. Pijnlijk, dat woord viel tijdens de uitzending. Geef hem een stok en zet hem op een bankje in een park, hoorde ik net naast me zeggen. Een reactie graag.'

Het mooist zou het zijn als het net niet doorgaat. Dat het afspringt op een paar honderd euro. Dat is van een prachtige, tragische schoonheid. Vitesse, voor eeuwig de club waar Davids ooit bijna speelde. Zoveel beter dan driekwart jaar manisch gehol en uitleggen waarom het fout ging.

Vreselijk profvoetballer te zijn

7 OKTOBER 2009

Die peptalk van trainers klopt helemaal niet, het is juist vreselijk profvoetballer te zijn

Het blijft vreemd. Mannen die aan een lopende band werken en de hele dag appels op de juiste kleur sorteren; ik heb er niets mee. Medewerksters van de HEMA die op hun knieën de drop moeten bijvullen en daarna op hun donder krijgen omdat de zoete tussen de zoute lag; het zal wel. Ik voel geen medelijden. Maar Klaas-Jan Huntelaar bij AC Milan; ik leef met hem mee.

Dat is raar. Ik kom uit een arbeidersgezin. Wat Huntelaar wekelijks aan nieuwe schoenen uitgeeft, daar konden wij precies 136 keer per jaar van chinezen, als we allemaal tegelijk uit één bak nasi goreng met één stokje saté aten. Het is een veelgehoord cliché in de voetballerij. Als een coach zijn team vol verwende iPod-bezitters wil motiveren, gaat hij voor de groep staan en vertelt hij over vroeger. Ze moeten hun ogen uit hun kop schamen als ze klagen. De bezoekers, de klanten, die elke maandag op een stuk ingezouten pekelvlees zitten te kauwen en tijdens verjaardagen goedkope spiritus schenken, die weten pas wat armoe is! Voor je werk op het veld staan, mooier is er niet. Je zou je moeten schamen als je daarover klaagt. Dat soort teksten.

Veel coaches staan zo in het leven. Je moet als voetballer dankbaar zijn en steeds bedenken dat je een uitverkorene bent. Een slappe zak ben je, in vergelijking met echte arbeiders. Huub Stevens doet standaard zijn hele voorbereiding in de mijnen van Limburg. Moeten zijn spelers kort combineren met een lampje op hun hoofd. Als je niet weet wat ziekte, dood en verlies betekent, dan ben je wat Stevens betreft een verwend jochie. Je moet God op je blote knieën danken dat je in de voetballerij mag werken. Als je het al werken mag noemen.

Ik heb dat nooit begrepen. Ik sta nog liever zes dagen achter elkaar ergens in een fabriek badstof sokken in een verpakking te vouwen, dan dat ik in de voetballerij zou moeten werken. Een bedrijfstak die qua arbeidsethos en hiërarchie nog ongeveer in de vroege middeleeuwen zit. Vraag dat maar aan lijfeigene Mounir El Hamdaoui, die afgelopen zaterdag te laat kwam bij AZ en de thuiswedstrijd tegen NAC Breda vanaf de tribune mocht volgen. Zijn trainer Ronald Koeman gaf er, tijdens de persconferentie na afloop, een enorm lange uitleg bij. Zelden iemand zo tevreden zien kijken na een obligaat verhaal over huisregeltjes. Als je in de bouw werkt en te laat komt, dan laten ze een scheet in je gezicht en lullen ze er verder niet meer over.

In de voetballerij moet je je trainer ook echt trainer noemen. 'Ja, trainer.' Ik zou het niet kunnen. Staat er zo'n pikkie als Robert Maaskant vlak voor je, en tegen hem moet je dan 'goed, trainer, ik zal erop letten' zeggen. Vreselijk. Ton du Chatinier... Als hij bedrijfsleider zou zijn bij Gamma, dan liep je langs hem en tikte je hem met een stukje laminaat even op zijn achterhoofd. 'Lekker weekend gehad, eitje?' In de voetballerij moet je dat soort figuren opeens met *meneer* en *trainer* aanspreken.

Daarom klopt die peptalk van trainers helemaal niet. Het is juist vreselijk profvoetballer te zijn. Je staat dan wel op het gras, lekker in de buitenlucht, maar je moet wél naar wilsonbekwame figuren als Andries Jonker luisteren. Daar sta je dan, met het mooiste beroep ter wereld, te luisteren naar iemand die je onder normale omstandigheden meteen met z'n allen in een sloot zou flikkeren. In de voetballerij wonen de arbeiders nog vlak om de fabriek heen en wordt er geknikt en nederig gezwegen. Een benauwd wereldje.

En toch leef ik mee met Klaas-Jan Huntelaar. Ik weet niet hoe dat komt. Huntelaar speelt weinig bij AC Milan en áls hij speelt, dan scoort hij niet. Normaal gesproken zou dat me niet raken. Wat heb ik niet een plezier beleefd aan figuren als Peter van Vossen en Rinus Israel. Ik zag ze graag lijden. Van Vossen, eenzaam in Turkije, verlangend naar een Zeeuwse bolus; ik kon er alleen maar hard om lachen. Israel, ergens in Roemenië, in een hotelkamer vol slechte schilderijtjes en met een telefoonrekening van 23 duizend euro doordat hij elke avond zijn vrouw verhalen over draadjesvlees liet vertellen; ik moest er alleen maar heel hard om lachen. Bij Klaas-Jan ligt dat anders. Ik heb met hem te doen.

Misschien komt dat doordat Klaas-Jan Huntelaar onafhankelijk is. Nu al. Hij is anders, dat voel je. Hem zul je later niet snel met een magische analysemachine op schoot naast Humberto Tan zien zitten. Huntelaar gaat als hij klaar is met voetballen lekker vissen. Misschien komt het door het verhaal dat Hugo Borst mij ooit vertelde. Huntelaar zat in de spelersbus en riep opeens heel hard: 'Kijk, een wielewaal!' Hij houdt van vogels. Dat is al lief en ook weer eens iets anders dan Gregory van der Wiel, die inmiddels het volledige werk van rapper MC KillaLot op zijn rug heeft laten tatoeëren.

Zo'n jongen, Klaas-Jan Huntelaar, die gun je het beste, al zit hij in een rotberoep. Als hij wordt geïnterviewd, zie je het aan zijn gezicht. Verveling. Hij heeft het allemaal door. Huntelaar minacht de wereld waarin hij verkeert. Natuurlijk, ook hij noemt zijn trainer *trainer*, maar ik weet zeker dat Klaas-Jan het niet meent. Huntelaar kán helemaal niet onderdanig zijn. Klaas-Jan voelt authentiek gewoon. Een slimme jongen die het spelletje met lichte tegenzin meespeelt. Een stuk geloofwaardiger dan bijvoorbeeld Foppe de Haan, die zich vier keer per jaar door een documentairemaker laat volgen om nog eens te laten zien hoe lekker gewoon hij is gebleven. Zo zie ik Foppe vooral, als een man die 's ochtends fotografen opbelt om te vertellen welke route hij doodgewoon door het bos gaat rijden.

Huntelaar is al tijdens zijn carrière als profvoetballer superieur intelligent. Zoals ook Frank Rijkaard dat was. Ongenaakbare mensen die hun eigen gang gaan. Lekker voetballen en daarna met je vriendin op de bank een mooie vogelgids inkijken. Dát is inderdaad het mooiste beroep ter wereld.

De Totale Mens

14 OKTOBER 2009

Met dank aan Louis van Gaal loop ik de hele dag om me heen te loeren of ik De Totale Mens zie. Dat is nogal vermoeiend. Een week geleden stond ik bij de slager nog gewoon geduldig te wachten totdat ik twee tartaartjes kon bestellen. Nu kijk ik naar de vrouw vóór mij. Is zij een Totaal Mens? Helaas is Van Gaal daar, in zijn zojuist verschenen leermethode, nogal vaag over. Kan een huisvrouw, die elke dag een bloemkooltje koopt, ook een Totaal Mens zijn? Of moet je dan voor zes miljoen per jaar een balletje hoog kunnen houden en keurig ja zeggen op alles wat Louis je uitlegt?

Louis maakt nogal wat los bij mij. Zou hij het wasvrouwtje bij Bayern München ook langs de Totale Meetlat hebben gelegd? Ik heb me er nog niet erg in verdiept, maar ik hoop dat je voor dat Totale Mens zijn niet ook nog eens blond haar en blauwe ogen moet hebben. Dan ben ik al kansloos.

De Totale Mens, hoe vind je die? Louis zegt dat hij het op gevoel doet, dat hij het eigenlijk meteen weet, of je Totaal bent of niet, maar ik sluit niet uit dat er over enkele jaren foto's boven water komen waarop te zien is dat Louis met een rolmaatje van de Gamma alle schedels van zijn selectie aan het meten is. Franck Ribéry valt helaas af wegens een te Franse kop. Mark van Bommel komt met de schrik vrij. Het wat uitgestulpte, naar buiten gegroeide gedeelte van de hersenen, waar zijn zelfbewustzijn zit, redt hem.

Rudolf Steiner, wiens geschriften de basis vormen voor alles wat je op de Vrije School leert, was een fervent schedelmeter. Het is een lerarenkwaaltje, dat rubriceren en het ook nog eens heel normaal vinden. Dat moet in je karakter zitten, mensen beoordelen. Naar iemand kijken en dan denken: Jij bent geen Totaal Mens. Dat vergt een bepaalde manier van kijken en veronderstelt in elk geval één ding: degene die beoordeelt – Louis van Gaal in dit geval – vindt zichzelf wél een Totaal Mens.

Als Louis van Gaal er inderdaad één is, dan gaat het belazerd met De Totale Mens. Zelden heb ik zo veel zelfverheerlijking, aan krankzinnigheid grenzende arrogantie, stuitende hoogmoed en narcisme tot in de zesde graad in één mens verzameld gezien.

Misschien wel het ergste pr-praatje had vorige week plaats bij Pauw & Witteman. Van Gaal had vrij spel. Als je Jeroen Pauw een voetbal in zijn handen geeft, gaat hij het ventiel staan vingeren. En Paul Witteman kijkt alleen als Mozart in de spits speelt. De andere, meesprekende tafelgast was Peter R. de Vries. Heeft verstand van voetbal, maar ook van slepend zaad, het weer, de politiek, kleding en cabaret, dus dat zegt niet veel.

Aan tafel bij Pauw & Witteman werd pijnlijk duidelijk dat Louis inmiddels volkomen krankjorum door zijn eigen universum dwaalt. Op zoek naar De Totale Mens. Ik wil daar niet mijn schouders over ophalen, ik vind het weerzinwekkend. Louis van Gaal vertoont dezelfde kenmerken van een andere bekende narcist, gitarist Dick Dale. Die praat al jaren over zichzelf alsof hij het over een ander heeft: 'Ik vind Dick Dale een erg goede gitarist.'

Louis van Gaal zelf vindt Louis van Gaal een uniek mens. De nieuwe Jezus op aarde die in één oogopslag ziet of de om hem heen scharrelende mensen Totaal zijn of niet. Pauw en Witteman noemden wat namen en vroegen of Louis wilde zeggen of die

Totale Mensen waren of niet. Patrick Kluivert, hij zou onder de vleugels van Louis een Totaal Mens zijn geworden. Nu had hij helaas iemand doodgereden. Jari Litmanen, qua sociale vaardigheden een Totaal Mens. Qua techniek nog niet.

Ieder weldenkend mens zou op die vraag van Pauw en Witteman hebben geantwoord: Daar begin ik niet aan. Wie ben ik om te beoordelen of iemand een Totaal Mens is? Louis ging er juist graag op in. Dat is het verschil. Louis is ervan overtuigd dat hij de enige ter wereld is die dat kan beoordelen.

De interviews over zijn boek, wat waren ze allemaal voorzichtig en speels. Wat werd Louis keurig behandeld. Wat mocht hij gezellig aanschuiven en zijn verhaaltje vertellen. Er gebeurde iets heel vreemds met mij. Ik verlangde hevig naar Frits Barend, samen aan een tafeltje met Louis. En dan de enige juiste vraag: 'Meneer Van Gaal, de Totale Mens, is dat eigenlijk niet precies het omgekeerde van *Untermensch*?' Met die vraag zou ik Van Gaal graag hebben zien worstelen.

Van Gaal kreeg alle ruimte in de interviews die hij gaf. Het leverde in elk geval een quote over Johan Cruijff op. Louis is ervan overtuigd dat Johan zo narrig doet doordat Louis ooit vlak voor een kerstdiner naar huis reisde. Zijn zus was overleden. Een vernietigend beeld. Kerst met Van Gaal en Cruijff. Louis en Johan allebei drie uur lang ruziënd met hun neus vlak boven een pannetje gestoofde haas. 'Kijk, een Totale Haas. Verkeerd klaargemaakt, want zijn oren staan naar buiten.' En dan Cruijff: 'Dit is dus een haas wie goed klaar is gemaakt, wie je juist kan zien aan zijn oren wie naar buiten staan.' De interviewer had na Louis' theorietje over Cruijff uiteraard deze vraag moeten stellen: *Zou het niet gewoon komen, meneer Van Gaal, doordat Johan Cruijff u, net als heel veel andere mensen, een vreselijke man vindt?*

Zo zit de wereld van Louis in elkaar. Als je hem niet aardig vindt, dan ligt dat aan jou. Dan is hij een Totaal Mens en jij niet. Van Gaal omringt zich met mensen die hem Totaal vinden en die, als ze goed hun best doen, eventueel zelf Totaal kunnen worden.

Doordat Louis nog leeft, kunnen mensen die graag in de Totale Mens geloven, gewoon kijken hoe Louis dat doet. Dirk Scheringa, de man die tienduizenden wanhopige mensen op een genadeloze manier aan de rand van de afgrond heeft gebracht, is volgens Louis van Gaal toch een Totaal Mens. Anders zou Louis nooit dat miljoenensalaris van hem hebben aangepakt.

Aan waanzin grenzende woede

21 OKTOBER 2009

Zondagavond zag ik voor het eerst beelden van de persconferentie die Maradona gaf, vlak nadat hij zich, ten koste van Uruguay, voor het WK had geplaatst. Voor de mensen die het hebben gemist, vrij vertaald was dit ongeveer zijn analyse: 'Jullie zijn hoeren. Zuighoeren. Jullie kunnen me blijven zuigen. Ik lig op mijn rug en jullie mogen me zuigen. Voor iedereen die niet in ons geloofde, jullie weten wat jullie kunnen doen: zuigen.' Maradona was het niet helemaal eens met wat kritische kanttekeningen van de pers.

Ik hoor het Koeman nog niet zeggen. Dat vind ik jammer. Het is allemaal erg netjes hier in Nederland. Kostschoolgedoe. Tijdens Sparta-Feyenoord werden Sekou Cissé en Jon Dahl Tomasson van het veld gestuurd. Dan wil ik in tweeën getrapte deuren zien. Een beetje Argentijn, zoals Sergio Romero, die slaat zijn keepersvuistje scheef op het laatste muurtje dat nog overeind staat bij DSB. Bij Feyenoord gaat dat anders. Daar zitten ze na een rode kaart in de catacomben, met een paar badslippers aan hun voeten, gezellig op een monitor te kijken hoe de club door hun domme overtreding verliest.

Dat kan veel beter. Trek desnoods iets van de muur. Sla Kees Jansma op zijn achterhoofd. Scheer Jan Joost van Gangelen kaal. Trek Jan van Halst midden in de live-uitzending dat glimmende sm-pak van zijn kont. Doe iets spectaculairs met die woede. Het had afgelopen weekend zo mooi kunnen zijn. Koeman negeert na de verloren wedstrijd de pers, stapt zwijgend in zijn auto, rijdt met 190 km per uur de hoofdingang van het museum van Scheringa binnen, stapt uit, zoekt de zaal met Carel Willink-schilderijen op en slaat ze daarna huilend, een voor een, op de grond aan stukken.

Ik weet het, agressie en wraak horen niet bij de sport, maar het kijkt wel lekker. Ik zie tijdens een training honderd keer liever de keeper en de verdediger met elkaar op de vuist gaan, dan dat ik naar dat domme latjetrap moet kijken. Dat kan alleen in de voetballerij, trots zijn als je op de lat schiet. Zouden ze dat bij zwemmen ook doen, na iedere training twaalf keer met hun hoofd tegen de zijkant van het zwembad duiken? Slaan ze bij volleybal aan het eind van de training even lekker die bal dertig keer in het net? Ik denk het niet.

De aan waanzin grenzende woede, ik kijk er graag naar. Maradona laat je nooit in de steek. Je droomt ervan, Leo Beenhakker, die vanuit zijn woning het vuur opent op journalisten. VI-journalist Michel van Egmond die bij de villa van Jorien van den Herik aankomt, aanbelt en meteen een schot hagel door zijn haar krijgt. Had ik graag gezien.

Door Maradona erger ik me ook opeens aan dat lullige juichen van Nederlandse coaches. In het gekste geval staan ze even op en geven hun assistent een hand. Behalve Sparta-coach Frans Adelaar. Die bewoog wel na de winst op Feyenoord, maar dat ontaardde meteen weer in een oer-Hollandse variant op de horlepiep. Je dacht er vanzelf een paar klompen bij, dat domme gehos langs de zijlijn. Nee, dan Maradona. Die maakt buikslidings.

Je kunt zeggen, wat een overdreven gedoe, maar bij Maradona kan het mij niet overdreven genoeg zijn. Dat is zijn functie. Zich helemaal vol snuiven voor een wedstrijd, en dan gekleed in die met cocaïne gewatteerde trainersjas lekker raar doen. Je verwacht het van hem en hij doet het. Zo zou het leven altijd moeten zijn. Het zag er ook helemaal niet raar uit. Alles in het leven van Maradona draait om Maradona. Als Argentinië wint, dan wint hij. Na het winnende doelpunt tegen Uruguay, gunde hij zijn ploeg niet de roes van de overwinning. Maradona nam als The Gladiator zelf, langzaam lopend, met zijn armen omhoog, de felicitaties in ontvangst.

Dat belooft wat voor het WK in Zuid-Afrika. Dan schakelt hij nog een tandje bij. Diego die met zo'n Afrikaanse janktoeter in zijn mond, twee keer drie kwartier lang treiterig de klankbeker tegen het oor drukt van de vierde official. Misschien laat hij zijn 768 kinderen overkomen, om tijdens de wedstrijden gezellig wat Argentijnse muziek te trommelen in een speciaal Maradona-vak.

Ik weet het, het is allemaal schandalig en niet erg professioneel, maar daar kan ik geen moment mee zitten. Ik keek liever naar Richard Witschge in De Arena, die tijdens een rush richting doel, heel arrogant de bal meerdere malen hooghield, dan naar de altijd netjes met twee woorden scorende John Bosman. Aad de Mos, die jaren geleden bij KV Mechelen treiterig juichend langs de Ajax-bank holde, ik kan me er van alles bij voorstellen. Zoete wraak, als je die door het lichaam voelt stromen, dan mag je van mij een beetje gek doen. Martin Jol, die na de 4-0 van afgelopen weekend tijdens de persconferentie een petje op zet met daarop de tekst: *Who the fuck is Co Adriaanse*, ik zou het helemaal hebben begrepen.

Sluimerende waanzin en blinde woede, ze leveren bijna altijd iets moois op. Je moet er niet aan denken dat Johan Derksen, tijdens het programma Voetbal International, voortaan iedere week naast twee mensen zit die het een keer niet over zichzelf hebben. Juist de confrontatie met René van der Gijp, Wilfred Genee en Hans Kraay jr., alle drie mannen die het liefst in het spiegelhuis op de kermis zouden wonen, maakt het programma tot wat het is. Spannend en onvoorspelbaar. Duizend keer liever luister ik naar een narrige Hugo Borst dan naar het onverstaanbare politiek correcte Herdgang-gemompel van Ronald Waterreus.

Het zijn beginnetjes, maar echte waanzin durven we nog niet aan. Zelfs de megalomaanste man van Nederland, Dirk Scheringa, hield het afgelopen maandag tijdens de persconferentie netjes. Het pistoolschot bleef uit. Dat is Nederland. Bram Moszkowicz die trillend van woede zegt: 'Het is abject en infaam.' Zo uiten wij ons. Scheringa had het ook als volgt kunnen doen: 'Wouter Bos, die ons niet wilde helpen, je weet wat je kunt zuigen, mijn *motherfucking* Dirk. Lakeman, ik heb twee woorden voor je: je moeder. Voor alle spaarders die hun geld kwijt zijn: voortaan de contracten lezen, jankers.'

Pantelic is een romanticus

4 NOVEMBER 2009

Zondag, tijdens de wedstrijd Ajax-Feyenoord, gebeurde er iets opvallends. Pantelic, de nummer 9 van Ajax, had net op doel geschoten. Het was best een aardig schot. Van Dijk, de doelman van Feyenoord, tikte de bal naast. Op de tribune werd *oeh* geroepen. Zo gaat dat. Iemand schiet, de bal wordt naast getikt en dan bijna vanzelf volgt de *oeh*. Dat is een van de grote genoegens, als je een voetbalwedstrijd bijwoont. Het *oeh* roepen met wildvreemden. Hoewel, wildvreemden, ook die romantiek is inmiddels volledig verdwenen.

Seizoenkaarthouders zitten jaar in jaar uit naast elkaar in het stadion. Als je pech hebt zit je naast iemand die iedere week drie pakken foto's van zijn kleinkinderen meeneemt of, nog veel erger, kijk heeft op het spelletje. Zoals in het openbaar vervoer waar je – terwijl je langzaam je strippenkaart verscheurt – wel moet luisteren naar een telefoongesprek van 25 minuten over dwangnagels, zo ben je in stadions, als je pech hebt, voor eeuwig overgeleverd aan een brulhoestende, naar zware shag ruikende gek met een half verbrand gezicht.

Ik mis de anonimiteit in stadions. De tijd dat ik om kwart voor twee besloot om toch nog maar even naar Ajax-Groningen te gaan en twee uur later met een wildvreemde vrouw tegen mij aangedrukt het vijfde doelpunt van Ajax vierde. Zo'n hele staantribune, voor twee uur lang even één lichaam. Het zwijgend naast elkaar naar huis lopen. Onbekende mannen met lange jassen aan, die als het regende opeens sterk begonnen te ruiken naar gebakken aardappelen. Die sfeer.

Pantelic denkt daar ook zo over. Meneer is een romanticus. Hij gelooft hartstochtelijk in de meelevende supporter. Na zijn aardige schot, holde hij door naar de achterlijn en maakte met woeste armgebaren duidelijk dat het Ajax-publiek zich moest laten horen. Hij had ze net enorm verwend met een afstandsschot op doel. Hij wilde een hardere *oeh* van ons horen. Pantelic heeft duidelijk geen idee waar hij terecht is gekomen. Zoiets doe je niet bij Ajax. Dat is meer iets voor een spits van Cambuur. We zijn hier wel in de grote stad. Amsterdammers juichen juist niet als je het aan hun vraagt.

Pantelic' wanhopige poging om het publiek op te jutten, deed me sterk denken aan Peter van Vossen bij Feyenoord. Van Vossen speelde na wat zwerven en broodvoetballen eindelijk bij zijn geliefde Feyenoord. De club waar hij al een leven lang van droomde. Van Vossen, de zogenaamde verpersoonlijking van de Rotterdamse ziel, overdreef een beetje. Tijdens wedstrijden was hij voornamelijk bezig met het opjutten van het publiek. Dat deed hij met wilde armgebaren. Na ieder doelpunt holde Van Vossen schreeuwend langs de vakken vol supporters en deed dan zijn armen heel woest boven het hoofd. Van Vossen was niet tevreden over het publiek. Hij wilde meer beleving. Als één man achter je club gaan staan. De twaalfde man zijn. Dat soort gelul.

Ik heb dat altijd vreselijk gevonden. Ik wil als ik op een tribune sta, niet worden behandeld als een wilsonbekwame imbeciel. Bij concerten ben ik ook meteen weg als *all the fellows in the house* hun handen moeten *waven like they just don't care*. Dat bepaal ik zelf wel. Als ik naar een voetbalwedstrijd zit te kijken, kies ik graag zelf het moment uit waarop ik juich. Ik ben geen AZ-supporter die zich door een speaker uit zijn stoel laat lullen om nog één keer een schitterend eerbetoon te geven aan een van de grootste boeven van Noord-Holland.

Het gedrag van Van Vossen was pure volksmennerij. Het voelde heel bedacht, zoals hij met zijn knellende Ajax-verleden, zo enthousiast mogelijk de voetballende havenarbeider uithing. Dirk Kuijt had er ook een handje van. Zijn gewoonheid cultiveren. Het liefst zou hij met een bakfiets vol zakken eierkooltjes naar Feyenoord zijn gekomen, of op een brommer, met een pondje gerookte makreel onder zijn arm. Van Vossen en Kuijt, uiteindelijk hielden ze allebei vooral van Feyenoord zolang het goed uitkwam. Bij de eerste ritselende Engelse ponden was Kuijt verdwenen. Op weg naar de volgende arbeidersclub. Zo diep zat zijn liefde voor Rotterdam. Bij Pantelic ligt het anders. Die heeft werkelijk geen idee waar hij terecht is gekomen. Zijn opzwepende gebaren zondag waren even misplaatst als het dweilorkestje dat ik ooit in De Meer over het veld zag banjeren. Zelden zo een striemend fluitconcert gehoord na het blazen op een tuba.

Het publiek van Ajax, je moet ze begrijpen. Ze komen om te kankeren. Iedere speler is een veel te veel geld verdienende koekenbakker die geen bal recht vooruit kan schoppen. Ajax-supporters juichen pas als ze met 6-0 voor staan en dan altijd nog omdat ze daar zelf zin in hebben. Opstaan in een Ajax-vak en heel hard roepen: 'Alle ballen op Emanuelson!', het is ondenkbaar. Ajax-publiek is Bergkamp gewend, Rijkaard gewend. Die gaan niet voor de eerste de beste lulhannes op de banken. Suarez, pas de laatste maanden krijgt hij heel voorzichtig wat meer krediet, maar twee ballen zelfzuchtig naast schieten en het grote kankeren neemt alweer een aanvang. 'Verkopen, in januari, nu we er nog geld voor krijgen!'

Pantelic weet dit niet. Niemand bij Ajax heeft hem verteld dat ze daar in Amsterdam niet van houden, enthousiaste armgebaren. Dat ze eigenlijk, om te beginnen, van helemaal niemand houden. Pantelic, hij lijkt nu al mislukt bij Ajax. Het Amsterdamse publiek heeft hem wel omarmd, maar dan vooral als de man die je een seizoen lang helemaal verrot kunt schelden. Pantelic is op dit moment de Ajacied die niets goed kan doen. Het Amsterdamse publiek heeft zo iemand nodig. John van Loen, wat hebben we niet om hem gelachen. Ronald Spelbos, als hij aan de bal kwam begon het publiek te joelen tot hij de bal inderdaad verkeerd afspeelde. Geen genadelozer publiek dan Ajax-publiek.

Dat Pantelic dit nog niet weet en dwars door het gelach heen zijn criticasters met een kinderlijke naïviteit op de banken probeerde te krijgen, vond ik erg mooi. Pantelic is diep van binnen een jongetje dat zich er niet bij neer wil leggen dat hij het pispaaltje is. Wanhopig op zoek naar liefde in Amsterdam. Ga er maar aan staan.

De fik in die apparatuur

11 NOVEMBER 2009

Anderhalve week geleden keek ik naar een interview met Louis van Gaal in het tv-programma Holland Sport. Er gebeurde iets opmerkelijks: ik voelde sympathie voor Louis. Ik snapte opeens waarom zijn vrouw Truus vertederd kijkt als hij 's avonds thuiskomt. Er zit, heel diep van binnen, nog een oer-Hollands jongetje in Louis van Gaal. Wilfried de Jong zag dat en stelde de juiste vragen.

Van Gaal werd geïnterviewd op het trainingscomplex van Bayern München. Een garagehouder die zijn nieuwe bedrijfspand laat zien, zo liep hij rond. Een aandoenlijke trots, dat zie je wel meer bij Nederlanders die naar het buitenland gaan. Laten ze aan een overgevlogen journalist een kleedkamer zien met blauw leren stoeltjes. Handje erlangs. En dan de tekst: 'In Nederland is dit van hout.'

Louis is misschien wel de meest trotse Nederlandse trainer ooit. Frank Rijkaard, ondenkbaar dat die in Istanbul een heel moderne mengkraan aan een Nederlandse journalist laat zien. 'Let op, dan druk je hier tegenaan en wordt het water heet. Voel maar. Stromend water, dat hebben ze in Veendam niet.' Van Gaal liet zich interviewen op het loungeterras van Bayern. Je zag het aan hem. Híér had hij zijn leven lang van gedroomd. Bij een echte profclub werken, met oog voor details. Hij wees een beetje vaag om zich heen. Er stonden planten in een houten bak. Zo te zien prima onderhouden.

Van Gaal zei niet eens zo heel veel. De camera draaide om hem heen. Louis stond tussen een loungesetje van de Duitse

Gamma. Loungesetjes in de tuin, het zijn de nieuwe uit hout gezaagde ganzen voor het raam. Iedereen in Nederland heeft een loungesetje of spaart voor een loungesetje. In het ergste geval met een buitenkeukentje erbij. Stervend van de kou met rosé uit een pak een karbonade sudderen, duizenden Nederlanders sloten er een lening voor af bij de DSB Bank.

Het was mooi Louis daar te zien staan. Glimmend. Ja, ook in Duitsland deden ze aan het nieuwe zitten. Met je armen op veel te hoge leuningen in een rieten kubus naar voortkabbelende kutmuziek luisteren. Louis wees naar een plek in het midden van de loungeset. 'Daar wordt wel eens gebarbecued.' Daarna liet hij een stilte vallen. Hij genoot van het door hemzelf opgeroepen beeld. Modern voetbal. Op een verhoogd terras, met uitzicht op de trainingsvelden, in rieten stoelen zitten en wachten tot je *Currywurst* klaar is. Uniek.

Daarna liet Louis de persruimte zien. Ook al uniek. Akoestisch was hij door Van Gaal helemaal opnieuw ontworpen. Ieder geschreeuwd antwoord bleef nu door een uitgekiende *surround-forever-techniek* nog zes jaar door de persruimte kaatsen. Daarna liep Louis naar het spreekgestoelte. Hij wees op een zwart elektronisch schermpje. 'Kijk, zo'n systeem waar je spelsituaties mee kunt uitleggen, zoals ze in Nederland ook gebruiken bij de sportprogramma's. Het nieuwste van het nieuwste. Hebben wij hier gewoon óók staan.' Hij liet een hand even over het scherm glijden. Daarna was het afgelopen. Van Gaal werkt thuis aan een handig systeem waarmee je de Berlijnse Muur met een druk op de knop weer uit de grond kunt laten oprijzen. Geen idee waarom, maar het kan en het is een vernieuwing, dus waarom niet? Twee dagen later verloor Bayern München van Bordeaux. Door een fout van Mark van Bommel, die heel onprofessioneel meeverdedigde met een paar ouderwetste voetbalschoenen aan zijn voeten en niet de door Van Gaal vanaf de bank bestuurbare prototypes van de zogeheten Cyber Soccer droeg.

Als je wint, is zo'n uitlegmachine leuk. 'Kijk, hier scoren wij en let u op, ik zet er even cirkeltjes omheen, die en die en die en die spelers lopen allemaal in een door mij bedacht patroon.' Verliezen is minder prettig met zo'n machine. 'Kijk, hier in het omcirkelde gedeelte verliezen we zestien miljoen euro.'

Het schijnt nogal een gênante vertoning te zijn geweest, de persconferentie vlak na de verloren wedstrijd. De beelden mochten niet worden uitgezonden. Bayern heeft ze in een kluis gelegd, die pas over 150 jaar mag worden geopend. Altijd spannend wat daarop dan is te zien. Van Gaal, half ontkleed, zijn broekspijpen in flarden om zijn ontvelde benen, boven op een verslaggever van Bild, een vuist twee centimeter van het gezicht.

Dat krijg je door al dat uitleggen. Het is een sluipende ziekte, de behoefte een voetbalwedstrijd technisch achteraf te duiden. Twee weken geleden las ik een paar hoofdstukken uit het boek *Dure spitsen scoren niet* van Simon Kuper, die voetbal al jaren benadert als een exacte wetenschap. Een heel boek doordrenkt van het idee dat als je maar genoeg statistieken naast elkaar legt, er uiteindelijk iets valt te voorspellen over het resultaat. Een vreemd uitgangspunt. Al ís dat zo, wat wordt daarmee dan bewezen? Dat we met z'n allen zitten te kijken naar iets wat door de collega van Louis van Gaal, Jezus Christus zelf, van tevoren allemaal al precies zo is bedacht? En is dat dan leuk om te weten? Waarom zou ik willen weten dat elke uitslag in het moderne voetbal al voor negentig procent vastligt?

Dat is wat er nu gebeurt. De nieuwe mode. Die hele uitlegcultus, met vierkantjes om doorgebroken spelers heen en cirkels om uit de lijn weglopende middenvelders; van mij mag de fik in die apparatuur. Ik wil het niet weten. Zet desnoods, als je toch wilt nabespreken, tekenaar Dik Bruynesteyn weer in de studio. Dat was aangenaam. 'Dik, wat heb je voor ons getekend tijdens de wedstrijd?' En dan zag je een mannetje met een heel klein lichaampje en een heel groot hoofd. Je zei tegen elkaar: 'Mooi getekend. Hij lijkt er echt op.' Daarna deed je je kinderen in bed en dacht je aan Johan Cruijff met zijn wapperende witte stuk band in zijn rechterhand, fenomenaal scorend. Louis van Gaal, Co Adriaanse en Jan van Halst zouden daar nu een grote rode cirkel omheen hebben getekend. 'Kijk, hier raakt Cruijff de bal eigenlijk verkeerd en had hij 'm beter kunnen afspelen aan de hier omcirkelde middenvelder.'

Het Mike Tyson-syndroom

2 DECEMBER 2009

Ik lees net in een bericht dat Louis van Gaal onlangs Karl-Heinz Rummenigge heeft weggestuurd. Karl-Heinz zat in het vliegtuig op de stoel van Louis. Bij het raam waarschijnlijk. Het kan bijna niet anders of Louis is eropuit geweest. Zou Rummenigge niet op de favoriete stoel van Van Gaal hebben gezeten, dan had Louis wel iets anders verzonnen om hem te vernederen.

Van Gaal is aan het reuzendoden in Bayern. Een heel bekende truc. De kopstukken in de club schofferen en dan maar hopen op een leuk resultaat in de competitie. Van Gaal is daar een meester in. Beter dan Co Adriaanse, die eist dat er in de kantine andere kroketten worden gebakken. Dat is mij te klein. Een wasvrouw ontslaan kan iedereen. Van Gaal schakelt meteen door. Die pakt nu Rummenigge aan, binnenkort Franz Beckenbauer en daarna is God aan de beurt. 'Je zit op mijn wolk. En ga je eens scheren!'

Het prikkelt de verbeelding. Misschien door die kleine, claustrofobische ruimte in een vliegtuig. Ruzie in een vliegtuig is meteen weer zo heel erg ruzie, met 146 aandachtige toehoorders. Dat moet voor Van Gaal juist de reden zijn geweest Rummenigge aan te pakken. Het had ook in een afhaalchinees gekund. 'Karl-Heinz, ik hoor je net nummertje 34 met saus apart bestellen. Die heb *ík* al besteld. Ik wil liever dat je iets anders eet.'

Hoe is Rummenigge opgestaan in dat vliegtuig? Meteen? Ik denk het niet. Die heeft eerst net gedaan alsof hij Van Gaal niet verstond. Beetje rommelen in het netje met tijdschriften vlak voor hem. Nog eens de veiligheidsvoorschriften goed lezen. Kijken hoe je een zwemvest opblaast. Net doen alsof hij achterlijk is. Wachten totdat Van Gaal het nóg een keer vraagt. 'Hé, Rummenigge. Poep in je oren? Ik zat daar. *Aufsalzen.*' En dan de smadelijke aftocht.

De verbittering. Daar zit hij, de grote Karl-Heinz, vlak naast de vleugel en hij kijkt naar het achterhoofd van Louis, vier rijen voor zich. Aan de steeds maar bewegende oren ziet Rummenigge dat Van Gaal onophoudelijk aan het woord is. Louis legt aan een bestuurslid naast hem uit hoe het hooggebergte in Zwitserland is ontstaan. Soms reist Van Gaal tijdens een vrije dag naar een Duitse rivier en staat hij een dag lang tegen het water te schreeuwen dat het godverdomme uit moet zijn met dat meanderen. Tikt hij vissers op hun rug. 'Dat stoeltje waar u op zit, daar zat ík.'

Aangeboren autoriteit, dat is het waarschijnlijk. Of het is het Mike Tyson-syndroom. Besluiten, al vroeg in je leven, dat niemand maar dan ook niemand jou ooit nog zal vertellen wat je moet doen. Daar lijkt het bij Louis een beetje op. Ònafhankelijk en confronterend op het manische af. Tyson beet uiteindelijk uit machteloosheid iemand een stuk uit diens oor. Dat zie ik Van Gaal voorlopig nog niet doen, hoewel ik er wel voor zou tekenen: Der Kaiser met een hand om zijn neus en Van Gaal met een bebloede mond vlak voor hem.

Iemand ergens op aanspreken of ongevraagd goede raad geven, je moet dat kunnen. Dat moet in je zitten. Johan Cruijff kan het. Die heeft afgelopen zondag Barcelona-Real Madrid gezien en lulde een dag later zijn column in De Telegraaf helemaal vol over de enorme commotie die een uitspraak van hem zou hebben veroorzaakt. Het is een tragisch stukje. Cruijff probeert wanhopig nog deel uit te maken van wat allang op volle snelheid zonder hem doordendert. In Barcelona halen ze inmiddels ook hun schouders op als Cruijff iets roept. Het zal wel. Johan is helaas geworden wat ook Dennis Rodman is geworden: een in de marge van zijn lievelingssport opererende oude volksheld. Rodman gooit tijdens circusvoorstellingen, verkleed als freak, zes balletjes in een netje en gaat dan weer eens naar zijn hotel, om in zijn jarretels onder de douche te gaan staan. Cruijff coacht Catalonië. Oók een circusbaantje.

Het kan ook anders functioneren, eigenwijsheid en zelfvertrouwen. Clarence Seedorf is een goed voorbeeld. Die stond op zijn twaalfde al aan een jeugdtrainer uit te leggen dat ze alle ballen op de training, net als in Suriname, gewoon nog met de mond moeten opblazen. Seedorf onderwijst graag, net zoals Louis, alleen heeft het bij hem een ontroerende kant. Seedorf neemt je op schoot en zegt dingen die je allang weet.

Nadat Klaas-Jan Huntelaar afgelopen zondag eindelijk weer eens had gescoord, kwam Seedorf in alle commentaren voorbij. De oude wijsgeer Seedorf had Huntelaar al die maanden voorgehouden dat diens kans nog wel zou komen. Niet echt een verrassend inzicht. Ik kan me bijna niet voorstellen dat dat een eyeopener is geweest voor Huntelaar. Dat hij zijn koffertje al aan het pakken was en na de raad van Seedorf dacht: Weet je wat? Ik blijf gewoon.

Daarom wordt Seedorf ook niet meer geselecteerd voor het Nederlands elftal. Te vermoeiend, als je die jongen erbij hebt. Die gaat meteen met Maarten Stekelenburg aan een tafeltje zitten om hem uit te leggen dat hij zich vooral geen zorgen moet maken. Maarten moet uitgaan van zijn eigen kracht. Goed blijven trainen, dan komt de rest vanzelf. Ikzelf zou na zo'n gesprek met Seedorf vooral doodsbang zijn. Is er dan iets met me aan de hand? Seedorf acht ik ertoe in staat naast Mark van Bommel in de bus te gaan zitten en hem te vertellen dat hij gewoon maling moet hebben aan alle mensen in het team die hem een omhooggevallen, overgewaardeerde rukvoetballer vinden.

Waar Seedorf mensen geruststelt, klapt de boel meestal een week later in elkaar. Als Seedorf bij Ajax zou voetballen, zou hij vandaag naast Luis Suarez zitten, om hem te steunen. 'Nu scoort Marko Pantelic en is die even heel populair. Pantelic heeft ook leuker haar, maar daar moet je je niet aan storen. Jij was de lieveling, nu is híj het. Jij bent nu even heel slecht. Maar dat komt wel weer goed.' Meteen acht miljoen minder waard.

Huilende voetballers

16 DECEMBER 2009

Misschien komt het door de decembermaand, door de nietsontziende gezelligheid die langzaam onder je huid kruipt, maar de twee mooiste sportmomenten van vorige week kwamen op naam van huilende voetballers. Huilende sporters, dan kun je mij wegdragen. Weerloos ben ik. Louis van Gaal, die in 2001 met een trillende lip afscheid nam van het Nederlands elftal; ik vergaf hem meteen alles. Dat hij de profs in een Deens hotel tot diep in de nacht slagroom had laten eten van een stel pornotieten, wat maakte het uit? Louis' ogen vulden zich met tranen en dat was genoeg. Zand erover.

Ronald de Boer die jaren geleden, na een overwinning van Ajax, nauwelijks verstaanbaar en door een waas van tranen mompelde: 'Dit hadden we zó nodig.' Een schat van een jongen, dat kan niet anders. Ikzelf jank een keer of 46 per week. Gisteren nog, bij de afhaalsurinamer, die vroeg of ik wat extra zuur en sambal bij mijn eten wilde. Een half uur lang heb ik als een dweil in zijn armen gehangen. Iedere vertrekkende trein hol ik huilend achterna. Niet weggaan, mensen!

Voetballers zijn geen geoefende huilers. Er gaat ergens iets mis in de jeugdopleiding. Mijn zoon speelde twee jaar lang voor AZ, in de D2 en de D1, en daar werd nog volop gehuild. Bij elke overtreding lagen ze te janken. Op een of andere manier deed mij dat goed. Een schop voor je poten krijgen, heel erge pijn voelen en dan die heerlijke dikke tranen. Al je teamgenoten om je heen en dan niet flink zijn. Nee, het juist laten gebeuren en hartverscheurend hard huilen. Het nasnikken is het mooist. Een natte spons in een van je liezen, tikje op je achterhoofd en doorspelen. Even oogcontact zoeken met je vader. Geen ontroerender mouw dan de mouw die tranen van een voetbalwang veegt.

Blijkbaar bereiken voetballers een leeftijd dat ze niet meer huilen, of dat ze niet meer mógen huilen. Ik vind dat heel jammer. Het zou veel toevoegen. Die rare film over Zinedine Zidane, een wedstrijd lang gevolgd door tientallen camera's, wat had die veel mooier kunnen zijn. Zidane geconcentreerd in de rechterhoek van het veld en dan heel even oogcontact met een jongetje op de tribune. Dat jongetje, verdomd, nu ziet hij het pas, dat is hijzelf. In Marseille, tussen rottende vis en schreeuwende vaders, dromend van een carrière als voetbalprof. We zien hem in slow motion wellen, gevangen door twaalf camera's, de traan en dan, als die te zwaar wordt voor het ooglid, het donkere spoor over de linkerwang. *Zidane Huilt*, zo had de film kunnen heten.

Voorhoedewerk had hij kunnen verrichten. Zinedine had een lans kunnen breken voor Het Nieuwe Huilen in de voetballerij. Na zijn rode kaart tijdens de laatste WK-finale had ik hem zo graag met schokkende schouders langs die beker zien lopen. Of, misschien nog mooier, schreeuwend met beide armen om zijn trainer geklemd, zoals kinderen zich aan moeders vastklemmen als zij voor het eerst naar school gaan. Als er alle reden is om te huilen, waarom dat dan verbergen? Laat het lopen!

Dat gebeurde afgelopen week. Er werd twee keer weergaloos mooi gehuild. Eerst door Sjaak Swart in De Wereld Draait Door. Er is een biografie verschenen over Sjaak. Mijn eerste gedachte toen ik dat hoorde: Fijn dat hij 'm niet zelf heeft geschreven. Geef Sjaak Swart het woord over Sjaak Swart en je zit negentien weken naar hem te luisteren. Als vrienden met Sjaak Swart op vakantie gaan, staat hij dwars door de voordeur van hun slaapkamer om vier uur 's nachts nóg te vertellen over zijn naar binnen draaiende voorzetten. Kennissen van Sjaak durven in een café geen 'zwart' te antwoorden als er wordt gevraagd hoe ze hun koffie drinken. Staat Sjaak meteen weer naast ze, een middag lang te lullen over vroeger in De Meer.

Het kan niet anders of Sjaak Swart is de vermoeiendste oudprof van Nederland. Vraag aan Sjaak Swart of hij nog eens wil vertellen over die wedstrijd in de mist, ga vervolgens een marathon lopen, bouw een Ferrari uit losse onderdelen en kook alle recepten uit het Groot Indonesisch Kookboek van Beb Vuyk, je komt terug en Sjaak is nog maar net over de aftrap begonnen.

Toch ontroerde Sjaak mij, vorige week. Na een kort gesprekje lieten ze hem bij DWDD kijken naar de huldiging, vlak na zijn laatste wedstrijd voor Ajax. Daar zat Sjaak, op de schouders van zijn ploeggenoten. Ze droegen hem het veld rond. Hij deed een arm een beetje omhoog, zoals het hoort als je afscheid neemt. Waarschijnlijk heeft er nooit iemand met zó veel tegenzin afscheid genomen. Terug in de studio wilde Sjaak er iets over zeggen. Hij brak. Er kwam nauwelijks geluid uit. Sjaak moest huilen. Het was magistraal huilen. Om alles wat was geweest. Om de herinnering aan de bewondering. Aan het geluid van stalen noppen op een stenen vloer. Het was huilen om het onomkeerbare. Daar zat hij, in zijn maatpak, te kijken naar Sjaak met blote benen. Het publiek in de studio klapte aarzelend. Sjaak vond zijn stem terug. Hij legde uit dat vooral de beelden van Tante Leen en Johnny Jordaan hem hadden ontroerd. Dat was erg lief van Sjaak. Wij wisten wel beter. Afgelopen zaterdagavond huilde Kevin Hofland, nadat hij een doelpunt had gemaakt. Het was een mooi, volwassen, aangrijpend huilen. Van vreugde naar de traan. Als ik het had gewild, zou ik in alle kranten en alle voetbalprogramma's hebben kunnen lezen of horen waarom Kevin huilde. Een verhaal over zijn zoon, de opoffering, de verlossing. Het eerbetoon. Ik heb dat niet gedaan. Het was zo óók wel duidelijk. Veel belangrijker is het dat Kevin dúrfde te huilen. Dat hij niet – oh, de gruwel van de van tevoren bedachte uiting – zijn shirt uitdeed en wees op een foto van zijn zoon. Nee, het overkwam Kevin, hij holde en huilde.

Er was geen schaamte. Iedereen mocht het zien. Niemand vond het erg. Het was vernietigend mooi huilen van een groot sporter.

Een megalomane zonnekoning

22 DECEMBER 2009

Wesley Sneijder, hoor ik net uit zeer onbetrouwbare bron, wil het kerstfeest met Yolanthe gaan vieren in een met wit konijnenbont behangen ruimte. Voor Yolanthe is hij, heb ik ook weer van horen zeggen, op zoek naar een bijzonder kerstcadeau. Het hoofd van Hugo Borst op een zilveren schaal, overgoten met Kees Jansma-saus. Wesley weet ook al wie die schaal, met het hoofd nederig naar beneden gebogen, naakt mag aanreiken. Keeper Piet Velthuizen. Die armoedzaaier met zijn salarisje van onder de vijf ton.

Dankzij Wesley weten we nu allemaal wat Piet verdient. Twintig keer minder dan Wesley. Dat werd vorige week onthuld door Hugo Borst in Studio Voetbal. Het gaat mij niet eens om het nieuws zelf. Het zal wel. In schrijverskringen, waarin ik nu met enige regelmaat verkeer, is het de gewoonste zaak van de wereld iemand die minder boeken dan jij verkoopt helemaal in elkaar te schoppen. Vanmiddag nog heb ik Herman Koch en Tommy Wieringa in een hoek van een café hun broek open zien knopen met een doodsbange debutante tussen hen in. Een keiharde leerschool.

Dat Wesley zoiets zegt, verbaast mij niet. Van iemand die goudkleurige zwembroeken draagt en, zodra de eerste miljoenen binnenrollen, zijn jeugdliefde inruilt voor alles met meer mond en benen, kun je zoiets verwachten. Het is ook geen toeval dat Wesley uitgerekend Piet Velthuizen uitkoos. Het is de bekende hoogmoed van spelers uit de Randstad als ze eens met iemand anders moeten ontbijten dan een plat pratende godenzoon.

Wesley is blijkbaar niet alleen seksueel een roofdier, die meteen zijn krop opzet als er iets voorbij komt wandelen met mooie gekleurde veertjes. Als we het allemaal moeten geloven, pist hij nu ook al opzichtig territoriaal binnen het Nederlands elftal de hoekjes van de kleedkamer nat. Het verbaast mij niet dat hij doelman Piet uitkoos voor zijn getreiter.

Piet lijkt me een eenvoudige jongen. Dat is fijn, als je keeper bent. Bal komt eraan, tegenhouden. Daarna naar bed. Twee weken geleden waren ze bij Vitesse in paniek, doordat Piet na een stevige dreun op zijn hoofd drie dagen lang opeens allerlei ideeën ontwikkelde over wetenschappelijke kwesties. Dat was tot daaraan toe, maar dat hij daarover ook in samenhangende zinnen sprak, dwars door de wedstrijdbespreking heen, dat baarde de clubleiding zorgen. Keepers die gaan nadenken, dat loopt meestal verkeerd af. Neem Jan van Beveren, een van onze slimste doelmannen ooit. Die zit nu ergens in Dallas heel voorzichtig opgedroogde paardenlijm van achter postzegels te schrapen.

Jongens als Wesley voelen, als rondcirkelende gieren, wie de kwetsbaarste speler van de groep is. Wim Suurbier, Ruud Krol, Willem van Hanegem en Rinus Israel hebben in het verleden Ruud Geels, een zachtaardig mens, tot huilens toe zitten fucken tijdens het ontbijt. Als Geels zich omdraaide, lag er een schoen op zijn bord. Als hij naar bed ging, lag er een drachtig veulen tussen de lakens. Lachen.

Dat Sneijder uitgerekend Velthuizen op diens rug heeft getikt en hem vroeg wat hij verdiende, geloof ik dan ook meteen. Het zal nog wel erger zijn geweest. Misschien stond Piet, niet gewend aan de luxe bij het Nederlands elftal, stomverbaasd aan een amuse-lepel te voelen. Wesley meteen achter hem: ‘Moet je ’m niet even rechtbuigen, Piet?' Of Piet doodsbang met een halve kreeft in een hand. Die moet hij volgens Wesley 'eerst zeventig keer hooghouden, anders wordt hij bitter als je 'm kookt'. Het bekende dollen. Kees Jansma hebben ze, toen hij net als perschef begon, ook tien keer op en neer laten reizen naar Frankrijk, om daar twaalf ons ventieltjes te kopen.

Het zou allemaal met een sisser zijn afgelopen, dat geschreeuw van Bert van Marwijk en Hugo Borst, als Sneijder zelf niet het doodbloedende relletje had gereanimeerd. Hij wil, volgens een krantenbericht, een gesprek met alle spelers van Oranje. Sinds dat verzoek weten we twee dingen zeker: het verhaal van Borst klopte en Sneijder is een megalomane zonnekoning. Daar draait het blijkbaar allemaal om, in de wereld van Wesley Sneijder: je gram halen. Ze zullen, verdomme nog aan toe, allemaal van hem gaan houden, daar in het Nederlands elftal. Goedschiks of kwaadschiks.

Het wordt een mooie bespreking. Ik ben, als ik me ermee mag bemoeien, erg voor een heel kleine ruimte. Een doucheruimte bijvoorbeeld of een kamer met een ronde tafel en een bakje pinda's in het midden. Als er maar geen afleiding is. Dat niet Dirk Kuijt midden in de bespreking een halve makreel met zijn vinger op het beslagen raam staat te tekenen. Het moet wurgend confronterend en intiem zijn. Ik hoop dat Wesley dan Yolanthe meeneemt. Deed John Lennon ook, tijdens het opnemen van Let It Be, zijn vrouw Yoko Ono expres op een matrasje naast Paul McCartney neerleggen als er iets moest worden ingezongen. Zo moet het: de hele groep in een kring op afgezaagde stoeltjes om Wesley heen en Yolanthe die in een hoek van de kamer zwijgend haar teennagels knipt.

Daarna moet het er ouderwets lagere school aan toe gaan. Met z'n allen zwijgen en dan de vraag van de leraar: 'Wie liet net een duidelijk hoorbare scheet? We gaan hier niet weg totdat ik weet wie dat heeft gedaan. Ik heb de tijd hoor, jongens.' En daar zat je dan, drie uur na te denken of je dan in godsnaam maar zou zeggen dat jíj het was.

Zo ziet ook Wesley het voor zich. Het heeft, volgens hetzelfde krantenbericht, niet eens zin naar het WK te gaan als de pers tussen hem en de spelers in zit. Wesley zal zwijgend gaan zitten wachten, midden in de groep, net zo lang totdat er iemand schielijk zijn hand opsteekt. 'Sorry, meneer Wesley, ik heb een heel klein beetje gezegd dat u soms een soort van beetje naar doet tegen Piet.'

Als die bespreking nog moet plaatshebben, een communicatie-advies van Dijkshoorn: kapot zwijgen dat mannetje. Desnoods veertien uur in een afgesloten ruimte naar je schoenen gaan zitten kijken. Niet buigen. Toon karakter!

Gertjan en ik, het is uit tussen ons

20 JANUARI 2010

Gertjan Verbeek, heeft die een zachte kant? Het zou kunnen dat Gertjan, als hij thuis komt, zich uitkleedt, een fluwelen ochtendjas aandoet, 130 geurkaarsjes aansteekt en doodstil, midden in zijn kamer, naar een cd met het geluid van parende walvissen luistert. Maar ik denk het niet. Gertjan lijkt me meer een jongen die na thuiskomst nog even snel een dragend muurtje uit zijn huis slaat. Niet om het huis opnieuw in te richten, maar gewoon om het beuken, om het rammen. Iets slopen, maakt niet uit wat. Dat is voor hem ontspanning.

Gertjan en ik, het is uit tussen ons. We hadden een tijdje verkering. Toen Gertjan bij Feyenoord werd weggestuurd, koos ik blind voor Verbeek. Ik heb dat zelfs opgeschreven. Ik vond zijn vertrek heroïsch. Daar liep hij de poort uit, zwaar gepiepeld door een paar verwende profs die een echte-grote-mensen-coach niet aankonden. Zo zag ik het een jaar geleden. Een vakman vond ik Gertjan. Rechtdoorzee, eerlijk, vastberaden en een harde werker.

Juist al die karakteristieken beginnen me nu de keel uit te hangen. Ik zou hem wel eens een keer hartverscheurend hard willen zien huilen, vlak voor de kooi van een heel zielig dood knaagdiertje. Dat zou goed zijn, beelden van Gertjan Verbeek die aan een jongetje van zeven jaar de dood van een huisdier uitlegt. 'Soms, jongen, dan gaan dieren dood, zomaar, opeens. Het ene moment hollen ze nog lekker in een molentje, en een ogenblik later liggen ze in een hoek van hun verblijf negen uur lang in een heel rare houding naar de ingang van hun caviahuisje te loeren. Dat noemen we met een moeilijk woord ook wel: overleden.

Neem nu maar even afscheid van Knaagie Knaagmans.' En dan samen huilen.

Dat zit er voorlopig niet in. Gertjan Verbeek is steeds minder van het emotioneel meevoelen. Zet Gertjan naast zo'n jongetje bij een kooi en je krijgt de volgende monoloog. 'Ja, die is dood. Vertel op jongen en kijk me aan als ik tegen je praat. Heb je dit diertje niet goed verzorgd? Hé, matennaaier naast me, ik lul tegen je, lafbekkie, heb jij dat knaagdiertje kapot gemaakt? Wat had ik tegen jou gezegd? Precies, je moet hem volgens een schema voeren, maar meneertje hier, in zijn lullige Bert en Ernie-pyjama, meneertje van zeven jaar oud, vond dat niet belangrijk. En nu is Knaagie Knaagmans dood. Door jou en niet door mij. Wat een naar ventje ben jij.'

Niet alleen ik heb last van Gertjans uitstraling. Frits Barend zag ik een jaar geleden vanuit dezelfde verwondering Gertjan Verbeek interviewen voor de zender Het Gesprek, en eigenlijk wilde Frits maar één ding weten: of Gertjan nog wel eens klaarkwam. Zo plat als ik het nu opschrijf, zo plat was het. Frits wilde weten of Gertjan, vrijgezel en een goede kop met haar, nog wel af en toe keiharde seks had. Achteraf, met de wetenschap van nu, een goede vraag van Frits. Opeens is dat een relevante nieuwsgierigheid. Ligt Gertjan Verbeek niet ieder weekend zijn drift eruit te schudden op een aardappelzak waar hij met een viltstift even snel twee ogen op heeft getekend? Is hij wel van vlees en bloed? Een jaar geleden vond ik Frits zijn vraag nogal gênant. Nu begrijp ik hem veel beter.

Je wilt, als je die man naast je hebt zitten, zo graag dat hij eens als een doodnormaal, gevoelig mens reageert. Dat hij opeens breekt. Dat hij vlak na dat eeuwige gelul over fysieke belastbaarheid, trainingsintensiteit en de toelaatbare verzuringscurve opeens heel hard begint te huilen, of te lachen. Maakt niet uit waarom. Desnoods een lachbui van een half uur om een elastiekje dat, heel raar opgevouwen vlak voor hem op tafel, precies lijkt op de vrouw van Foppe de Haan.

Jan Mulder had er zondagavond, tijdens Studio Voetbal, ook last van, dat pantser van keiharde rechtlijnigheid waar Verbeek zich achter verstopt. Nooit is er eens twijfel. Nooit spreekt hij eens op gedempte toon. Als je Verbeek de ruimte geeft, lult hij een uitzending lang tegen je aan alsof je een kind van drie bent. Jan Mulder wilde weten of Gertjan een zojuist in beeld getoonde overtreding van een Heracles-speler niet schandalig vond. Dat was Verbeek niet met hem eens. Trainer Jan van Dijk, die had gevraagd om een kaart, dat was een matennaaier. Zoiets doe je niet, als collega's onder elkaar, schreeuwen om een gele kaart.

Daarna zagen we nog een fragment van Verbeek. Hij schoffeerde een trainer die het had gewaagd, vlak naast Gertjan, een ander beeld van de wedstrijd te schetsen dan Gertjan in zijn hoofd had. Ook hier rechtvaardigde Verbeek zijn proletengedrag met dezelfde drogredenering: zoiets doe je niet, als collega's onder elkaar.

Dat is het ergerlijke van Verbeek, die op militaire leest geschoeide, humorloze kijk op de wereld. Die verbeten professionaliteit waar iedereen in mee moet gaan. Dat gekmakende gymlerarentoontje als hij iets uitlegt. Gertjan Verbeek is een man die op zeer hoge leeftijd gaat sterven met een lichaam boordevol schreeuwend gelijk. Al die Oost-Duitse *Wirtschaftswunder*-uitingen, het zou een keer doorbroken moeten worden. Midden in een betoog een stuk roze kauwgom op zijn voorhoofd plakken, zoiets. Met iets ongewoons die rare fysiek- en mentaalfundamentalist totaal ontregelen.

Wachten tot hij midden in een verhaal zit en dan achteloos een haring in zijn keel proppen. Ik zeg maar wat. Het maakt eigenlijk niet uit, als het maar vreemd is en niets met krachttraining te maken heeft. Zoals Barry Hughes ooit met een roltoetertje de hautaine George Kessler verwarde, zo moeten collega's van Gertjan iets soortgelijks verzinnen. Het is voor zijn eigen bestwil. Naast hem gaan staan, in zijn coachvak, met twee lieslaarzen gevuld met garnalen. Laat hem daar maar eens over nadenken. Open moet dat koppige Friese trainershoofd.

Zondag zag ik beelden van het trainingskamp. Liep Gertjan tijdens een ochtendtraining, toevallig toen de camera net draaide, weer zwoegend voorop. Een speler die echt met Gertjan Verbeek meeleeft en hem uit dat spartaanse keurslijf wil trekken zou hem hebben laten struikelen. En daarna, als Verbeek de schuldige zoekt, alleen op een eekhoorn langs de kant van de weg wijzen.

Er moet fantasie in die kop. Snel.

Sander Boschker

27 JANUARI 2010

Sander Boschker, dat is een echte prof. Niets ontgaat hem. Dat heb je met keepers. Dat zijn toch meestal de jongens die vroeger, bij het partijtje kiezen, als laatste overbleven en een hele jeugd tussen twee jassen stonden te wachten tot hun moeder riep dat het eten klaar was. Keepers hebben veel te veel tijd om in de rondte te kijken. Daar krijg je maar rare ideeën van. Een goed plan van Cruijff was dat ooit, om keepers lekker mee te laten hollen in de verdediging. Hadden ze ook nog iets aan hun middag.

Sander Boschker heeft te veel tijd. In een interview, zondagmiddag, na een gelijkspel van FC Twente tegen FC Groningen, vertelde Sander dat hij wel wist waar het fout was gegaan. Sommige spelers liepen de kantjes er af en dat kon niet. Dat was de trainer met hem eens. Die had dat net ook nog gezegd in de kleedkamer. Nu zei Sander het zelf nog even. Keeper Sander en zijn trainer zaten op één lijn. Boschker keek er heel zelfverzekerd bij. Bijna een beetje als een boze trainer.

Even later werd trainer Steve McClaren geïnterviewd. Van Sander wisten we inmiddels al dat hij in de kleedkamer als een dolle tekeer was gegaan, maar dat zag je niet aan hem af. Twente zat in een dipje. Dat kon gebeuren. Het was nu zaak om daar snel weer uit te komen en de goede vorm van voor de winterstop snel weer op te pakken. Leuke man, dacht ik, toen ik hem zag spreken. McClaren begrijpt hoe televisie werkt. Niet zuchtend en blazend klagen dat die en die zijn best niet deed. Nee, hier was een aardige, intelligente man aan het woord die rekening hield met de chemie binnen het elftal en de verslaggever tegelijk het idee wist te geven dat hij hem welwillend te woord stond. Een sympathieke uitstraling.

Van Sander Boschker kun je dat moeilijk zeggen. Als die ergens, met dat doodgravershoofd van hem, een brood bestelt loop je meteen een stoel en een stuk touw te zoeken. Een en al doffe ellende. Niks is goed. Als Boschker over straat loopt en even kort naast een paar stratenmakers blijft staan, weet hij ze alleen al door zijn oogopslag het idee te geven dat die hele straat er de volgende dag opnieuw in moet worden gelegd.

Boschker is 39 jaar oud, maar heeft de uitstraling van een 79-jarige oorlogsveteraan. Altijd wat te zeiken. Twee weken geleden haalde Sander hetzelfde geintje uit. Stond hij voor de camera's te kwekken dat de ploeg de geschorste Theo Janssen te veel miste. Dat kostte Twente punten. Sander vond dat Theo zijn straf wel had uitgezeten. Iemand in coma rijden, met alcohol in je bast, ja, dat was heel erg, maar nu wisten we het wel, vond Sander. Een verdiende straf, maar nu Sander wedstrijdpremies begon mis te lopen vond hij het wel genoeg.

Ik ben bang dat Sander dit standpunt ook had verwoord als Theo vier kinderen had doodgereden. Dan zou Boschker waarschijnlijk hebben uitgelegd dat het er ook vijf hadden kunnen zijn. Je komt gewoon niet aan Sander zijn beroep en aan zijn geld, dan wordt hij gek. Dan spreekt hij – totaal onverwacht – vlak na een wedstrijd namens de groep. Of hij valt die groep frontaal aan. Net hoe het uitkomt.

Eigenlijk doet iedereen altijd alles fout, behalve Sander zelf. Voor de goede orde, we hebben het hier nog steeds over een keeper. Ballentegenhouder. Het woord zegt het al. Op 17 december

2009, nog maar een maand geleden, ging Boschker in een belangrijke wedstrijd tegen Steaua Boekarest, kinderlijk in de fout. Dat kostte Twente bijna de plaatsing voor de volgende ronde van de Europa League. Daar dacht hij zelf echter heel anders over. Hij was op geen enkele manier verantwoordelijk voor het tegendoelpunt. Sander zelf over dat doelpunt: 'Ik kon net niet bij de bal, dus ik zie het niet als mijn fout. Het was een moeilijk veld, daardoor stuiterde de bal alle kanten op.'

Nee, inderdaad, dat is ook geen doen. Als een bal ook nog gaat stuiteren, dan sta je machteloos als keeper. Je verwacht dat niet. Je bent gewend dat zo'n bal aan de grond geplakt op je af komt rollen en dan opeens zo'n stuiter. Daar kun je je niet tegen wapenen. Het kwam waarschijnlijk door dat moeilijke veld. De schuld van de terreinknecht. Die had er een makkelijk veld van moeten maken. Alweer had iemand Sander het werken onmogelijk gemaakt. Een schande.

Eigenlijk is het om je gek te lachen, dat rare gedoe van Boschker. Twee jaar geen competitiewedstrijd gespeeld bij Ajax, meneer houdt zes ballen tegen en is opeens weer woordvoerder. Dat maakt het ook een beetje treurig. Het doet geforceerd aan, alleen maar omdat je bijna veertig bent en heel hard kunt schreeuwen denken dat je het voortouw moet nemen.

Ik ben benieuwd hoe Sander zijn ploeggenoten deze week, tijdens de training, op zijn kritiek gaan reageren. Willem van Hanegem en Rinus Israel hadden wel raad geweten met dit figuur. Een korte worsteling tijdens een hoge bal voor het doel en daar hangt hij in het net, met een gapende hoofdwond en zijn broek rond zijn schoenen. Op het middenveld kijkt Van Hanegem geïnteresseerd naar een schaap. Hij weet nergens van.

Als er bij Twente een beetje karakter in de groep zit, keren ze deze week minstens een ketel tomatensoep over Boschker heen. Als hij ruikt of de smeerkaas nog wel goed is even een tikje op het achterhoofd. Hij heeft het nodig, Boschker. Laat het hem maar voelen, jongens van Twente, hoe de verhoudingen liggen. We gaan een keeper toch niet mee laten praten over voetbal? Dan houdt alles op. Het is al erg genoeg dat er bijna iedere week een ex-keeper met de grote mensen mee mag lullen bij Studio Voetbal.

Hard aanpakken die Boschker. Dit is een levensgevaarlijke situatie. Als Twente volgende week wint, gaat die jongen nog denken dat het door zijn waarschuwing komt. Spelers van Twente, doe wat je moet doen. Komend weekeinde verliezen met 8-0 en na de wedstrijd allemaal zeggen dat Boschker bij geen één goal vrijuit ging.

JUICHEN

3 FEBRUARI 2010

Als ik ergens een hekel aan heb, dan is het wel aan spelers die na een doelpunt naar de bank hollen om iemand te bedanken. Ik ben voor pure beleving. Je maakt een beslissend doelpunt, in je hoofd ontploft vuurwerk, de euforie stroomt in je botten en je begint vanzelf te bewegen. Sommige spelers doen daarna een uitheems dansje rond de cornervlag. Fout. Dat ziet er te bedacht uit en het heeft ook vaak niet meer allure dan je dronken vader die, met zijn kruis vooruit stotend, tijdens een buurtfeest onder een latje door probeert de dansen.

Ik wil het niet eens hebben over vier spelers die na een doelpunt iets doen wat ze blijkbaar tijdens een training hebben ingestudeerd. Zitten ze opeens achter elkaar in de hoek van het veld en doen een kano na. Schorsen voor het leven. Als je wilt roeien, ga je maar in New Orleans voetballen. Voetballers met een bedrukt T-shirt onder hun tenue, met een boodschap voor Jezus, hun pasgeboren kindje of hun vrouw, ook die moeten keihard worden aangepakt. Voor straf een seizoenlang laten voetballen met de wekelijkse aanbiedingen van de kiloknaller op hun borst. Dat zal ze leren. Scoort toch minder lekker, met de afbeelding van drie kilo hamlappen op je shirt.

En het is allemaal zo makkelijk. Bij juichen denk je juist niet na. Het liefst juich je op de plek waar je toevallig staat als de bal het net raakt.

Het is het mooist als de scorende speler, nog voor de bal over de lijn rolt, al weet dat hij een doelpunt heeft gemaakt. In dat geval zie je ook wie klasse heeft en wie niet. De ongenaakbare prof, de held, loopt gewoon door naar de zijlijn, kijkt niet meer om naar het balletje dat hij net tergend langzaam richting doel heeft geschoten en doet alleen maar zijn arm even omhoog. Eigenlijk is die houding altijd te verkiezen boven de hysterische jankvariant. Ik zie bij MTV liever een popmuzikant het podium opwandelen en, zonder iets te zeggen, even snel een wanstaltig beeldje omhoog houden, dan dat ik drie kwartier moet luisteren hoe het laatste zingende *tietenkontmeisje* drie kwartier haar ouders bedankt.

Rust, daar gaat het om bij juichen. Imploderen in plaats van dat domme gedraaf als je hebt gescoord. Het ergste draven na een doelpunt is dit draven: een speler scoort en draait zich meteen om. Hij wijst naar de bank en roept iets. Meestal: 'Zie je wel.' Of: 'Jij zei het!!' Daarna begint het domme hollen. Medespelers willen hem ook feliciteren, maar krijgen hem niet te pakken. Dat is heel vervelend om naar te kijken, een volwassen man die – zijn collega's steeds maar ontwijkend – over het voetbalveld zwalkt. Tikkertje voor autisten, zoiets. Tijdens het hollen blijft hij maar wijzen naar de bank. Hij roept ook weer iets. Soms heeft een medespeler, die hij niet op tijd kon ontwijken, hem even beet. Dan rukt hij zich los. In een teamsport een schofterig gebaar. Ik zou als coach meteen een disciplinaire straf uitdelen. Een speler die zijn doelpunt exclusief wil vieren met iemand op de bank, mag voortaan een half jaartje in het tweede elftal gaan staan juichen met de achterlijke terreinknecht.

Dan de aankomst bij de bank. De scorende speler neemt meestal een materiaalman of een reservespeler in zijn armen. Die persoon staat hem al met open armen op te wachten. Meestal gaat het om de reservekeeper die een keer voor de spits heeft gekookt. Soms is het een reservespeler met wie de scorende spits drie jaar lang, met een dekentje over hun schoot, heeft zitten kankeren op de coach.

Ton Boot, de bekende basketbalcoach, zou dat nooit tolereren. Het is ongepast om na een doelpunt exclusief en met een verborgen, van tevoren bedachte boodschap je doelpunt te vieren. Het is niet meer en niet minder dan een publieke *fuck you* naar je medespelers en het publiek.

Maar het kan altijd nog erger. Spelers die naar hun coach lopen om hem te bedanken voor het gestelde vertrouwen. We hebben het hier over een beroep. Over profs. Johan Derksen zou raar opkijken als ik iedere week, na plaatsing van mijn column, in de auto stap, naar Gouda rijd, zijn kantoor binnenstorm en hem huilend in de armen val. Daarom heb ik mij zo geërgerd aan de korte maar hevige copulatie van Arjen Robben en Louis van Gaal. Daar, langs de kant van het veld, verzamelde alles wat voetbal zo ontzettend lelijk kan maken zich in één moment.

Eerst die rare valpartij van Louis van Gaal, ook weer veroorzaakt door dom juichend hollen. Van Hanegem en Cruijff zouden, als coach, nooit hollen. Hollen is iets voor zelfingenomen proleten. Aad de Mos is een hollertje. Robert Maaskant, een hollertje. Mourinho, een hollertje. Een echte coach, een coach met stijl, die holt niet. Bij Van Gaal was het nog erger. Hij gleed uit, vlak voor de reservebank. Ik heb het fragment teruggekeken en daar ligt voor assistent/slaaf Andries Jonker nog wel wat werk in de sociale sfeer. Niet een van de spelers steekt een poot uit om Van Gaal weer overeind te helpen.

Daar, op de grond, zie je opeens de kleinheid, het narcistische, die rare in zichzelf gekeerde geest van Louis van Gaal. Hij doet net alsof hij niet viel. Dat zie je ook wel eens bij mensen die van hun fiets af flikkeren. Doen ze, met een open knie en een broek aan flarden, alsof het zo hoorde. Van Gaal doet dat ook. Het heeft bijna iets aandoenlijks. Kinderachtig. Zelfs als je op je bek gaat nog steeds doen alsof je het allemaal al van tevoren zo bedacht hebt. Van Gaal doet alsof hij graag liggend juicht.

Dan verschijnt Arjen Robben opeens in beeld. Die moet al onderweg zijn geweest. Hij gaat boven op zijn coach liggen. Een speler die na een doelpunt zijn coach gaat bedanken en een coach die dat, liggend, met te gladden schoenen aan, snuivend van opwinding toelaat.

Daar lagen twee mensen die schijt hadden aan het team. Ze hadden genoeg aan elkaar.

De straftraining

17 FEBRUARI 2010

Goed nieuws. De straftraining is terug. Ik houd erg van straftrainingen. Ze laten zien hoe diep de waanzin is doorgedrongen in het betaalde voetbal. Straf. Het woord alleen al. We hebben het hier over een moderne, volwassen bedrijfstak. Straf, dat is een jongetje in de hoek van de klas die van angst zijn broek vol pist en een hele groep klasgenoten lachend eromheen.

Alle eer gaat naar Martin Jol. Hij zette twee weken geleden de straftraining weer op de kaart door – duidelijk zichtbaar voor de pers – Miralem Sulejmani en Ismaïl Aissati een training af te laten werken op de stenen trappen van het Ajax-stadion. Het ging hier niet om een behendigheidsoefening. Had ook nog gekund. Met zes broodjes kroket, twee bier en een bekertje thee in De Arena negentien treden naar beneden wandelen en ondertussen een aanval bekijken, dat moet je kunnen. Iedere keer als ik naar Ajax ga kijken, rolt er wel iemand met een bebloede kop en een paar koetjesrepen in zijn hand vlak langs mij.

Het ging bij Sulejmani en Aissati niet om behendigheid. Het was een lesje in nederigheid. Daar draait het om bij de straftraining: de vernedering. Het zegt vooral veel over Martin Jol zelf. Dat moet in je zitten, mensen willen vernederen. Kan je honderd keer zeggen dat het je werknemers zijn, kan je gaan staan mompelen dat ze gewoon hun stinkende best moeten doen voor die enorme salarissen, maar het blijft vernederen.

Iedereen heeft het over de straftraining zelf, dat tragische geklim en gedaal op de tribunes, gadegeslagen door geamuseerde journalisten, maar ik zag Martin Jol voor me. Op zijn eigen kamertje in De Arena. Hij raadpleegt wat handboeken. Hoe deden ze dat vroeger in Afrika, met die slaven? Is dat geen aardig idee, om Sulejmani en Aissati met een loden bal aan hun voeten en een baal katoen op hun rug om het veld te laten lopen? Misschien zingen ze er wat blues bij. Leuk voor Johan Derksen. Jammer dat Bobby Haarms is overleden. Die had mooi op een trommel het ritme aan kunnen geven.

Zo moet het ongeveer zijn gegaan. Jol, met de voeten op zijn bureau, nadenkend over een geschikte straf. Later zullen ze hem er dankbaar voor zijn. Jol moet de verschillende mogelijkheden hebben afgewogen. Hij moet hebben nagedacht over de meest vernederende straf. Hij had zijn spelers ook de broodjes natte ham kunnen laten uitdelen aan de journalisten. Hij had ze zijn auto kunnen laten wassen. Die zie ik wel voor me.

Een mooie vernedering. Sulejmani en Aissati, op het parkeerterrein, met een sponsje en een emmer lauw sop naast Jol zijn auto. Jol eromheen lopend. Hopen dat hij dat ene plekje meeuwenstront achter op de uitlaat niet ziet zitten. Spannend! Jol wrijft over zijn auto. Kijkt de spelers aan. Loopt weer door. Gaat met zijn nagel door het profiel van de rechter achterband. Houdt hem voor Aissati. 'Wat is dit?' 'Modder, meneer Jol.' Daarna een korte knik met het hoofd. Aissati weet genoeg. Hij is al onderweg naar de douche om zijn tandenborstel te halen.

Jol heeft het zelf niet helemaal in de gaten, maar eigenlijk gaf hij met die armzalige opdracht, die doorzichtige trainerstruc voor minder begaafde coaches, vooral zichzelf straf. Een straftraining is veel erger voor de hoofdcoach dan voor de spelers zelf. Altijd al zo geweest. Je hebt als speler eindelijk je trainer op zijn knieën. Hij reageert op jouw provocaties. Het is allemaal niet voor niets geweest, je getreiter. Het heeft het beoogde effect gesorteerd, je desinteresse tijdens de trainingen. Je bent met succes te laat gekomen bij wedstrijdbesprekingen. Een speler die onder vuur ligt heeft er baat bij, een straftraining, want juist daar laat de trainer zijn ware gezicht zien. Trainers die straftrainingen moeten uitdelen hebben allang verloren. Zij tonen zich in al hun weerzinwekkende primitiviteit.

Zo werkt het in ieder geval bij mij. Ik voel juist medelijden voor de spelers en lach snuivend om Martin Jol. Sulejmani en Aissati snapten dat ook. Ik zag het aan hun lichaamshouding, aan hun manier van kijken. Hier liepen niet twee mensen die een lesje leerden. Hier liepen twee mensen die Jol eindelijk hadden waar ze hem hebben wilden. In de rol van de kampoudste.

Moeten grijpen naar zoiets lulligs als een straftraining, je kunt het niet anders uitleggen dan een enorme vernedering voor Jol zelf. In één klap is hij geen moderne coach meer, maar een oeroude man die motivatietechniekjes gebruikt van voor de Eerste Wereldoorlog. 'Ga jij je geweer maar eens zeventig keer uit elkaar halen.' Kijk naar Co Adriaanse. Ook een straftrainingcoach. Die zit nu ergens in een met kunstplanten behangen resort, midden in de woestijn, net te doen alsof hij de spelers in zijn selectie best wel heel goede voetballers vindt. Arie Haan liet Rob Witschge en Regi Blinker ooit rondjes lopen op een bijveld. Die zit nu ergens in China te mijmeren over vroeger, toen hij er nog toe deed.

Er is in deze affaire eigenlijk maar één winnaar. De lezer. Nog een paar maanden geduld en we kunnen eindelijk lezen wat Sulejmani zelf van Martin Jol vindt. Als Sulejmani een beetje ballen heeft, levert hij zijn contract in en vertrekt. Niemand zou mij trappen laten lopen. Nooit. Frank Rijkaard, die snapte het. Hij volgde zijn gevoel en liep het veld af tijdens een training van Cruijff. Rijkaard riep dat hij gek werd van Cruijffs eeuwige gekwek. Beter met opgeheven hoofd weglopen dan timide gaan zitten wachten op het volgende kostschoolideetje van de trainer.

Met een beetje geluk lezen we binnenkort het grote interview met Sulejmani, waarin hij hard terugslaat naar Jol. 'Die straftraining in De Arena? Deed me niks. Bij iedere trede die ik liep, werd ik sterker. Jol met zijn dikke pens beneden op het veld en die glimmende kop van hem, trots op zo veel leiderschap. Zielig. Aissati en ik zijn 's avonds lekker ergens vet gaan eten. We wisten dat we gewonnen hadden. Verder niks kwaads over Jol. Aardige vent.'

Zekerheidjes

3 MAART 2010

Ontevreden spelers die de pers opzoeken, dat zijn de interviews die ik graag lees. Waarschijnlijk is het de voorspelbaarheid die het lezen van dat soort stukken zo aantrekkelijk maakt. Het is een afspraak tussen de speler, de interviewer en de lezer. Je weet precies wat je gaat krijgen. Vergelijk het maar met een wedstrijd van Vitesse. Je gaat naar het stadion en je weet zeker dat je 's avonds een kuthumeur hebt. Dat soort zekerheden, daar houd ik van. Als ik weemoedig ben en denk aan de tijden dat ik gewoon nog een volle bos haar had, dan hoef ik alleen maar naar Hans Kraay jr. te kijken en dan weet ik: het kan altijd nog erger. Ook een zekerheidje. Hans maakt het hebben van golvend haar tot iets lachwekkends.

Hans zou het goed doen als Duitse schlagerzanger. Meneer heeft voetbalhaar, maar dan wel uit de jaren tachtig van de vorige eeuw. Toch geniet ik van Hans, ook weer om zijn voorspelbaarheid. Geef hem een compliment en hij gaat huilen. Zeg iets over zijn vader en hij gaat schreeuwen. Laat hem een grap maken en hij zit binnen een minuut heel hard om zichzelf te lachen. Het lijkt me zo fijn om Hans Kraay jr. te zijn. Lekker overzichtelijk. Gooi er een muntje in en hij begint te brallen. Kraay jr., en dat weet hij zelf heel goed, heeft er ooit persoonlijk voor gezorgd, met een rare Mussolini-achtige rede aan tafel bij Barend & Van Dorp, dat Jan Mulder weg werd gezet als de man die bondscoach Dick Advocaat wilde laten stenigen. Dat Jan Mulder in die uitzending precies het tegenovergestelde bedoelde en juist, op een ironische manier, opkwam voor Dick, werd voor het gemak maar even vergeten. Kraay jr. wilde scoren. Ik kan mij niet herinneren dat Kraay jr. daarvoor ooit zijn excuses heeft aangeboden. Maar het maakt niet zoveel meer uit. Hans leest, van de autocue, verbindingstekstjes bij filmpjes van mensen die met hun achterhoofd tegen een schommel aanlopen. *Funnie*! Iemand met zo een beroep, wordt al hard genoeg gestraft. En, zoals gezegd, het geeft mij een zekere rust. Wat er ook gebeurt, hoe druk ik het ook heb en welke ramp er ook over de wereld raast, je weet in ieder geval één ding zeker: Hans Kraay jr. maakt zich wekelijks belachelijk.

Ruud Gullit, nog zo'n zekerheidje. Alles wat hij aanpakt mislukt, dus dat WK in Nederland en België kunnen we vergeten. Onbegrijpelijk dat Nederland hem heeft gekozen als president van de Nederlandse en Belgische kandidatuur. Het zal wel te maken hebben met de warme band tussen Mandela en Ruud. Allebei hebben ze een leven lang opgesloten gezeten. Mandela in een cel, Ruud Gullit in zijn eigen hoofd. Om met Ruud zelf te spreken: *wij zijn niet te benijden.* Je had iedereen aan kunnen wijzen als ambassadeur, behalve Ruud Gullit en Johan Cruijff. Stronteigenwijs, allebei. Je probeert je voor te stellen hoe dat er aan toe gaat op verjaardagen, als Ruuds vrouw, Estelle, de gehaktballetjes op tafel zet. Moeten ze eerst een minuut stilte houden voor Nelson Mandela, die in de gevangenis nooit gehaktballetjes kreeg en daarna wordt er zes uur gediscussieerd over de juiste bereidingswijze. '*Je kunt gehaktballetjes maken wie rond zijn, maar hullie van de Gullits hebben dus gehaktballetjes gemaakt wie een vorm hebben wie niet goed is en waarvan hullie hun paneermeel dus helemaal verkeerd is wie dus jammer is.*'

Ruud Gullit gaat, let op mijn woorden, in zijn eentje ervoor zorgen dat wij het WK niet mogen organiseren. Ze laten het, na een kwartiertje netwerken, nog liever door Vaticaanstad organiseren dan dat ze het Gullit gunnen. Waarom, voor deze baan, precies de man uitkiezen die alleen maar over zichzelf kan lullen? Ruud Gullit, zet hem naast Mandela en hij gaat hem uit staan leggen dat in een cel op Robbeneiland zitten erg is, maar dat twee dagen intern op Milanello nog veel zwaarder was.

Ruud Gullit verrast je nooit eens. Zijn wedstrijdanalyses zijn duur en zouteloos, hij is heel voorspelbaar getrouwd met een blond voetbalmeisje, hij koketteert met zijn Surinaamse afkomst en weet nog steeds precies om welke nek hij moet gaan hangen om in beeld te blijven. Dat kon Ruud al heel jong heel goed. Hoe meer wij in 1988 – met name door de briljante interviews van Kees *Tupperware* Jansma – van Rinus Michels gingen houden, des te enthousiaster begon Ruud zijn coach te bewieroken. Ruud weet als geen ander met wie hij op de foto moet. Binnenkort gaan we het meemaken, een verbijsterde Barack Obama, die aan de borst wordt gedrukt door Ruud Gullit. Mark Tuitert, ik sluit niet uit dat hij binnenkort de voordeur opendoet en Ruud Gullit aantreft in een nauw sluitend schaatspak. 'Vrienden worden?'

Maar één ding kon Ruud meesterlijk. Een breuk forceren door een interview. Misschien nog wel beter dan Ronald Koeman. In het moderne voetbal is dat een niet te onderschatten kwaliteit, een journalist zo gebruiken dat hij je losweekt bij je huidige club. Niemand deed dat beter dan Ruud. Het is denk ik een aangeboren talent, rücksichtslos door roeien en ruiten gaan als je ergens iets meer kunt verdienen. Ruud Gullit is de meester. Die forceerde, via een interview, een breuk als hij bij een andere club twaalf cent meer kilometervergoeding kreeg. PSV, een prachtige, warme club, waar men hem eindelijk de waardering gaf die hij zo had gemist. Tot AC Milan langskwam met een zak geld.

Gregoor van Dijk, hij deed twee weken geleden in de VI net zo'n interview. Het ontroerde mij een beetje. Hij deed zo enorm zijn best om boos te lijken en zich onmogelijk te maken. Het lag er net iets te dik bovenop. Het kwam nergens in de buurt van Ruud Gullit, maar de quote 'misschien kan de trainer niet met persoonlijkheden omgaan' was een juweeltje. Die had van Ruud kunnen zijn.

Ik zou het als trainer wel weten. Ik zou, als ik Ton du Chatinier was geweest, meteen hebben gebroken met de voorspelbare boze reactie op zo een interview. Ik had Gregoor geprezen. Ik had onmiddellijk toegegeven dat ik geen grotere persoonlijkheid kende dan Gregoor van Dijk. Daarna zou ik hem drie jaar lang niet meer opstellen.

Regioracisme

10 MAART 2010

PSV, daar is het gemoedelijk, want het is een club uit het zuiden van het land. In het zuiden zijn alle mensen gemoedelijk. Ze kunnen niet anders. Als de ochtendkrant niet is bezorgd; we weten hoe dat in het noorden van het land gaat. Daar schoppen ze een keukenkastje in elkaar, sleuren ze hun vrouw aan het haar door het huis en stemmen PVV. In het zuiden leest men gewoon nog eens de krant van gisteren. In Limburg sta je uren bij een kruising. Iedereen geeft elkaar voorrang. Want ze zijn gemoedelijk.

Als je het over gemoedelijk hebt, dan heb je het over het zuiden. In het zuiden, daar voetballen gemoedelijke mannen bij gemoedelijke clubs. PSV is van oudsher een van de gemoedelijkste verenigingen van Nederland. In Heerenveen, een noordelijke club, zijn ze nooit eens ontspannen. Zenuwlijders zijn het. Heerenveen heeft dit weekend precies de goede keeper gecontracteerd. Henk Timmer, de keepende hazewindhond. Twee keer drie kwartier trillend in zijn doel. Hij moet voor wat rust gaan zorgen. Maar Friezen willen helemaal geen rust. Zet dat vreemde volkslied op en Friezen staan meteen met een shawl om hun nek en een pet vol kievitseieren stijf van de opgekropte spanning mee te brullen dat er maar één kruidkoek is en dat is, u raadt het al, de Friese kruidkoek.

In het zuiden doen ze niet aan kruiden. Die moet je dan weer gaan plukken en dat is helemaal niet gemoedelijk. Bij PSV is het niet anders. Een gemoedelijke club. Iedere ochtend staat er een speciaal door de clubleiding aangestelde zuurvleesstover heel vroeg op om bij een gemoedelijk vleesboertje wat sudderlappen te halen, om dat daarna de hele dag op een oliestelletje lekker te laten pruttelen in het spelershome. Francisco Rodríguez en Matthew Amoah weten al niet meer beter. Als ze binnenkomen na een gemoedelijke training hangt de geur van draadjesvlees in hun kleding. Ze zijn weer thuis!

PSV traint in een bos. Dat is behoorlijk gemoedelijk. Trainen tussen de bomen klinkt fijn. Minder agressief. Trainingen van Ajax; ze stuiteren drie keer akoestisch langs het beton. Niet om aan te horen. Hard en kil. Trainingen van PSV zijn een genot. Alsof je naar een natuurfilm van de BBC luistert. Een met de wreef geraakte leren bal en meteen daarna het kenmerkende geluid van een roedel vluchtende herten. Gelach klinkt ook veel fijner in een bos. En er wordt veel gelachen bij PSV. Om niets eigenlijk, maar het is de gemoedelijkheid die je doet lachen.

Trainingen van PSV moeten vaak worden onderbroken omdat er kleine knaagdieren vastzitten in het net van het doel. Niemand verbaast zich daarover. Onder Aad de Mos, die niet zo veel heeft met gemoedelijkheid, werden die beesten meteen ontdaan van hun organen en verwerkt in de bekleding van zijn automobiel, maar onder Fred Rutten is het alweer heel anders. Vorige week zat er, tijdens het afwerken op doel, een klein springbokje vast in het net. Rond de middenstip graasde een wisent. In het noorden drukken ze een speciale kleurenbijlage af in de sportkrant, als er een konijn over het trainingsveld raast. In het zuiden weten ze niet beter. Kan zomaar gebeuren, dat er een training wordt verplaatst omdat er twee wilde zwijnen op de rechterflank hun roes uit liggen te slapen. Alleen die naam al, van de accommodatie. De Herdgang. Zo noem je normaal gesproken een pannenkoekenhuis of een stiltecentrum. De Herdgang, zo heet een naar schimmel ruikend huisje op de Veluwe. Prachtig dus en ook weer heel gemoedelijk om je trainingsveld zo te noemen.

Gemoedelijkheid, je kunt het niet leren. Het is geografisch bepaald. Je krijgt het cadeau. Als je in het zuiden woont, ben je automatisch gemoedelijk. Winnen, fijn als het gebeurt, maar de sfeer na de wedstrijd, het luisteren naar al die prachtige verhalen uit lang vervlogen tijden, daar gaat het allemaal om bij PSV.

PSV zou het liefst niet in een stadion voetballen. Zo ongezellig met al die stenen tribunes en die hekken. Persconferenties, ze moeten nu eenmaal, omdat voetbal een miljoenenbedrijf is geworden, in een zaaltje met goed geluid en mooie faciliteiten voor de pers worden georganiseerd, maar het liefst deden ze het bij PSV rond een knapperend haardvuur met de journalisten gezellig om de trainer heen.

Tot zover de onzin. Hoe gek moeten ze bij PSV niet worden van dit soort berichtgeving uit het noorden van het land. Ik las vanochtend de commentaren in de belangrijke landelijke dagbladen en men is het behoorlijk met elkaar eens. De opmerking van Rutten, dat hij het gevoel had dat 'PSV niet mocht winnen' wordt breed uitgemeten. Willem Vissers kan het in de Volkskrant gewoon niet bevatten. Iemand van PSV die boos is op de scheidsrechter. Het is ongehoord. Dat is de toon in bijna alle commentaren. Ze vinden de reactie van Rutten atypisch voor een club als PSV.

Mario Been mag er na iedere wedstrijd een onderkoelde cabaretvoorstelling uit gooien, Martin Jol mag tijdens iedere persconferentie onderuit hangen en lusteloos de pers te woord staan, van Louis van Gaal vinden we het enig dat hij weer een kwartier in slecht Duits bij iemand het oor eraf heeft staan schreeuwen, maar als bij PSV de trainer iets te hard zijn kopje op tafel terugzet, dan spreken we er schande van.

Het is een sterk staaltje clichédenken. Maar zo werkt het blijkbaar. Sportlezers begrijpen sport alleen nog maar als het in enorme brokken eeuwige onwrikbare waarheid wordt opgediend. Ajax is de club met kapsones en geluk, Feyenoord de arbeidersclub, AZ de provincieclub met een minderwaardigheidscomplex en PSV de gemoedelijke en zuinig spelende club.

Dat leest u graag en daarom schrijven journalisten het graag, zodat u het weer gaat lezen. Gemoedelijkheid verkoopt. Demy de Zeeuw begrijpt dat als geen ander. Hij zette dit weekend PSV, in een kort interview, weg als een gezellige, gemoedelijke en radeloze club. Een club die komende zondag op bezoek moet bij de door de wol geverfde, rijpe Amsterdammers. Ik ben een beetje bang dat Demy er echt in gelooft, dit regioracisme.

Geil

17 MAART 2010

Wat maar steeds door mijn hoofd blijft spoken. Die achteloos gesproken zin van Fred Rutten, na Ajax-PSV. 'PSV moet geil zijn op die goal.' Rutten zei daarna nog veel meer, waarschijnlijk dat het initiatief bij PSV lag, dat als je snel een goal maakt het een heel ander verhaal wordt en dat hier en daar bepaalde spelers niet in hun positie liepen. Het zal wel. Ik luister er eigenlijk nooit naar, trainers die uitleggen waarom hun team heeft verloren. Bijna altijd is dat een aaneenrijging van clichés. 'Het is natuurlijk geen excuus, maar we hadden deze week een heel zwaar programma en op dat soort momenten mis je dan toch net even dat laatste zetje, maar nogmaals, dat is geen excuus.'

Het is als in de politiek. Je hersenen ontwikkelen het vermogen om selectief te luisteren. Je ziet die mondjes wel op een neer gaan, je hoort ook geluid, maar het zal wel. Hoofddoekje, schande, met de kennis van nu, van grote betekenis geweest, geen uitspraken over doen, rand van de afgrond en ombuigen van een tendens. Het maakt niet uit wat ze zeggen. Een eindeloos gepruttel.

Tot er iemand iets onverwachts zegt. Zoals Fred Rutten. *Geil voor die goal zijn*. Hij had meteen mijn aandacht. Rutten kwam er in de rest van zijn praatje niet op terug, maar dat hoefde ook niet. Het beeld was er al. De hele selectie van PSV met handzalf en de broek op de knieën in de kleedkamer. Rutten kijkt zijn spelers een voor een strak aan. Dat zit wel goed vandaag. PSV is geil tot op het bot.

Ik wil meer van dat soort teksten. Volgende week, na PSV-FC Twente. 'Ik vond dat wij vandaag vanuit een heel geile achterhoede speelden, met misschien iets te veel zaaddrift voorin. In de rust heb ik gezegd dat we te slap speelden en je ziet dan dat ze in de tweede helft goed doorbloed, keihard erectievoetbal spelen. Ik heb in de rust met een heel geil stemmetje gezegd: Als jullie het geschoren balletje rond blijven spelen, dan komt die goal vanzelf klaar. Dit was misschien wel een van onze geilste wedstrijden na de winterstop.'

De achteloosheid waarmee Rutten het woord geil gebruikte, schudde mij wakker. Dat heb ik ook met het woord *verneuken*. Ik zal daar nooit aan wennen. Ik vind *neuken* sowieso al een bijzonder hard en vervelend woord voor zo iets aardigs. Het wordt helemaal erg als trainers het woord gebruiken. 'Ik wil niet veel zeggen, en dat doe ik dan ook niet, maar er werd vandaag maar één ploeg zwaar verneukt en dat waren wij.'

Het zegt iets over mensen als zij woorden als verneuken en geil heel makkelijk gebruiken. Van Fred Rutten had ik het liever niet willen weten. Dat vond ik toch de kroonprins onder de trainers. Een gezegend mens, goede visie, altijd rustig. Mooie kop. Dat is nu allemaal weg door dat ene woordje. Geil. Vergelijk het maar met een violiste die je net tot tranen toe heeft ontroerd. Na het concert complimenteer je haar en zij antwoordt: 'Dank u. Tijdens het eerste stuk liet ik een natte scheet. Kijk maar.' Sommige dingen wil je niet weten en moeten niet worden gezegd.

Dat PSV geiler moet, is een van die dingen. Je gaat er toch over na zitten denken. Carlos Salcido, die nu al een paar jaar met een kapsel speelt dat het midden houdt tussen Elvis Presley vlak voor zijn overlijden en het kapsel van prins Bernhard vlak voordat hij zich toch maar niet aanmeldde bij de Waffen-SS, van hem kun je bijna zeker zeggen dat het niet geil is. Je ziet aan zijn kapsel ook dat de groepschemie – Rutten zou het groepsseks noemen – ontbreekt. Een hechte groep zou Salcido hebben gecorrigeerd. Danny Koevermans had al lang zijn arm om Carlos heen moeten slaan. Even met die jongen praten. 'Zeg, luister eens. Jij loopt nu, ook op deze training weer, in de rondte met, ja wat is het, een Mexicaans kapsel uit 1956. We hebben tot nu toe ons mond gehouden, maar ik wil eerlijk zijn. We vinden het niks. Kijk eens naar Toivonen, die heeft heel mooi vallend haar met de geur van limoenen. Denk er over na. Ga eens naar een echte mensenkapper. Bijvoorbeeld Horny Unlimited. Dit kan echt niet meer. In Mexico is dat misschien nog helemaal *de shit*, vlak voor een wedstrijd boter in je haar smeren, maar je zit bij PSV, jongen. Iedereen lacht je uit. Het is, hoe moet ik dat zo duidelijk mogelijk zeggen, niet geil.'

Fred Rutten krijgt waarschijnlijk navolgers. Het kan niet anders dan dat andere trainers daar weer overheen willen. Eerst krijg je de slechte imitaties. Mario Been na een gewonnen wedstrijd: 'Feyenoord speelde glibberig goed.' Gertjan Verbeek, na alweer een nipt verlies: 'We penetreerden keer op keer, maar dan drukken ze ons er op het laatste moment toch weer uit.' Ron Jans: 'In de tweede helft heb ik mijn team anders neergezet en speelden ze met een droge ster op het middenveld.' Cruijff, die zou ik graag eens wat geiler horen antwoorden. Meteen maar weer een klassieke wijsheid. 'Als je niet komt, kan je dus ook niet gaan.' Guus Hiddink gaat het uiteindelijk weer in het gewone trekken. 'Dan zit ik, na een rit op de motor, met mijn ballen in mijn hand op de bank en dan denk je, ja waarom niet, Turkije.

Geil land.' U merkt het. Het is even schrikken. Ik moet er zelf ook nog aan wennen. Terwijl er toch wat voorwerk is gedaan, onder anderen door Johan Derksen, die onlangs – geïnspireerd door cabaretier Viggo Waas – melding maakte van zijn verlangen naar een kutscheet van Linda de Mol. In Studio Voetbal zag ik, nog maar een paar uur na het interview met Fred Rutten, Ajax-speler Pantelic, in extreme slow motion, heel teder het kruis van Suarez kneden.

Niks Mickey Mouse. Nederland, het is nu officieel, heeft de geilste competitie ter wereld. Er rest ons maar één ding. Wereldkampioen worden, die beker ophalen en hem met zijn allen tot aan de rand toe vullen. Geil.

HURKEN

24 MAART 2010

Ik wil het hier eens schaamteloos over vroeger hebben. Vroeger toen alles beter was. Vroeger toen Ajax of Feyenoord nog ieder jaar kampioen werd en kinderen niets te zoeken hadden op een eredivisieveld. Zo ging het: je mocht met je vader mee naar DWS en je wist wat dat betekende. Bijna twee uur lang op een tribune tussen zuur ruikende winterjassen staan en op de gok wat meejuichen als de volwassenen om je heen begonnen te springen. In de rust kreeg je een koetjesreep, een uit vermalen slachtafval geboetseerde parodie op chocola. Dat hield je op de been.

Nu mogen kinderen gewoon het veld oplopen. Hand in hand met de spelers in een te groot tenue, want dat is zo lief. Nee, dat is niet lief. Dat is fout. Spelers horen alléén het veld op te komen. In een rij. Niet hand in hand met een medespeler, niet hand in hand met een lief kindje. Daarom gaan wij naar het stadion: de glorieuze opkomst. Voetballers moeten vlak voor de wedstrijd nooit met spelers van de tegenstander spreken. Ook dat is verkeerd.

In veel interviews over het oude Ajax lees je: 'Dan kwamen we na een lange busreis die spelerstunnel in en dan stonden de Ajacieden al klaar. Zwijgend. Met bakkebaarden. Stonden wij daar allemaal, met ons haar in een scheiding. Dan keek Wim Suurbier je zwijgend aan en dan stond je eigenlijk al met 3-0 achter.' Dat is voorgoed verleden tijd. Kijk nu naar televisiebeelden vlak voor de wedstrijd. Alsof je naar een reünie van Woodstock zit te kijken. Het is één grote love-in. Een feest der herkenning. Spitsen van Internazionale en Chelsea staan vlak voordat ze het veld op wandelen nog vakantiefoto's uit te wisselen. Sneijder tegen Drogba: 'Kijk, hier bedrijf ik de liefde met Yolanthe op een poster van Jan Smit.' Keepers ruiken aan elkaars handschoenen. Er wordt gelachen.

Dat is erg verkeerd. In een spelerstunnel moet worden gezwegen. Je hoort alleen de noppen en het zenuwachtige gesnuif van de rechtsback. Als de scheidsrechter aangeeft dat het veld kan worden betreden, begint iedereen spontaan te schreeuwen. Zomaar, omdat ze niet anders kunnen. Het is belangrijk dat de goede tekst wordt geschreeuwd. Dus niet: 'Jongens, zet je mobieltje even af voor de wedstrijd', maar eerder iets als 'Jaaaaheeeemanne, kom op hè!!' Daarbij mag wild in de handen worden geklapt. Graag zelfs.

Daarna de heldenopkomst. Gladiatoren, maar dan met voetbalbroekjes aan. Zo hoort het. Het volk komt los uit de stoelen en applaudisseert. De spelers zwaaien niet. Zij lopen in een rechte lijn richting middenstip en gaan daar naast elkaar staan. Het geluid van een afgeladen, uitverkocht stadion stroomt in hun knieen. Ze weten het zeker: nog liever sterven zij dan dat ze verliezen.

Zo ging het. Zo gaat het nu: spelers komen hand in hand met een van de zangertjes van Kinderen voor Kinderen op. Niet om aan te zien. Je held, de meedogenloze middenvelder van jouw favoriete club, het veld op zien komen wandelen hand in hand met een jongetje met een beugel. Het erge is dat sommige spelers ook met die kinderen praten. Dat is fout. Als je dan toch met een zoon van de hoofdsponsor het veld op moet lopen, zwijg hem dan dood. Knijp desnoods zijn hand fijn. Niet gezellig gaan doen. Dat maakt alles kapot.

Ik probeer het steeds voor mij te zien, Gattuso die vlak voor de wedstrijd wordt voorgesteld aan het kindje met wie hij het veld op moet lopen. Hij bukt zich. 'Zal Ome Gattuso eens een mooie ballon voor jou vouwen? Kijk eens? Wat is dit?' De directe tegenstander van Gattuso kijkt verbijsterd toe hoe er vlak naast hem een hondje wordt gevouwen uit een langwerpige ballon.

Dit alles ontmythologiseert voetballers. Gezellig lullen met kinderen, dat doen we maar thuis. Weg met die gezelligheid. Bij Champions League-wedstrijden is het voortaan verboden om tijdens het handen schudden een speler, met wie je een seizoen eerder nog samenspeelde, even kort te omarmen. Doe dat maar samen in een Finse sauna. De tegenstander moet niet worden aangeraakt. Alleen maar aankijken, onder zware wenkbrauwen. Of spottend lachen. Willem van Hanegem kon dat goed. Die keek langs je benen naar beneden, lachte een kort lachje en de rest van de wedstrijd liep je je af te vragen of er iets mis was met je sokken.

Dan de elftalfoto. Als je de vernietiging van alles wat betaald voetbal zo mooi maakt in beeld wilt zien, bestudeer dan de elftalfoto's van grote teams, vlak voordat de wedstrijd begint. Dat lijkt nergens op. Elf dokters die, met de leren tassen vol instrumenten net buiten beeld, even snel poseren en daarna als een dolle weer door moeten om abortussen te plegen. Je ziet geen voetballers, maar mannen die weg willen. Te belazerd om door de knieën te gaan. Ik heb er wat oude VI's op nageslagen. Geen één team gaat nog netjes op de foto. Ja, tijdens de pr-dag vlak voor het begin van het seizoen, met dertig tassen van de sponsor in het gras, maar de klassieke elftalfoto, genomen enkele minuten voor aanvang van de wedstrijd, hij bestaat niet meer.

Op elftalfoto's uit de jaren zestig klopte alles. De verbeten koppen. De omarming van de spelers naast je. Rechte rug. De spelers op de voorste rij hurken diep. De rechterhand op het gras. De middelste speler vooraan is de aanvoerder. Hij heeft een vaantje in zijn hand. Alle spelers op de foto weten: deze poster komt in ontelbare jongenskamers te hangen.

Ik kijk nu, op het moment van schrijven, naar de elftalfoto van Inter, genomen vlak voor de thuiswedstrijd tegen Chelsea. De hele voorste rij spelers weigert te hurken. Ze staan erbij alsof ze kakken in een Frans toilet. Benauwde koppen boven een gat in de grond. Het zijn spelers die te bedonderd zijn om langer dan tien seconden tijd vrij te maken. Het is minachtend poseren. Schijt aan de fans, schijt aan de fotografen. Voetballers van nu hurken voor niemand.

De clichés van Evert ten Napel

31 MAART 2010

Er is weer werk aan de winkel voor Willem van Hanegem. Willem, vechter voor het vertrapte ras, de volksheld met een roze golftrui aan, de filerijder met een hekel aan trainen. Willem, de zingende Nelson Mandela van de Nederlandse Apartheid, de vakantiefoto's exposerende volksjongen; díé Willem kan weer aan de bak.

Willem meldde vorige week Marokkanenhaat bij journalisten, omdat die hadden durven te schrijven dat Ibrahim Afellay heel dom en onprofessioneel, vlak voor de beslissende fase van de competitie, iemand voor zijn kop had geslagen. Van Hanegem, de Robin Hood van gewoon Nederland, kan meteen weer aan de slag. Ik hoorde afgelopen zaterdag namelijk een schrijnend gevalletje van discriminatie op ras en huidskleur voorbijkomen. Van een journalist, ook dat nog.

Evert ten Napel deed het commentaar bij de samenvatting van FC Twente tegen Sparta Rotterdam en noemde Bryan Ruiz, na een van zijn drie doelpunten, 'de Costa Ricaanse wezel'. Net op dat moment was Ruiz close-up in beeld. Ging ik toch zitten kijken of hij op een wezel leek. Verdomd. Zelfde oortjes, zelfde gebit. De wezel is ook nog eens – dat weet ik dan toevallig – een van de makkelijkst scorende dieren. Een gnoe, die kun je hooguit een minuut of twintig leren verdedigen, maar een wezel heeft een neusje voor het doel. Dat weet iedere natuurliefhebber. Heel geniepige doelpunten maken wezels. Het ene moment staan ze nog verbaasd aan een cornervlag te snuffelen en het andere moment ligt die bal achter je.

Een beetje wezel zou op zijn gemak, desnoods met een blinddoek om, veertien keer in zes minuten scoren tegen Henk Timmer. Die keepte zaterdag, om maar gewoon als Evert te blijven denken, met het zelfvertrouwen van een Siberische slaapmuis. Nog nooit heb ik iemand zo wanhopig door zijn doel zien scharrelen als Henk. Alsof hij dertig natte Friese kruidkoeken in zijn broek had hangen. Het was misschien wel het slechtste en tegelijk grappigste naoorlogse keeperswerk. Iedere bal op doel was raak. Hoe zou Evert hem noemen? Henk Timmer, de keepende koala. Versuft hangend aan de bovenlat, lusteloos tastend naar een bal. Zo zag het eruit.

De Costa Ricaanse wezel. Evert zei het echt. Ik verstond eerst *ezel*, maar die zien er heel anders uit. Die hebben heel kort stug haar en wél een recht gebit. Maar Evert zei *wezel*. Ik moest daar even over nadenken. Het treurige is: ik denk dat Evert dat óók heeft gedaan. Dat kan bijna niet anders. Zoiets verzin je niet ter plekke. Hij heeft daar zijn best op gedaan. Zo moet het zijn gegaan: Evert zit, de avond voor de wedstrijd, achter een blocnote. Hij denkt na over typische Evert-zinnetjes. Dat komt goed uit, want Evert is zelf een Evert. Binnen tien minuten heeft hij een velletje vol. 'De langharige scheepsrat uit Latijns-Amerika, de beugelloze keurslager uit het zonnige westen, de Costa Ricaanse cocaïneboer op voetbalschoenen.' De zinnetjes met dieren, merkt Evert, die zijn het leukst. 'De Costa Ricaanse doelpuntenhamster, het Costa Ricaanse scorepaardje.'

'Paardje', dat zegt Evert graag. Raspaardje vooral. Veel voetballers die een bal twee meter recht vooruit kunnen trappen zijn volgens Evert raspaardjes, die 'de bal aan een touwtje lijken te hebben'. Dat vindt Evert ook leuk, iets aan een touwtje hebben.

’s Avonds gaat Evert graag even met zijn hond lopen. Aan een touwtje.

Willem van Hanegem zullen we er deze week niet over horen. Die is alleen boos als het over Marokkanen gaat. Er is maar één man in Nederland die recht in de ziel van de Marokkaan kan kijken en dat is Willem. ‘*Die gaste die hebbe wat, ik weenie wat dat is, maar dan zie je die gaste en dan lope ze hun stinkende best te doen en dan denk ik, dat is mooi spul.*’ Willem zou het zomaar kunnen zeggen. Maar als een Costa Ricaan met een laf dier wordt vergeleken, dan hoor je hem niet.

Evert doet dat al jarenlang, bepaalde eigenschappen koppelen aan de nationaliteit. Ik kan mij zijn verslag nog herinneren tijdens Nederland-Brazilië tijdens het WK van 1998. Om gek van te worden. Oranje was die wedstrijd een klasse beter dan de Brazilianen en vloog er uiteindelijk uit door strafschoppen, maar Evert bleef in zijn commentaar volhouden dat we volstrekt kansloos waren tegen ‘die watervlugge balkunstenaars, die heerlijke sambadansers, rechtstreeks ingevlogen uit de Copacabana. Kijk eens, wat een dekselse atleten. Jaaaaa, Nederland, geef het maar toe, daar hoeven we ons helemaal niet voor te schamen, dit Brazilië is net een maatje te groot. Deze goudbruine reuzen van het internationale voetbal doen met Nederland wat ze willen. Jongens die het voetbal er in de sloppenwijken van Rio met de paplepel ingegoten hebben gekregen. Voor de voetballiefhebbers is dit genieten.’ Dat soort teksten sprak Evert. Intussen zag je een paar te dikke Brazilianen lusteloos de bal rondspelen.

De Costa Ricaanse wezel is weer een nieuw hoogtepuntje in het verzamelde werk van Evert ten Napel. Zoals gezegd, Evert doet dat graag, eigenschappen toedichten aan een volk. Italianen zijn stugge, lepe verdedigers, Russen zijn mannen die spelen met de precisie van een goed geoliede machine, Zweden zijn koele kikkers, van Duitsers heb je nooit gewonnen en Mexicanen voetballen als een duvel uit een doosje. Uiteraard zijn ze allemaal watervlug en voetballen ze met de bal aan een touwtje.

Al die clichés achter elkaar, als het niet zo oliedom en griezelig vooringenomen rasbevestigend was, dan kon je erom lachen. Maar het is mij te bedacht. Evert heeft naar die kop van Ruiz zitten kijken en heeft gedacht: Met welk dier kan ik hem vergelijken? Wat bekt lekker? Wat onthouden de mensen? Wat maakt mij onsterfelijk?

Ik denk dat het te laat is voor Evert. Onsterfelijkheid zit er niet meer in met dit soort gemeenplaatsen. Daar moet je Theo Reitsma voor heten. Die zag tijdens het WK van 1986 als enige ter wereld de handsbal van Diego Maradona tegen de Engelsen. 'Scoort hij met de hand? Ik denk: ja!' Dat zijn teksten. Ik denk dat ik wel weet wat Evert zou hebben gezegd: 'Maradona, die heerlijke Argentijnse poederhond scoort weer-ga-loos. Met zijn hoofd, zoals Argentijnse kopvlinders dat zo graag doen!'

Nostalgie

14 APRIL 2010

Afgelopen week las ik twee prachtige interviews met oud-voetballers. Niet een béétje oud, zoals Jan van Halst, maar écht oud. Voetballers die speelden in shirtjes die nog nat werden. Nu ademt alles. 'Het Therme 2020-effect zorgt ervoor dat de moderne voetballer optimaal kan presteren door de circulerende luchtlaag tussen de binnen- en de buitenkant van het shirt. Verloren energie komt via de gepatenteerde *grip and go*-emulsie nog tijdens de wedstrijd volledig ten goede aan het lichaam.' Ik lul maar wat, maar het zou me niets verbazen als het bestaat. Als in reclames voor voetbalschoenen de spelers worden afgebeeld als terminators met sokjes aan of als uit metaal gegoten mensrobots, dan weet je het wel. Weg romantiek.

Een mooie tijd was het, dat onder het shirt van Epy Drost zijn weerloze tepeltjes zich aftekenden. Niemand voetbalde met een strak om de torso gesjord thermohemd. Sommige spitsen speelden met een oude krant onder hun shirt; niet om sneller te kunnen hollen, maar om bij langdurige blessurebehandelingen iets te lezen te hebben. Over dat soort oud-voetballers heb ik het. Spelers die na een wedstrijd in een auto stapten die jij nooit zou bezitten. Je keek door het raampje als ze voorbijreden. Het was waar, de auto was uitgerust met het nieuwste van het nieuwste: een stereo-cassettespeler.

Ik heb het over Jan Mulder en Søren Lerby. Mulder werd geïnterviewd door Volkskrant Magazine en alleen voor de foto's zou ik de bijlage nog in handen proberen te krijgen. Inspecteur Mulder in een afgekeurde scène uit de film *Se7en*. Net een lijk gevonden in de kleedkamer, de rechtsback, met zijn handen op zijn rug gebonden en veertien sportsokken in zijn mond gepropt. Mulder weet genoeg en steekt een sigaret op. Hij doet zelf de ondervraging van de voorzitter. 'Heeft jullie rechtsback onlangs iemand belet te scoren?' Op een andere foto kijkt Mulder, zijn ogen verborgen achter een zonnebril en een sigaret beeldschoon tussen zijn lippen, naar beneden. Naar zijn voeten, waarmee hij nooit meer zal scoren. Ja, in de tuin, met Johanna als publiek.

Mulder laat zich niet verleiden tot het vertellen van anekdotes. Dat siert hem. Daar hebben oud-voetballers een handje van, de zouteloze anekdote. 'Dus Dikkie komt binnen, met alleen dat schort om zijn kont en die doet de wedstrijdbespreking. Wij blauw van het lachen natuurlijk. Komt de voorzitter binnen en die zegt, precies op het moment dat Dikkie zich bukt: "Zeg, jongens, ik ben op zoek naar de leverworst. Heeft iemand van jullie die gezien?" Nou ja, daar is die man nog jaren mee getreiterd. Kwam-ie binnen en dan was het: "Hé, Joop, stukkie leverworst?" En dan dat smoelwerk van hem... Ja, dat was uniek in die tijd. Dat heb je niet meer, schitterend. Ik denk dat je erbij moet zijn geweest, dat kan ik verder niet uitleggen.' En dan volgt meteen wéér een verhaal, over een Argentijnse spits die op proef was. 'Ik zie hem nog zó binnenkomen, met die papegaai op zijn schouder. Hebben we dat beest met zijn poten aan dat voetbalshirt vastgenaaid. Liep hij de hele wedstrijd met een papegaai in de spits. En dat beest maar meekoppen als er een bal aankwam. Schitterend. Je kon ons wegdragen.'

Jan Mulder mijmert mooi over Brussel, maar laat verder niet veel los. Ja, het was mooi. Hij was in het buitenland en toch rook hij Groningen. Het hoogst haalbare.

Ook het interview met Søren Lerby in VI van vorige week is prachtig. De bekende verhalen. De aankomst van de twee Denen, Frank Arnesen en hij, in Amsterdam. Fijne details. Ze woonden allebei in dezelfde flat, ergens in Diemen. Søren kwam met de fiets naar de training. Moest je net Wim Suurbier en Ruud Krol hebben. Et cetera, et cetera.

De mijmering, het stamelen of, zoals Søren Lerby het doet, dat rusteloos oplepelen van verhalen ontroert. Søren en Jan kunnen nog steeds geen dag zonder voetbal. Desnoods gaat Mulder over een jaar of twintig het clubhuis van VV Zwaagwesteinde een verfje geven. Oud, verweerd hout waar ooit ballen tegenaan zijn gestuiterd. Alleen díé wetenschap al is genoeg. Tijdens het schilderen, als niemand kijkt, legt Jan af en toe even een van zijn wangen tegen een plank.

Ik moest aan deze twee interviews denken toen ik vorige week beelden zag van Dennis Bergkamp. Hij speelde mee met Lucky Ajax. Naast de onvermijdelijke Ali B en gastspeler Glenn Helder, die voetbalde alsof hij een taakstraf van 340 uur in één wedstrijd wilde proppen, strooide Bergkamp als vanouds met geniale passjes. Bergkamp is nog steeds ongelofelijk goed. Hij zou Feyenoord, met één hand in zijn achterzak, moeiteloos vijf jaar achter elkaar kampioen maken. Aan het eind van het wedstrijdverslag zien we hem een stiftje vanaf een meter of dertig uitvoeren. Geen lobje, een stiftje.

Daarna wordt hij geïnterviewd. En dan zie ik opeens het verschil. De nieuwe generatie ex-profs. De no-nonsense jongens. Bergkamp geeft zakelijk antwoord op wat vragen. Voetbal, ach ja... Geen minuut spijt dat hij is gestopt. In het interviewtje zit geen enkele sentimentele oogopslag, geen aanzet tot nostalgisch zwelgen. Hij heeft gevoetbald en het is mooi geweest. Leuk die jongens weer eens te zien. Nu gaat hij weer lekker naar huis.

Door Dennis Bergkamp begrijp ik opeens: het is binnenkort afgelopen met de afdeling nostalgie. Profvoetballers van nu vliegen naar Barcelona, kijken naar een wedstrijd, spelen nog een half uurtje PlayStation op hun hotelkamer en zien de regenpijp niet eens. Ze beleven geen verhalen meer. Voetballers van nu vrijen met hoofdrolspeelsters uit soapseries. Met een handig in een schouder gemonteerde camera kunnen we binnenkort, als we dertig euro betalen, live meevrijen met Wesley Sneijder.

Ik doe mijn best en probeer het voor me te zien, Wesley Sneijder of Arjen Robben die, over dertig jaar, met veel gevoel terugkijken. Het lukt me niet. Ik gok dat dit Sneijders levendigste herinnering aan Milaan zal zijn: er was een zaak die speciale kleine maatbroekjes verkocht en de eigenaar sloot zijn winkel voor ander publiek als Wesley door het kattenluik binnenkwam. We gaan zware tijden tegemoet.

Voetbalsupporters

21 APRIL 2010

Supporter zijn van een club, ik heb het altijd al iets gevonden voor wilsonbekwame gekken. Als ik aan een supporter denk, zie ik een volwassen man met een rood-witte trui juichend zijn kom soep door de kamer schudden, als zijn club in de laatste minuut door een ten onrechte gegeven strafschop wint.

Een supporter wil ergens bij horen omdat hij zelf niets kan. Zijn club zet een prestatie neer en hij hobbelt daar wat amechtig achteraan. Zo gaat dat in supportershoofden. Ze zitten een jaar lang vastgegroeid in hun bankstel en als hun club landskampioen wordt, trekken ze iets geks aan, gooien ze zichzelf vol met drank en gaan ze met dertigduizend andere stakkers staan juichen als er iemand een foeilelijke beker omhoog houdt. De speler die de beker omhoog tilt, daarvan weet je, met een aan zekerheid grenzende waarschijnlijkheid, dat hij volgend jaar in een heel ander shirt, bij een heel andere club zijn liefste lach lacht. Voetballers zijn zelden supporter van hun eigen club.

In iedere voetballer schuilt een Dick Advocaat. Pakken wat je pakken kunt en als het een beetje lastig wordt op camera wat huilen of schreeuwen. Dick Advocaat is de reiger vlak achter je huis, die van je houdt zolang je hem broodkorsten toewerpt. Staat er vier huizen verder iemand kikkers op het gras te smijten, dan is het gedaan met de liefde.

De afgelopen week is heel duidelijk geworden wat het voetbal kapot maakt: dat oliedomme, grenzeloze gedweep met een club. Mensen die maar van één club particulier houden; je zou ze allemaal de rest van hun leven een stadionverbod moeten geven.

Mensen die van een club houden, die houden automatisch niet van voetbal. Zo simpel is het. Iemand haten omdat hij of bij Ajax of juist bij Feyenoord speelt; veel primitiever kan het niet.

De haat die ik de afgelopen weken om mij heen heb gezien, grenst aan het waanzinnige. Een oproep aan Ajax-supporters, om in Amsterdam op jacht te gaan naar kaartjes kopende Feyenoord-supporters, het opdelen van de bekerfinale in twee wedstrijden, de oorlogstaal van de steeds krankzinniger wordende Demy de Zeeuw; het is een opeenstapeling van dieptepunten, bijna niet meer te begrijpen voor iemand die gewoon van mooi voetbal houdt en hoopt dat de beste zal winnen.

Een kampioenschap is iets geworden waar dolende zielen een jaar kwijlend naar uitkijken. Dat hele kloteleven van ze, die fucking hypotheek, die mislukte vakantie en die drie rotkinderen van ze; het is allemaal voor even vergeten als hun club met een punt verschil kampioen wordt. Klein geluk in kleine hoofden. Tijdens de zomervakantie dragen ze hun clubshawl, al is het vijftig graden Celsius. Ze lopen iets te zelfverzekerd met een uit stookolie gedestilleerde variant op Bacardi door hun resort. Voetbalsupporters hebben hun all-inclusive er meestal anderhalf uur na aankomst al uit. Nog maar twee dagen terug van vakantie sijpelen de eerste transfernieuwtjes door. Het halve kampioenselftal is verkocht. Dat wordt weer veertig jaar kankeren tot het volgende feestje.

Het heeft bijna iets aandoenlijks, de in de clubkleuren geschilderde plaat voor de kop van supporters. Heel schattig vond ik de oproep van de Feyenoord-aanhang om te verliezen van FC Twente. Net zo lief vond ik de verontwaardiging uit de Ajax-hoek. Alsof dat niet allang was besloten. Daar heeft clubliefde niets mee te maken. Desnoods had Leo Beenhakker zelf in de laatste minuut tegen FC Twente vier eigen doelpunten gemaakt. Een zakelijke afweging, meer is het niet. Het bedrijf Feyenoord zal het bedrijf Ajax nooit rijker maken.

De bekerfinale dan. Dit jaar voorgoed verkloot door dweperig supportersgedrag. En nee, het zit niet alleen bij de kleine fanatieke kern. Het is vooral die collectief erin gepropte haat richting andere clubs, vaak sterk gestimuleerd door de clubs zelf, die het spelen van deze bekerfinale onmogelijk maakt. Ik ben tegen alle oplossingen die zijn aangedragen. De harde kern isoleren en de relschoppers zich tijdens de wedstrijd verplicht laten melden op het politiebureau; ik zie er weinig in. Ik vind het wel een goed idee om het voor andere maatschappelijke problemen te gebruiken.

Het lijkt me heel goed als Hans Kraay junior zich voortaan tijdens uitzendingen van Voetbal International ergens op een politiebureau in Oost-Groningen moet melden. Peter R. de Vries, als er ergens een lijk wordt opgegraven en de adverteerders staan in de rij om zijn programma hinderlijk te onderbreken, hopla, meteen laten melden op het politiebureau. Aad de Mos, voor de zekerheid ieder weekeinde 34 keer laten melden bij wisselende politiebureaus door heel Europa. Hoofdrolspelers in musicals moeten zich tijdens de voorstelling vier keer melden op een bureau in een andere provincie.

Het werkt eigenlijk voor iedereen, behalve bij voetbalsupporters. Die maakt het namelijk helemaal niets uit of er een wedstrijd wordt gespeeld of niet. Liever niet, eigenlijk, zodat er meer tijd overblijft om te matten. Knokkende en provocerende supporters hebben helemaal geen voetbal nodig om elkaar halfdood te slaan. Die wedstrijd, dat is meer de omlijsting. De aanleiding. De couleur locale.

Ik vind dat de bekerfinale niet gespeeld moet worden. Niks over twee wedstrijden, niks bewaking en politie. Niet spelen. Als het op een normale manier niet mogelijk is, dan maar niet. Ik zie de zin niet van een bekerfinale die tegen heug en meug wordt gespeeld. Voetbal is dit: een spel. Een mooi spel. Profvoetbal is genieten van strijd, je verbazen over de schoonheid van het spel. Voetbal is de met effect gegeven bal die, oh wonder, oh geluk, precies in de kruising ploft.

Voetbal is niet de door haat verwrongen kop van een supporter vlak achter het doel, die naar de spits schreeuwt dat hij een hoerenmoeder heeft. Voetbal is niet de Amsterdamse proleet die ik dit weekeinde heel hard zag lachen om zijn zoontje. Die beantwoordde de vraag: 'Wat is een Feyenoord-supporter?' blijkbaar in één keer goed: 'Een kakkerlak.'

'En wat doen we met kakkerlakken?'

'Die trappen we dood.' Gelach.

Zo ziek is het en zo ziek zal het blijven. Voetbalwet of niet. Er is maar één oplossing. Ga houden van voetbal, niet van een club.

De ultieme beheersing

5 MEI 2010

Opvallend, dat juist in de laatste weken van het voetbalseizoen vooral coaches de aandacht pakken. Ernst Happel, hij zou het, met een natte sigaret in zijn mondhoek, allemaal meewarig hebben bekeken. Je mist zo een man, die in één verhollandste Duitse zin de hele ellende samenvat. Hoe zou Ernst Happel zijn collega Aad de Mos noemen? Ik denk een *minkuchelstrapatsenmaker*. En daarna het wegwerpgebaar.

Als er één iemand de laatste weken zijn best heeft gedaan om het beroep coach betaald voetbal te grabbel te gooien, dan is het Aad de Mos wel. Ik zag weken achter elkaar een radeloze standwerker langs de zijlijn hollen. Een man met fout haar, die op een dorpsmarkt in Leerdam een handige allessnijder verkoopt, meer is Aad de Mos niet. Dát gevoel roept Aad de Mos op: het standwerkergevoel. Je lúst niet eens radijsjes en waar kom je mee thuis? Met een apparaat van 34 euro waarmee je radijsjes in geinige vormpjes kunt snijden. 'Verras er al uw vrienden mee!!', staat er op de verpakking. Net als Aad de Mos heb je helemaal geen vrienden. Je zit in het weekend soms uren alleen aan tafel met een winterpeen vlak voor je op tafel en je voelt geen enkele behoefte om er een leuk hertje uit te snijden. En toch koop je opeens zo'n apparaat.

Dat is de kern van Aad de Mos. Je weet dat hij helemaal niets kan, je ziet een brallende proleet, je verstaat de helft van wat hij zegt en toch wil je hem geloven. Aad de Mos is de enige man in Nederland met een houdbaarheidsdatum die al is verstreken als ze de nieuwe coach voor je inpakken.

Daarmee vertel ik niets nieuws. We hebben ons de laatste weken erg vermaakt met Aad. Het was zo schaamteloos, zo obsceen opportunistisch, dat het vanzelf grappig werd. Noem het maar leedvermaak. Heel Nederland zag in Aad de Mos de verloederde standwerker, behalve de bestuurders van Sparta. Jammer dat het binnenkort voorbij is en Aad gewoon weer ergens Haags zit te knauwen op Cyprus of een ander eiland waar ze nog een hoop moeten leren. Van Aad uiteraard.

Het gaat mij om de nieuwe stroming waarbinnen Aad de Mos naadloos past: trainers die zichzelf belangrijker vinden dan de spelers. Daar lopen er nogal wat van rond. En neem dat lopen maar letterlijk. Moderne trainers zijn niet uit hun coachvak te branden. Vooral niet als de wedstrijden live op de televisie worden uitgezonden. Mediagenieke cavia's in een iets te klein hok, zoiets.

Waarschijnlijk zal dat megalomane gedrag nog wel even aanhouden, omdat uitgerekend bij de absolute Europese topclubs narcistische coaches de dienst uitmaken. Koning Zelfverheerlijking zelf, coach José Mourinho van Inter Milaan, is misschien wel het slechtste wat de voetballerij kon overkomen. Een schreeuwende gek in een maatkostuum. In Nederland hebben we die ook, maar dan presenteren ze een voetbalprogramma en heten ze Humberto Tan.

In Italië, het zal niet, laten ze een van de belangrijkste clubs van het land coachen door een man die iedere avond boven op één van zijn 467 spiegels in slaap valt. Italianen rijden in roze polo's op scooters, kunnen janken om goed gekookte pasta, wonen in een laars en hebben een fallus met oogjes als premier, dus die kan je niets te verwijten. Ze weten niet beter.

Na de gewonnen wedstrijd in Barcelona gunde Mourinho ons een kijkje in de nabije toekomst. Het zal alleen nog maar gekker worden, zelfverheerlijking in een gesponsord maatpak. Ik voorspel dat Mourinho zich binnenkort, vlak na gewonnen wedstrijden, naakt op een praalwagen door het stadion zal laten rijden. Er zal over enige tijd een lijkwade van drieduizend jaar oud worden gevonden, waarin, duidelijk zichtbaar, het gezicht van Mourinho verschijnt. Het is officieel: het was José Mourinho die Jezus coachte bij het in wijn veranderen van water.

Op het veld van Barcelona keken we De Moderne Coach recht in het gelaat. Daar stond hij, de armen in de lucht, met een door wraakzucht verwrongen kop. Winnen zien als een afrekening, dan ben je als coach ver heen. Johan Derksen legde in het programma Voetbal International uit dat het een begrijpelijke reactie was, na dagenlang gesar van de Barcelona-aanhang. Dat ben ik niet helemaal met Johan eens. Mourinho pakte dit moment om – niet geheel toevallig met een camera vlak voor zijn neus – een langdurige juichend fuck you-gebaar te maken naar de supporters van de club waar alles ooit voor hem begon.

Ik zie het Frank Rijkaard over een paar jaar niet snel doen. Grote coaches blijven in de dug-out zitten als hun team heeft gewonnen. Juist het beheersen van de woede maakt een coach groot. Alleen kleine coaches schreeuwen met speekseldraden van lip tot lip naar een fictieve vijand. Zoals Aad de Mos, ja.

Mourinho schijnt dit allemaal te hebben geleerd van Louis van Gaal. Dat kan wel kloppen. Louis staat niet bekend als iemand die automatisch een stapje achteruit doet als er een beker van hand tot hand gaat. Oude tijden gaan herleven als Louis van Gaal in het Duits zijn overwinningsspeech houdt. '*Und wie sind die besten? Wir!! Wir!! Und war ist es nu sehr ruhig? Da, da, da!!'* Voor de iets oudere Duitsers wordt het een nostalgische trip van heb ik jou daar.

Hoe het ook kan liet Ronald Koeman deze week, tijdens het laatste competitieweekend, zien. Daar zat de topcoach, in een studio te Aalsmeer, terwijl al zijn collega's lekker buiten werkten. Ronald deed het goed. Hij drukte op de juiste knopjes als er fragmenten moesten worden ingestart. Mooi zoals hij daar zat. Hij, de enige echte Ronald Koeman, was tijdens het hoogtepunt van de competitie ingehuurd als een tweedehands Jan van Halst. Ronald luisterde geduldig naar de vragen van Humberto Tan, gelukkig altijd vragen waar je alleen maar ja of nee op hoeft te antwoorden.

Ronald Koeman, hij zou zo graag het witte bankstel in de studio met een slagersmes te lijf zijn gegaan. Huilend insteken op de voering. Met een gescheurd pak, vlak voor de camera, ons toeschreeuwen dat hij ook best soms wel een heel goede coach is. Ronald deed dat niet. Dat noemen we ultieme beheersing.

Jan Vertonghen

12 MEI 2010

Bijna iedereen in de voetballerij is vanaf deze week op vakantie, behalve Jan Vertonghen. Die zit nu met een paar mediatrainers in hetzelfde klooster waar Louis van Gaal in vier dagen Duits heeft geleerd. Dat moet trouwens niet al te lastig zijn geweest. Louis hoefde alleen maar de woorden *ik*, *de beste* en *jullie smerige luizen van de pers* uit zijn hoofd te leren, en kon daarna onbeperkt uit een leren klep gaan staan urineren in zijn gedroomde voetballand.

Vertonghen heeft het iets lastiger. Dat is een gevalletje hardleers en oliedom zoals je maar zelden tegenkomt. Hij liet tijdens een huldiging alle Ajax-supporters een lied zingen over de Feyenoord-aanhang. 'Het zijn maar kut-kakkerlakken!' Ik heb de beelden nog eens bekeken. Jan heeft het tijdens het zingen niet alleen heel erg naar zijn zin, je ziet ook dat hij zich heeft verheugd op dit moment.

Jan heeft terug in de spelersbus al bedacht hoe hij de Feyenoord-supporters zo hard mogelijk kon beledigen. Misschien heeft hij het nog wel even aan een teamgenoot voorgelegd. 'Wat denk je? Zal ik ze kut-kakkerlakken laten zingen of toch iets doen met bommen op Rotterdam?' Kut-kakkerlakken bekt lekkerder. Dat klinkt meer als een nieuwe Suske & Wiske: *Het geheim van de kut-kakkerlakken*. Op zich, als je toch moet kiezen, een verstandige keuze van Jan.

Ik zag het gebeuren en probeerde daarna in het hoofd van Jan Vertonghen te kruipen. Dat is geen fijne plek. Met je campingstoeltje aan de rand van een IJslandse vulkaan zit je rustiger.

Het kan niet anders of Jan Vertonghen, een prof bij Ajax, gelooft in pure haat, wraak en kwetsen. Ik heb dat altijd de treurigste sportmensen gevonden, die hun motivatie moeten halen uit woede en frustratie. Spelers die langs de kant worden gehouden door een trainer en daarna extra gemotiveerd invallen om iedereen eens wat te laten zien; je hebt er uiteindelijk geen moer aan. Het zijn spelers met het gevoelsleven van een dier.

Jan Vertonghen gelooft in oorlog en vernedering. Anders kun je het niet zien. Het is typisch het gedrag van iemand die op te jonge leeftijd alleen maar mensen om zich heen heeft die hem vertellen dat hij briljant is. Kijk alleen naar Mart Smeets om te zien wat voor monster je dan creëert. Smeets zit nu al bijna in de laatste arrogantiefase. Nog even en hij spreekt over zichzelf alsof hij het over een ander heeft. 'Goedenavond, dames en heren, hij heet Mart Smeets en hij gaat hier, in die knots- en knotgekke studio – ja, wat gaat hij doen? – hij gaat voor de 486ste keer een kutplaat van The Eagles aankondigen. Zijn naam is Mart Smeets, veel plezier met die knots- en knotsgekke Eagles." Aldus Mart Smeets.

Ook Vertonghen gaat hard die kant op en is eigenlijk al niet meer te helpen. Als de waanzin op zo'n jonge leeftijd al zo diep in je lichaam zit, dan ben je verloren. Daar gaat geen mediatrainer nog wat aan veranderen. Jan, formuleer eens in twee zinnen waar de Feyenoord-supporter voor staat, vanuit jouw eigen beleving en steeds rekening houdend met het gevoelsleven van die Feyenoord-supporter zelf. Toe maar. 'Feyenoord-supporters zijn mensen die een plek onder de zon verdienen en die wij voortaan vanuit een gezonde rivaliteit gaan bestrijden.' Goed zo, Jan, dat was één zin. En nu de volgende. 'En volgend seizoen zullen we die hoerenkakkerlakken tot stof verpulveren met de hakken van onze Amsterdamse Jodenlaarzen en zullen we pissen op hun veld.'

Je kunt het Jan ook helemaal niet kwalijk nemen. Zijn trainer, Martin Jol, loert al sinds zijn aanstelling verongelijkt om zich heen. Een stokstaartje van 120 kilo. Het is nooit goed. De competitie-indeling was in het nadeel van Ajax, het was de schuld van andere clubs dat Ajax af en toe verloor, het gras deugde niet en iedereen was tegen Ajax.

Die laatste klacht, dat niemand Ajax een sympathieke club vindt, is de laatste week door het bestuur en de spelers enkele malen herhaald. Ze zijn heel erg teleurgesteld in ons. Ze doen zo hun best om mooi te voetballen, allemaal voor ons, en moet je eens kijken wat we doen? We lachen ze gewoon uit. Nee, iedereen bij Ajax vindt dat we in onze pyjama extra vroeg naar bed moeten en als we het nóg een keer doen – blij zijn als zij verliezen – dan mogen we niet meer naar ze komen kijken. We zijn heel, heel stout geweest.

Precies deze houding, dat rare verongelijkte geneuzel omdat we niet verdrietig genoeg zijn na het missen van het kampioenschap, is de reden dat het vanaf nu een feest is Ajax iets te misgunnen. Juist omdát ze erover zeuren. Zelfs het bestuur heeft erover geklaagd. Die mensen willen eigenlijk het liefst dat iedereen in Nederland zich verhangt als Ajax geen kampioen wordt. Het is precies die Amsterdamse arrogantie, precies die houding, dat vreselijke naar binnen gekeerde *en datte we toffe jongens zijn dat zullen ze weten*-gedoe, het is juist de verongelijkte toon, als we even niet enthousiast genoeg zijn over dat met miljoenen bij elkaar gekochte droomvoetbal, waar iedereen zich gek aan ergert.

Zou Ajax zich stil hebben gehouden en netjes FC Twente hebben gefeliciteerd, dan was er niets aan de hand. Ajax-directeur Rik van den Boog heeft met zijn *huilie-huilie-verhaal* een catastrofaal mechanisme in werking gesteld. Vanaf nu zal het leedvermaak alleen maar toenemen, omdat we weten dat ze het bij Ajax heel erg vinden. En dat is altijd leuk.

Ik voorspel dat Ajax het volgend seizoen, vooral door de domme actie van Jan Vertonghen en door het infantiele gehuil over gebrek aan waardering, in elk stadion nog veel zwaarder gaat krijgen. Zo zitten supporters helaas in elkaar. En let op, dan gaat er iemand van Ajax zeggen dat ze van al die haat alleen maar sterker worden. En dan hebben we het nog steeds over sport.

Dan kan het snel gaan

26 MEI 2010

Het gaat snel met Vincent Rauden. Dat vindt ook zijn manager. 'Het gaat snel met Vincent. Ik heb dat ook vaak tegen hem gezegd. *Als jij zo doorgaat, dan kon het binnenkort wel eens heel snel gaan*. Die jongen zelf ziet dat niet. Die denkt: *het zal wel*. Dat is ook typisch Vincent. Die laat zich door niemand gek maken. Die speelt gewoon zijn wedstrijden, maar met zijn kwaliteiten kan het opeens gewoon heel snel gaan. En dat gaat het nu. Misschien wel te snel, maar dat is de voetballerij.'

Ik spreek Vincent in het huis van zijn ouders. 'Ja, snel. Wat is snel? Natuurlijk merk ik wel dat er meer belangstelling is. Dat streelt me, maar niet meer dan dat. Dat is de situatie. Ik heb dagelijks contact met mijn manager. Die zegt dat het snel gaat. Dat ik in beeld ben. Wat moet ik ermee? Gewoon presteren en zien waar het schip strandt.'

'Dat is kenmerkend voor Vincent', zegt zijn manager. 'De hele wereld wil hem hebben, geloof mij nou maar. Hij is overal in beeld. In Italië zijn ze helemaal gek van hem. Daar hebben ze het al over het *Vincent-effect*. Ze kennen die naam daar ook helemaal niet, dus dat is ook al een voordeel. Dat je buitenlands klinkt. Hebben ze toch liever dan wéér een Luciano. In het zuiden van Italië hebben ze het over niks anders. Ze hebben een harde, droge worst naar hem vernoemd. Dan kan je toch wat hè, lijkt mij. En dat op basis van alleen de videobeelden. Dan weet je gewoon dat het snel kan gaan.'

Vincent reageert nuchter. 'Natuurlijk is het lekker dat ik nu twee goede wedstrijden achter elkaar heb gespeeld. Dan kan het opeens snel gaan. In principe ben ik een dienende speler. Bal veroveren en inleveren. Meer is het eigenlijk niet. Dat kan ik vrij goed. Dat is dan mijn mazzel.'

Zijn manager denkt daar heel anders over. 'Vincent is misschien een van de beste inleveraars ter wereld. Dat zie je nergens. Je moet ermee geboren worden. Mensen leveren niet graag iets in. Denk maar eens na, lever jij graag iets in? Nee. Daar ga je dus al. Maar Vincent, die jongen weet niet beter. Die zit anders in elkaar. Als hij iets heeft wil hij het inleveren. Normaal gesproken noem je dat een handicap. Dat schiet niet op, net al je boodschappen in huis en ze dan meteen weer in willen leveren. Goed, het is handig als je veel lege flessen hebt. Maar als voetballer gaat het deze jongen naar de internationale top brengen. Niemand levert zo goed ballen in als Vincent. Daar wordt niet eens op getraind. Als Vincent een bal heeft levert hij hem in. Dat is zijn aard. Dat kunnen alleen de hele groten. In Italië, Spanje, Engeland en Oostenrijk hebben ze dat nu ook in de gaten. En dan kan het snel gaan.'

Vincent is klaar met afwassen. 'Ja, mijn manager. Ik weet het niet. Zelf heb ik niemand gezien of gesproken maar Dieter Schlaufieber schijnt op de tribune te hebben gezeten. Die maakte in de tweede helft een aantekening in een schriftje, toen ik een bal inleverde. Vanaf dat moment is, volgens mijn manager dan, het balletje gaan rollen. Ik houd me daar verder niet mee bezig. Dat is zijn werk. Ik moet gewoon hard trainen en we zien wel. Ik ga mijn naam ook niet veranderen. Waarom zou ik?'

Zijn manager is het daar helemaal mee eens. 'Vincent, dat is natuurlijk, voor een voetballer, als je bij een grote Nederlandse club gaat voetballen, een ruknaam. Dan kan je net zo goed Rembrandt heten. Maar in Italië is het een prima naam. Daarom denk ik dat Vincent moet focussen op het zuiden. Draai het maar om. Kenneth Perez, denk je dat ze daar in het zuiden van Europa op zitten te wachten? Ruiz? Man, schei nou uit, die hebben ze allemaal al, die namen. Ze willen daar Willems, Klaasen en Arie's. Het is net als met buitenlandse kaas. Het fascineert je toch. Als jij kunt kiezen tussen een stuk oude Beemster of een puntje Persillé de Tignes, wat kies jij dan? Precies.'

Vincents manager pakt een dvd. 'Ik heb de delegatie van Frankfurt, tenminste, ze zeiden iets als Frankfurt, die heb ik een videoband met hoogtepunten meegegeven. Een dvd ja, wat maakt het uit hoe je het noemt. *Highlights from Vincent.* Dat is Engels. Daar zitten ze in heel Europa nu naar te kijken. In Roemenië staat hij gewoon in de videotheken, op de afdeling arthouse. Dat kunnen wij ons helemaal niet voorstellen, want wij zien hem iedere week spelen, maar in het buitenland zijn ze hele-maal gek van hem. Op Cyprus komt hij als blu-ray uit, die demo. Zie je hem een half uur lang haarscherp ballen afpakken en inleveren. Overal kan hij beginnen. Overal. Het wordt vooral een kwestie van kiezen.'

Vincent knipt een heg. 'Natuurlijk, ik hoor de verhalen, maar wat moet ik ermee? Ik ga niet opeens anders doen, zoals Ruud Gullit. Moet ik opeens in een reggaeband gaan zingen of zo? Nee toch? Ik heb een rothekel aan reggae. Het is gewoon afwachten. Drie, vier wedstrijden achter elkaar goed spelen, dat is nu mijn doel. Nog meer ballen inleveren. Mijn manager belt me iedere avond even op, met nieuwe clubs. Daar zitten soms een paar bij die ik wel een soort van ken, ja.' 'De Nederlandse topclubs hebben zitten slapen. Zo is het gewoon. Die hebben met zijn allen lopen zoeken naar een scorende spits of iemand die iets met een bal kan. Dan loop je zes jaar achter. Het gaat in het moderne voetbal om inleveren. Behalve je salaris. Hahaha. Ja, man, laten we er maar om lachen, toch? Mij hoor je niet klagen. Gaat hij toch lekker naar het buitenland. Dan niet, denk ik. Niemand kende Vincent. Niemand. En kijk nu eens. Je moet als manager geluid maken, de markt veroveren. Er moet over je gepraat worden. En dat doen wij nu, jij en ik snap je? Zo werkt het. Er moet over je geluld worden.'

Gezelligheid

2 JUNI 2010

Ik maak me een beetje zorgen. Het WK begint over een week en ik kan niet zeggen dat ik bevangen ben door koorts. In mijn vriesvak liggen nog steeds perenijsjes, een ingevroren bak lasagne en negentien flesjes bier die ik even snel wilde koelen, maar ben vergeten er weer uit te halen. Ik heb geen WK-gehaktballetjes, geen WK-saté, geen WK-cornetto's. Ik heb ook nog steeds geen nieuwe televisie gekocht, die mij de wedstrijd 'laat beleven alsof ik er zelf bij ben'. Dat laatste begrijp ik wel. Ik wil er namelijk helemaal niet zelf bij zijn. Die jongens moeten ergens heel ver weg zitten. Onbereikbaar. Zo hoort dat met WK's.

Tijdens het volgen van een WK hoort juist afstand. Hoe verder weg, des te heroïscher het allemaal wordt. Duitsland, goed, we zijn daar een keer Europees kampioen geworden, maar voor een EK vond ik dat toen al te dichtbij. Als je je raam openzette hoorde je ze een paar honderd kilometer verderop juichen. Op een of andere manier past dat niet, een toernooi waar je met een paar stevige wandelschoenen in twee dagen naartoe kunt lopen. Als speler zou ik me lullig voelen. Je hele familie bij de bus, zwaaien, kushandjes en de tranen. *Pappa gaat, als alles meezit, wel vijf weken weg! Eten jullie goed als pappa er niet is? En lief zijn voor mamma, hè.* Het wegrijden van de bus. Pappa zwaait een laatste keer door het achterraam. En dan twee uur later in Duitsland uit de bus stappen. Dat heeft iets lulligs. Het is een psychologisch nadeel, zo dicht bij huis voetballen. Ik vind dat je ver moet reizen voor het goede toernooigevoel. Marco van Basten zal tijdens het laatste WK toch hebben gedacht: *Als ik nu naar Düsseldorf lift en ik kan de bus van 17.22 uur nemen, dan lig ik vanavond weer lekker in mijn eigen bedje.*

Het is ons lot. Het zit in ons, die er niet uit te rammen gezelligheid. Wij Nederlanders laten tijdens het Songfestival een replica van een draaiorgel het podium op slepen, anders kunnen we het niet. De permanente hunkering naar knus. Dirk Kuijt, al voetbalt hij jaren in Engeland, die kan nog steeds volschieten als hij iemand een haring ziet kaken. Voetballers uit andere landen zijn blij dat ze zich hebben ontworsteld aan hun geboorteland, Nederlanders staan naast een berg te janken met een zak drop in hun hand.

Het komt door dat kleine kutlandje van ons. Daarom wordt er hier ook nooit enige literatuur van betekenis geschreven. In Nederland is niemand doortrokken van een Groot Thema. Dat kan ook niet, want in Nederland kennen we geen ontheemding. Als je heimwee hebt en je zit in Zuid-Limburg, dan pak je de trein en binnen drie uur zit je achter een stoofpotje op Terschelling. In Amerika kan je je, met een heel continent tussen jou en je geliefde, nog verliezen in sombere gedachten. Je moet reizen om haar weer in je armen te sluiten. Je best doen. In Amerika moet je een week reizen om de zee te zien. In Nederland sta je binnen een uur, waar je ook zit, met je voeten in het zand. En daar schrijft Bløf dan weer een strontvervelend liedje over.

Dat maakt ons bij voorbaat bijna kansloos voor de eindoverwinning tijdens een WK. We doen wel net alsof, maar we kunnen dat helemaal niet aan, afstand tot onze geliefden. Nederlandse voetballers willen na twee weken toch weer een Hollands streekgerecht eten of disco-bowlen met het hele gezin. Argentijnen drinken iedere avond een schaal vol ossenbloed en laten de pr-man een *random* sms'je sturen naar hun gezin. Toch is het voor de voetballers in Oranje en voor ons het beste dat we ver van elkaar zitten. Zuid-Afrika is een prima locatie voor het WK. Veel supporters zijn godzijdank te schijterig om daar naartoe te reizen. In Zwitserland durven we het wel, verkleed als een oranje rookworst met handjes lekker gek gaan staan doen in het centrum van Zürich, maar verkleed als sinaasappel per ongeluk in een van de townships terechtkomen, dat is heel andere koek. Onze jongens toejuichen, prima, maar dan wel lekker dichtbij en als het kan in een veilige Europese ambiance. Onze beroemdste supporter, de Nederlandse Indiaan, ik zie hem in Zuid-Afrika niet direct met een trommeltje onder zijn arm in de rondte wandelen. Dan vind je alleen zijn veertjes terug.

We doen graag leuk en we zijn de beste supporters ter wereld, maar dan wel graag in een door de NAVO goedgekeurd land. Landen waar enge mensen met honger in de rondte lopen, daar is het toch lastiger om met twee oranje gespoten tieten op je hoofd boodschappen te gaan doen.

Dit alles kan gunstig gaan werken. Nog steeds zullen de Nederlandse spelers moeite hebben met een lang verblijf in het buitenland, maar ze kunnen geen kant op. Het is te hopen dat er iemand, net als Jan Jongbloed, een dagboek gaat bijhouden. Jongbloeds dagboek is van een ontnuchterende gewoonheid. De spelers van het Nederlands elftal hebben zich in Argentinië helemaal gek verveeld. Jan verlangt, terwijl hij toch eerste keeper is tijdens een WK, permanent terug naar zijn vrouw en kinderen. Toch beet Jan door. Nederland werd op een doelpaal na wereldkampioen. Daar liggen dus onze kansen. Verveling, geen supporters langs de kant, geen spelersvrouwen en dan in godsnaam maar gewoon gaan voetballen. Het grootste gevaar lijkt toch weer Yolanthe te zijn. Daar gaat veel van afhangen, of we die met z'n allen buiten Zuid-Afrika kunnen houden. Ze zal het gaan proberen, tijdens wedstrijdbesprekingen naar binnen wandelen om Wesley zijn haar nog even te föhnen. Houd daar rekening mee. Een seconde onoplettendheid en Yolanthe staat tijdens het volkslied, slechts gekleed in haar eigen merk lingerie, vlak naast Wesley mee te zingen.

Ik denk dat daar onze grootste kansen liggen. Als het Kees Jansma lukt om Yolanthe nog voor dit WK aan een andere miljonair te koppelen is alles mogelijk. Liefdesverdriet, geen moer te doen in het hotel, geen supporter te bekennen en dan de finale spelen. Ideale omstandigheden.

Leo Beenhakker

9 JUNI 2010

Ik keek vorige week naar de tweede aflevering van *Kijken in de ziel*, waarin topcoaches uit het betaalde voetbal worden ondervraagd over hun vak. Er gebeurde iets vreemds. Ik begon, net als bijna alle voetballers die met hem hebben gewerkt, een beetje van Leo Beenhakker te houden. Daar schrok ik van. Leo Beenhakker, dat vond ik tot nu toe een zichzelf acterende trainer. Iemand die voor de spiegel oefent hoe je het onverschilligst door je kuif kunt aaien. Iemand die graag armen om mensen heen slaat en ze dan 'ouwe reus' noemt. Op dat soort mensen ben ik niet dol. Iedereen die mij onverwacht aanraakt, hoek ik in één keer naar de grond. Aanraken moet je verdienen, vind ik.

De maniertjes van Leo Beenhakker, ik kon er niet naar kijken. Dat gezucht. Die routine. Dat eeuwige gezeik over Real Madrid. Vergelijk het maar met een popartiest die bijna een keer in de Top 40 heeft gestaan en daar negentien liedjes over schrijft. Beenhakker, ik vond hem de Arthur Japin van de voetballerij. Bijna niks kunnen en stomverbaasd zijn dat niemand dat in de gaten heeft.

Dat is allemaal niet veranderd, maar toch... Tijdens het kijken naar de stukjes interview met Beenhakker voelde ik opeens iets van warmte. Dat komt door de setting. Beenhakker spreekt met iemand van buiten de voetballerij. Zet hem tegenover een andere trainer of naast een vakgenoot en het blazen en zuchten en het geprutteL met de lippen begint alweer. De zogenaamde professionele houding. Nu, tegenover interviewer Coen Verbraak, laat Leo die poppenkast achterwege. Hij spreekt soms zijn twijfel uit. Hij denkt na over de vragen. Van alle ondervraagde trainers is Beenhakker de sympathiekste.

Wat ontroert is zijn onzekerheid. Hij voelt het: in dit gesprek, voor de echte grotemensentelevisie, komt hij niet weg met een lulverhaal over toen, en toen met die ene materiaalknecht, en dat hij toen dit en dat zei. Beenhakker zit eindelijk eens tegenover iemand waarbij dit soort trucjes niet werken. Dat maakt hem voor mij menselijker. Als ik hem ooit tegenkom, mag hij mij even aanraken.

Tijdens het interview ontdooit Beenhakker en vertelt hij over een gesprek dat hij ooit voerde met Rik De Saedeleer, de man die voor eeuwig de lolbroekerij de sportverslaggeving heeft binnengetild. Daar moet hij nog eens hard voor worden gestraft. Sinds Rik zitten we opgescheept met een heel leger commentatoren die vooral op zoek zijn naar de schijtlollige oneliner. Frank Snoeks, let op hoeveel keer die tijdens dit WK gaat zeggen dat 'als Van Persie schoenmaatje 47 had gehad die bal gewoon in het net had gehangen'.

Rik De Saedeleer zei dit tegen Leo. 'Als er achttien ploegen naar een WK komen, dan zijn er zeventien die komen om wereldkampioen te worden. Er is één ploeg die komt om de wereld te laten zien hoe mooi ze kunnen voetballen. Dat is Nederland.' Leo denkt daar nog steeds aan.

Rik heeft gelijk. Arjen Robben is het levende bewijs van deze stelling. Hij liep zaterdagmiddag, tijdens de uitzwaaiwedstrijd, een oliedomme blessure op omdat hij het niet kon laten frivool te doen. Ver voorstaan en dan nog aan het publiek willen laten zien dat je een hakje kunt geven. Een beginnersfout. Echte topvoetballers zijn die ijdelheid al lang voorbij. Het is goed dat het vlak voor de WK gebeurt. Als het erop aankomt heb je geen moer aan Robben. Een topspeler zou die bal terug hebben gelegd naar het middenveld. Robben koos voor het egomaan dribbelen. Een klein kind die aan zijn ouders wil laten zien dat hij zonder handen kan fietsen, dat was Robben toen hij een hakje gaf. Robben plaatste zich met die hakbal buiten het team. Letterlijk en figuurlijk.

Arjen Robben kon het zelfs tegen een al verslagen tegenstander niet laten om te laten zien hoe prachtig hij hakballetjes kan geven. Daar gaan we tijdens het WK heel weinig aan hebben, het hakballetje. Twee hakballetjes tegen Kameroen en ze schoppen je knie in een puzzel van duizend stukjes. Houd het simpel. Of om met Ruud Krol te spreken: *'Als joe go outdagen the enemy, jes we new den dat we gonna get a kick from somewone en jes when joe tink nou of it, later on jou can say then oh oh oh wat have we done with our stomme kop, maar wat ken joe doe aan it, nothing, eksaktlie, but to come back naar je question, of koers you have a pont hier, dat was certenlie the case at die tijd.'*

Arjen Robben is te zelfverzekerd uit Duitsland gekomen. Dan ga je dit soort domme dingen doen. Van Hertha BSC winnen en dan denken dat je onoverwinnelijk bent. Het is voor iedereen beter dat Robben even is uitgeschakeld en dat hij nog een flink stuk moet vliegen. Dat kan hem redden. Geef hem een dvd mee met alle, volledige wedstrijden die het Nederlands elftal tijdens het WK van 1974 speelde. Laat hem dan vooral op Willem van Hanegem letten. Nooit heeft er iemand mooier gevoetbald. Iedere pass is een schilderij. Niet abstract, maar een simpel molentje met een koe ervoor. Nooit was voetbal mooier en nooit leek het eenvoudiger. Willem zette tijdens iedere wedstrijd, zonder veel te hollen en te lopen, vijf keer een speler vrij voor de keeper. Die fragmenten zien we nooit terug, omdat er niet uit werd gescoord.

Willem van Hanegem speelde in 1974 net zo goed als Lionel Messi. Beter zelfs. Sober en toch geniaal. Willem voetbalde in het hier en nu. Deed alleen wat noodzakelijk was. Hij speelde foutloze wedstrijden. Van Hanegem had zoveel persoonlijkheid dat hij geen hakje nodig had. Tenzij dat de beste voortzetting was. Door dat ene hakje weten we het nu zeker: Arjen Robben zal nooit bij de absolute wereldtop gaan horen. Voetbal is op het beslissende moment durven kiezen voor geniale eenvoud. Het gewone. Voor Arjen Robben is dat helaas niet genoeg.

Eigen mening

21 JUNI 2010

Waarschijnlijk zijn er vier spelers van Noord-Korea verdwenen. Op zoek naar vrijheid of door de meegereisde kok verwerkt in een zoetzuur soepje. Dit bericht, dit gerucht, zorgt voor nogal wat leedvermaak in Nederland. Want wij zijn vrij en dat vieren we graag over de ruggen van Noord-Koreanen.

Het heeft iets treurigs, de berichtgeving rond de vermiste Noord-Koreanen. Holland op z'n smalst. In de rest van de wereld denken ze nog steeds dat een Balkenende een klein huisdier is en dat Amsterdam een deelstaatje is van Frankrijk, maar als er ergens op de aarde onrecht plaatsheeft of als het woord vrijheid valt, dan staan we met onze watermanagementhoofden vooraan om de wereld uit te leggen hoe het bij óns werkt. Nederland, het magisch centrum van de wereld. Een land waar achtduizend mensen als lemmingen in beweging komen als er een verwarde zwerver midden op de Dam roept dat hij eindelijk eens wat te vreten wil hebben. Zo iemand wordt in Nederland, het hemels paradijs van de vrede, een maand in een cel gezet.

En dan hard gaan zitten lachen om Noord-Korea. Want wij doen het veel beter. Ik heb me doodgeërgerd aan de filmpjes in de verschillende WK-journaals. De toon was steeds hetzelfde: lacherig. Kijk ze ontkennen, die trainers. Kijk ze draaien, die woordvoerders. De term 'stalinistisch regime' viel.

We hebben geen enkel recht van spreken. Onder aanvoering van Wesley Sneijder worden wij tijdens dit WK zeventig jaar terug in de tijd geschoten. De tijd dat je als kerel nog pal stond als er iemand wat over je wijf zei. Toen in kroegen nog werd gevochten om de eer van je vrouw. Wesley is boos op ons, de mensen in Nederland, omdat we Yolanthe een aandachtsziek, smakeloos stuk trillend vlees met bewegende lipjes vinden. Hij snapt niet dat we hem eigenlijk willen helpen.

Want zo gaat dat. Je ziet je beste vriend met een vrouw binnenkomen en weet meteen: dat is foute boel. Je staat twee uur met haar over een eigen winkeltje te praten, waar ze van brood gebakken figuurtjes en naambordjes voor huizen verkoopt en je weet: deze vrouw gaat mijn vriend te gronde richten. Als je echt van je vriend houdt, dan grijp je in.

Met Yolanthe is het niet anders. Wesley is toch een beetje van ons en we moeten machteloos toekijken hoe een opgemaakte goudvis met handjes zich in zijn leven wurmt. Je luistert en kijkt naar dat stuitend domme gekwek, naar dat gebabbel van een vrouw die is gaan geloven in haar eigen belangrijkheid en je weet dat het fout zit. Als je zelf gaat denken dat heel de wereld meeleeft met een tattoo op je kont, dan ben je verloren. Je verloven in Dubai, het kan niet ordinairder. Neem dan Dirk Kuijt. Die sloeg zijn vriendin met een haring op haar wangen en opeens hadden ze kinderen.

Yolanthe lijkt me een vrouw die wil dat haar man meegaat naar zwangerschapsgym. Een luguber beeld: Wesley, vlak voor een belangrijke wedstrijd achter Yolanthe, met zijn kin op een van haar schouders hangend, en dan proberen met zijn armpjes om haar buik heen te komen. Hij puft als een heel klein lief stoomlocomotiefje hete lucht in haar nek. De nek waarin ook Jan Smit lag te ademen.

Wat ik wil zeggen, voordat ik mij laat meeslepen: we zitten niet zo ver van Noord-Korea vandaan. We kunnen wel heel hard schreeuwen dat wij in absolute vrijheid leven, maar als ik naar de gesprekjes luister met onze spelers, dan hoor ik liever niets. Oost-Europese antwoorden hoor ik. Nietszeggende rookgordijntjes. Doodgetrainde media-antwoordjes van voetballers die de pers en het publiek eigenlijk verachten. Ik zie een groep autisten over het veld trekken, die Zuid-Afrika vooral door het zoekschermpje van hun iPhone bekijken. Onze eigen Noord-Koreaanse Grote Leider, Bert van Marwijk, heeft tijdens persconferenties de uitstraling van een verveelde dictator, die minzaam de samenhokkende journalisten te woord staat.

De interviewtjes met verslaggever Bert Maalderink, ze kunnen zó als studiemateriaal worden gebruikt voor mensen die een beetje mediageniek een nieuw totalitair regime willen aanzwengelen. Hoe knuffel je een journalist dood? Het is treurig te moeten constateren, want ik was een groot liefhebber van zijn interviews, maar Bert Maalderink is definitief onschadelijk gemaakt. Op een heel slimme manier. Van Marwijk noemt Maalderink regelmatig bij zijn voornaam. Expres. Om vertrouwdheid te suggereren. Een bekende truc.

Noem een kritische journalist herhaaldelijk bij zijn voornaam en er gebeurt iets vreemds. De luisteraar begint een vage vriendschap te vermoeden. Door Maalderink steeds Bert, of zelfs 'onze goede vriend Bert' te noemen, maak je hem tandeloos. Ooit was Bert de luis in de pels, nu is hij onschadelijk gemaakt. Dat moet hij zelf ook voelen. Bert hoort inmiddels bij de Oranje-folklore. Je klem zuipen, iets roepen met een oranje jurk aan, de wedstrijd kijken en dan even naar het geinige interviewtje en de samenvatting van de dag door Bert kijken. Het is routine geworden. Gevaarloos.

Ik kijk nu een week lang naar het WK en begin te hunkeren naar iemand met een mening. Een mening die je verstaat, graag. Gertjan Verbeek zegt, als gast van Jack van Gelder, al dagenlang van alles, maar het kan net zo goed het geluid van pruttelend stoofvlees zijn. Onverstaanbaar. Hij kijkt er steeds heel boos bij. De beelden waren wél fijn om naar te kijken. Verbeek in een bus met juichende toeristen, loerend naar een afgericht luipaard. Een schitterende ervaring vond hij het, als ik het goed verstond.

Ik smeek het. Laat er een speler opstaan die iets vindt. Die een gedachte formuleert. Ik wil eerlijke antwoorden. Zeg gewoon eens dat de Engelsen helemaal kut speelden. Als er wordt gevraagd hoe je dat beleeft, reserve staan tijdens een WK, begin eens een keer te huilen. Laat met een trillende lip een foto van je vrouw zien. Zolang dat niet gebeurt, zolang er politiek correcte antwoorden worden opgedreund, zie ik het verschil met Noord-Korea niet. De spelers van Oranje zwijgen óók, alleen praten zij erbij.

Maradona

26 JUNI 2010

Vlak voor het WK was iedereen het over één ding eens: Diego Maradona is ongeschikt als bondscoach. Om dit te illustreren werd steeds zwaarder geschut ingezet. Bij DWDD moest Guus Hiddink reageren op een gefilmd fragment uit een training van de Argentijnen. Een mannetje of zes op de doellijn en de rest van de spelers met een bal aan de voet om hun collega's zo hard mogelijk te raken. Gelach in de studio. Maradona is gek geworden.

Ik heb het fragment nog een aantal keren teruggezien in andere televisieprogramma's. Steeds moest het de volgende stelling ondersteunen: Maradona is ongeschikt als coach. Hij doet maar wat. Het was een aardige voetballer, maar van tactiek heeft hij geen kaas gegeten. Zeg maar de heilige mantra van Foppe de Haan, die nog steeds, als een vooroorlogse gymleraar, onvoorwaardelijk gelooft in oefenstof, oranje pionnetjes en wedstrijdbesprekingen van anderhalf uur.

Het vertonen van de beelden bewees nog eens dat Nederland, ondanks de borstklopperij, geen haar verwijderd is van op Noord-Koreaanse leest geschoeide propagandatelevisie. Het maakt niet uit of je de waarheid laat zien. Als het maar een lekker itempje oplevert waar de volgende dag bij de koffieautomaat over wordt gesproken. Als het maar inspeelt op het gezonde voetbalverstand van de gemiddelde boerenlul in de straat. Het fragment dat wordt vertoond toont juist de grootheid van Maradona. Hij laat al die gelouterde spelers nog lekker wat dollen aan het eind van de training. In het profvoetbal wordt een training vaak afgesloten met dit soort gedol. Het winnende team mag het verliezende team even kort vernederen. De winnaars mogen de verliezers een tik met de vinger op de neusvleugel geven. Soms poseert het winnende team even voor een fictieve foto. Het is het bekende getreiter. Twee weken geleden zag ik Nigel de Jong nog als Joep Meloen met een voetbal in zijn broek over het veld wandelen. Humor voor beginners. Ik kan me niet voorstellen dat dit fragment in Argentinië wordt uitgezonden als een nieuwe trainingsmethode van Bert van Marwijk.

Ik heb gisteren Argentinië zien voetballen en Maradona langs de kant zien meeleven met zijn spelers en het ontroerde mij. Dat rare mannetje met die woekerende baard. Maradona, vlak voor de wedstrijd door een doodsbange kleermaker in een veel te wijd pak genaaid. Die vreemde, dikke ex-voetbaldwerg met dat net wat te ordinair in zijn nek vallende proletenhaar. Met een foto van een van zijn 79 kinderen in zijn binnenzak. Maradona ziet er inmiddels uit als een Siciliaanse visboer die voor het eerst in zijn leven, onder bedreiging, een pak heeft aangetrokken. Sommige mensen geloof je niet in een pak. Ik heb dat ook nog steeds bij Sjaak Swart en Mario Been. Je schrikt als ze een lange broek aan hebben. Bij Seedorf heb ik het omgekeerde. Je verbaast je vooral dat hij niet in driedelig grijs het spel verdeelt, met een leesbrilletje op.

Maar wat maakt het uit. Maradona beleefde de wedstrijd als een voetballer. Van Foppe de Haan mag dat niet. Van Piet de Visser ook niet. Die zit in Hilversum zelfs, dwars door zijn hysterische en onbegrijpelijke schreeuwanalyses heen, mee te schrijven. Kijken of hij nog een goedkoop Afrikaans pareltje achterover kan drukken voor weinig. Maradona doet alles precies goed. Hij was de beste voetballer ter wereld en dit is de enige manier om nog steeds met zijn hakken in het geliefde gras te staan. Op de tribune, vier jaar geleden, was Maradona niet te harden. Machteloos. Maradona hoort niet te schreeuwen en springen op een tribune. Dat is te pijnlijk.

In Argentinië begrepen ze dat. Daar hebben ze hem uit zijn lijden verlost en lekker op het veld gezet. Kan hun het schelen. Wereldkampioen worden ze toch wel. Je ziet het aan de spelers van Argentinië: zij genieten van hun coach. Ze gunnen het hem. Om maar eens een vreselijk cliché te gebruiken: ze gaan voor hem door het vuur. En Maradona voor zijn spelers. Ik heb het een paar keer teruggekeken, de uitdrukking op zijn gezicht als Messi aanzet voor een solo. Messi, dat is hij. Mooi om naar te kijken. Maradona is weerloos als Messi een bal aanneemt. Een vader. Het lijkt op het dom meetrappen in de lucht, als je zoontje een vrije trap neemt. Het is de glimlach die je vanzelf meelacht als je dochter dolgelukkig een cadeautje uitpakt van haar nieuwe vriend. Je kunt niet anders. Je doet en voelt wat zij voelen omdat je het zelf niet meer kunt.

Als je dat durft te laten zien, voor de hele wereld, dan ben je een grootheid. En Maradona laat alles zien. Als een kind hing hij na ieder doelpunt om de buik van een willekeurige materiaalman. Het maakte hem niet uit wie het was, als hij maar net als vroeger kon juichen en omhelzen. Maradona is nog steeds briljant in het vieren van geluk.

Het onderscheidt hem van alle andere coaches. Fabio Capello, een bange wezel die pas vrolijk en emotioneel wordt als hij wat gewonnen heeft. De Duitse hoofdcoach Joachim Löw, meer iets voor een modetijdschrift. Met een zwart vestje om je bast weemoedig naar de horizon kijken.

Tijdens een persconferentie woensdagmiddag nam Maradona het op voor Messi, die iedere wedstrijd negentig minuten lang getrapt en geslagen wordt. Het leek niet op een van te voren bedacht slimmigheidje. Maradona kwam op voor zijn lievelingsspeler. Niet geheel toevallig de speler die hem zo aan zijn oude lichaam doet denken. Toen alles het nog deed en hij nog niet vanuit zijn dakraam op journalisten schoot.

Niet iedere oud-voetballer durft dat, het oude vuur op laten laaien en iedereen mee laten kijken. Tijdens Nederland-Japan werd Frank de Boer, naast Bert van Marwijk op de bank, een wedstrijd lang gefilmd. Je ziet een oud-voetballer die bijna walgend naar het angstige en professionele geschuif vlak voor hem kijkt. Een frons in zijn hoofd waar je zestig enveloppen in kunt steken. Hij schreeuwt van ellende. Bert van Marwijk zit de hele wedstrijd zwijgend naast hem. Intens tevreden met het vertoonde spel.

Het is duidelijk. De oud-voetballer is al lang uit het lichaam van Bert verdwenen. Wat jammer.

De lijdensweg van Arjen Robben

1 JULI 2010

Laten we het over gezondheid hebben. Na Nederland-Kameroen werd Arjen Robben geïnterviewd door Bert Maalderink. Robben had net een voetbalboekenmomentje achter de rug. Dat maakt je weerloos. De trainer is zijn herdershond kwijt, het hele team helpt zoeken, de nieuwe jongen met zijn vreemde kicksen, die het hele boek lang zo enorm gepest is door de schele zoon van de burgemeester, vindt de hond in een schuurtje. Ze zijn net op tijd voor de wedstrijd en in de laatste minuut scoort de antiheld met een omhaal. Iedereen houdt opeens van hem. Dat soort gedoe.

Robben speelde, na een kortstondige blessure, het laatste stuk van de wedstrijd mee en maakte direct het verschil. Op uitnodiging van journalist Bert Maalderink vertelde hij er, vlak na de wedstrijd, iets over. En toen kwam de emotie. Op zich niets mis mee. Ik acht het niet onmogelijk dat zoiets zelfs Johan Derksen kan overkomen. Vraag hem op een onverwacht moment naar de gitarist van een of ander Texaans kutbandje en hij staat geëmotioneerd op zijn snor te kauwen. Wilfred Genee, die al op zijn zesde met zijn hoofd in een kartonnen doos net deed alsof hij Mart Smeets was, leg je arm om hem heen en zeg: 'Ik kijk door die buitenkant heen, Wilfred. Jij bent gewoon een hele goede anchorman. Laat ze maar lullen, ik vind het heel knap wat je doet, live vragen van lezers voorlezen', en je kunt het vreugdesnot uit zijn haar wrijven. Zo hebben we allemaal onze zwakke plek.

Robben had alleen maar moeten huilen. Dat is mooi. De mond die van alles wil zeggen, de tong als een bedorven ossenhaas loodzwaar in zijn mond, de lippen bewegen, iedereen willen bedanken en dan alleen maar wat gepiep en geblaas voortbrengen. Arjen Robben begon er helaas bij te spreken. Weg moment. Ik heb het interview nog eens nageluisterd. Dit zegt Robben aan het begin van het gesprek: 'Dit is toch waar je naartoe hebt gewerkt. Het is een lange weg geweest. Geen leuke weg. Je hebt keihard moeten knokken en dan zie ik dit als een hele mooie beloning. Dan denk je wel wat je er allemaal voor gedaan hebt. Mensen staan er niet altijd bij stil, maar als je geblesseerd bent en toe moet kijken, dat is een lijdensweg.'

Het gaat hier om een invalbeurt na een blessure van enkele weken. Een beetje *au* in het bovenbeen. Haal het stukje over de blessure er uit en Nelson Mandela had precies dezelfde tekst uit kunnen spreken na 27 jaar gevangenschap. En dan nog vind je dat hij overdrijft. Iemand die 35 jaar daklozen onderdak heeft verschaft en nu een dankwoord uitspreekt omdat hij een halve maand salaris extra krijgt, je kunt de tekst van Robben er naadloos voor gebruiken.

Robben geeft ons een genadeloos kijkje in de ziel van de profvoetballer. Twee weken op een massagetafel liggen en heel voorzichtig, onder de Afrikaanse zon, met een professioneel team om je heen, werken aan een rentree van vijftien minuten, hij ziet het als een lijdensweg. Tijdens de behandeling van Dick van Toorn een boek lezen of wat televisie kijken en tussendoor de pers te woord staan, dat noemt Robben 'een lange weg'. Het is een klassiek voorbeeld van elitair kokerdenken. Je verwacht dit soort teksten bij de jonge profs van Ajax. 'Ik ben heel diep gegaan. Alles viel uit mijn handen. Mijn moeder is heel belangrijk geweest in die periode. Mijn familie ook. Ik heb de dingen op een rijtje kunnen zetten en de kracht gevonden om door te gaan. God gaf mij de kracht om door te knokken. En ja, dan is dit uiteindelijk de beloning.' Aan het woord is Urby Emanuelson over de keer dat het rechteroortje van zijn iPod het niet meer deed.

Iedereen schijnt het prachtige televisie te vinden, de emotie van Robben. Ik vond het stuitend in zijn wereldvreemdheid. Zo'n tekst durven te spreken op vijf kilometer van een township, dan ben je voorgoed verloren. Of hoe zeggen ze dat bij de Cabau van Kasbergjes? Dan ben je niet in balans.

Balans. Misschien zou Robben de pers veel evenwichtiger te woord hebben gestaan met zo'n magnetisch balansbandje van Wesley Sneijder om zijn pols. Eerst wilde ik het niet geloven. Dat leek me niks voor Kees Jansma, om dat soort onzin te tolereren, de verspreiding van esoterische armbandjes. Het is ook levensgevaarlijk. De laatste bekende Nederlander die er een droeg was Nico Haak, die op de dag dat hij er trots mee poseerde, voorgoed in zijn sinaasappelkissie werd getimmerd. Wesley is een lekker modern mannetje. Én in God geloven én in magnetisme. Wat maakt het allemaal uit. Baat het niet, dan schaadt het niet. Als Yolanthe over een week zegt dat het hele Nederlands elftal, vlak voor een wedstrijd, tot hun enkels in een bak varkenspis moet gaan staan om zo de boze krachten uit de voeten te laten vloeien, dan gaan we het meemaken, de hele selectie tijdens het volkslied, verkleed als Jezus, tot hun middel in een bak lauwwarme biggenurine. Ik vind het in het geval van Wesley Sneijder ook levensgevaarlijk, spelen met zo'n bandje om je arm. Er hoeven tijdens de wedstrijd tegen Brazilië maar zes mensen met een magneet op de tribune te gaan zitten en je trekt dat lichaampje zo naar de zijkant van het veld. Ik zou ze verbieden. Of vragen aan de FIFA of ze het verbieden. Die zeggen meteen ja.

Als ze ergens dol zijn op verbieden, dan is het wel bij de FIFA. Als je een verkeerde kleur bierjurk aan hebt wordt er, namens de FIFA, in een donkere cel een slang met Budweiserbier in je lichaam geduwd, net zo lang tot je bekent dat Budweiser het lekkerste bier is, maar als de hele wereld ziet dat Engeland scoort tegen de Duitsers, dan knippen ze snel de beoordelingsfout van hun scheidsrechter uit de samenvatting.

Dat is pas ziek. Je helemaal leegknokken en de rechter inschakelen als het om reclamecontracten gaat en schijt hebben aan de hele wereld als er om een eerlijker beoordeling van twijfelachtige doelpunten wordt gevraagd. De leden van de FIFA, allemaal hebben ze een magneet in het voorhoofd die slechts kroonkurkjes en geld aantrekt.

Allemaal kenners

8 JULI 2010

Over voetbal praten, dat doen we graag in Nederland. Misschien nog wel liever dan over het openbaar vervoer en Marokkanen. Het aardige is dat je er geen verstand van hoeft te hebben. Je zegt de dag na de wedstrijd gewoon ongeveer wat je de voetbalkenners op de televisie hebt horen zeggen, je trekt er een interessante kop bij en je komt een heel eind. Je krijgt er iedere verjaardag mee aan de gang, een goed statement over voetbal. Wacht tot het een beetje stilvalt en zeg dan gewoon wat in je opkomt. 'Weet je wie ik een begenadigd technicus vond? Wim Rijsbergen.' En het gaat los. Ook erg goed werkt nog steeds: 'Duitsland in '74, dat vond ik pas een vriendenploeg. Terecht dat ze hebben gewonnen.' Iedereen kan het. Je zegt maar wat en binnen zes minuten zitten er 150 wild gebarende gekken om je heen. We zijn allemaal kenners.

Toch zitten wij niet aan tafel bij Johan Derksen of Jack van Gelder. Dat is vreemd, want daar wordt iedere avond ongeveer dezelfde lulkoek verkondigd. Een jaar of acht geleden zat ik al met het zweet op mijn rug naar Guus Meeuwis te kijken, die toen al van alles vond van PSV. Nu zag ik hem maandagavond samen met Youp, midden in Zuid-Afrika, een suikerzoet nationalistisch liedje zitten zingen over onze koningin en het Oranjegevoel. Je moet dat maar durven, vlak naast een stapel brandende autobanden zingen over Holland. Zou je vroeger Guus hebben gevraagd iets voor Nelson Mandela te zingen, dan zou hij op Robbeneiland vlak voor de cel een liedje hebben zitten tokkelen over de nieuwe haring.

André Hazes was tijdens eindtoernooien vaak te gast bij Barend & Van Dorp. Er kwam niet veel meer uit dan wat je een kwartier voor sluitingstijd in een kroeg hoort. Zanger Rick de Leeuw zit om voor mij volstrekt onduidelijke redenen regelmatig mee te praten over voetbal. Als hij zingt, denk ik altijd dat iemand vier huizen verder een gootsteen staat te ontstoppen. In Hongarije verdoven ze dit soort zangers en verwijderen ze met een korte ruk de stembanden. Terecht. Het interesseert mij eerlijk gezegd geen ene moer wat Rick de Leeuw van het Nederlands elftal vindt. Ik schuif toch ook niet aan bij zijn band om uit te leggen dat het misschien zou schelen als hij voortaan eens gewoon door zijn mond ging zingen in plaats van door zijn linkerneusgat. Ieder zijn eigen vakgebied.

Twee weken geleden zwichtte ikzelf, en meldde ik in het programma NOS WK Journaal, alles in het kader van de rubriek The Big 5, dat niet het lipgelezen gebabbel van Robin van Persie mij had gestoord, maar vooral het totaal negeren van Klaas-Jan Huntelaar. Juist daar liet Van Persie zijn kleinheid zien. Het niet kunnen opbrengen om je collega succes te wensen. We mogen het eigenlijk niet zeggen van Kees Jansma, want de sfeer is zo vreselijk goed, maar Huntelaar werd tijdens invalbeurten opzichtig genegeerd door zijn medespelers. Zij feliciteerden liever Robben met een mislukt schot op de paal, dan Huntelaar die knap afrondde.

We moeten vooral allemaal blijven doen alsof dit een heerlijke groep is. Ik schrijf dit stuk dinsdagmiddag, als de halve finale nog moet worden gespeeld. Als die wedstrijd is gewonnen, kunt u dit waarschijnlijk niet eens lezen omdat u een omgekeerde leeuwenkop op uw hoofd hebt. De groep zal na winst waarschijnlijk nog hechter, nog warmer worden. Als zij onverhoopt toch van Uruguay hebben verloren, dan zullen binnen enkele dagen de scheuren zichtbaar worden. Dan zal het grote wijzen en verwijten beginnen. VI vindt dat niet erg. Dit veelgelezen prachtblad zal dan binnen een half jaar door verschillende selectiespelers worden gebruikt om wat openstaande rekeningen te vereffenen. Zo zijn voetballers namelijk ook wel weer.

Mijn praatje in het WK Journaal kwam mij op tientallen woedende reacties te staan van neuzelaars die liever Jack van Gelder nababbelen. Een dag later zette voetballiefhebber Edwin Evers een fragment in The Big 5 van een man die in zijn oor wordt geblazen door een vuvuzela. Slapstick. Dat verbaasde mij niet. Edwin Evers is al een leven lang gevaarloos middelmatig.

Vreemd genoeg mogen zelfverklaarde kenners wel de grootst mogelijke onzin verkondigen zonder dat er een haan naar kraait. Ik heb het nu vooral over die nachtmerrie in een te wijde trui, Piet de Visser. De man die er altijd uitziet als een transseksuele oom, van wie je net moet doen alsof je niet ziet dat hij een pruik op heeft. Met het haar van Piet de Visser zeem ik mijn ramen.

Als Piet de Visser op de televisie is, begin ik heel hard te schreeuwen. Dat kwekt maar door en vooral over zichzelf. Die eindeloze masturbatieverhalen over zijn talloze reizen naar Brazilië, waar hij jonge voetballertjes met een voetbalshirtje naar Nederland lokte. Niemand praat onbegrijpelijker en narcistischer over voetbal dan Piet de Visser en toch krijgt hij van Jack van Gelder alle ruimte om zijn verwarde verhalen dwars door alle commentaren heen te tetteren.

Twee dagen geleden kreeg Piet de Visser het voor mekaar om Youp van 't Hek en Ronald de Boer stil te krijgen. Hij liet aan tafel zijn aantekeningen zien. Een vel papier vol met pijltjes, strepen en getallen. Zelf begreep hij er ook weinig van, maar zijn vrouw gelukkig wel. Die tikt ze allemaal uit. Waarom ik dit moet weten, is mij een raadsel. Daarna analyseerde Piet de Visser de verkeerde wedstrijd van het Nederlands elftal. Alle mannen aan tafel zwegen totdat Piet het zelf moest bekennen. Hij was een beetje in de war.

Een dag later zat Jack van Gelder, samen met zijn andere gasten, de niet aanwezige Piet de Visser keihard uit te lachen. Dat is de kwaliteit van de Nederlandse verslaggeving ter plekke. Iemand uitnodigen, hem ondraaglijk slecht over zichzelf en voetbal uit een vorige eeuw laten praten en hem de volgende dag in hetzelfde programma belachelijk maken.

Als vanouds

13 JULI 2010

Genoeg over het WK. Op het moment dat ik dit schrijf, is de finale nog niet gespeeld. Ik hoop dat Spanje wint. Om verschillende redenen. Vooral om een miljoen mensen langzaam de schmink van hun kop te zien huilen. Huilende clowns blijven vernietigend mooi. Ben Cramer is er niet voor niets groot mee geworden. Nu werkt hij bij de Gamma als assistent-verfmenger, maar dat is weer een ander verhaal.

Ik mag daar graag naar kijken: volwassen mannen die vergeten dat ze als klomp zijn verkleed. Heel beteuterd op het Museumplein staan met twee plastic tieten onder je armen, in die sfeer zitten we ongeveer. Een belachelijke drang om vooral maar feest te vieren. Het maakt niet uit waarom. Nu is het het Nederlands elftal, maar als er over zes maanden een of andere Friese bosneuker de Elfstedentocht wint, staan we daar weer met zijn allen langs de sloten. Nederlanders laten graag zien wat voor lekkere rare gekkies ze zijn. Wie die euforie veroorzaakt, dat is inmiddels bijzaak. Het gaat om de spandoeken, niet om wie daar voorbijrijdt.

Ook tijdens het WK ging het over alles behalve voetbal. Die narcistische gezamenlijke tocht naar het stadion van de Oranjesupporters en dat zichtbaar genieten van alle aandacht; ik zal nooit begrijpen wat dat met voetbal te maken heeft. Ik hoop, een dag voor de finale, op een vol Museumplein en een afstraffing door Spanje. Noteert u mij maar voor 6-1 voor de Spanjaarden. Ik zal er staan, bij het Concertgebouw, om ze langs te zien trekken, vrouwen verkleed als oranje anus-eitje, met hun armen om hun man heen, verkleed als lek ventiel. We kunnen het goed gebruiken, een paar jaartjes nationale rouw.

Op een of andere manier lijkt mij dat heel gezond voor de spelers van het Nederlands elftal, om na de verloren wedstrijd in de kleedkamer te zitten met een magnetisch balansbandje om je pols. Sneijder die in de hoek van de kleedkamer wezenloos over het rozenkransje van Yolanthe heen staat te pissen. Stekelenburg, die na zijn fouten tijdens Nederland-Uruguay gewoon weer het iets minder goede neefje van Edwin van der Sar is.

Het is voor iedereen beter dat we verliezen. Zeker voor de mensen in het buitenland. Je moet er niet aan denken dat half Nederland deze week als wereldkampioen op vakantie gaat. Ga op een willekeurig strand in Zuid-Europa staan en je pikt binnen een minuut de Nederlanders eruit. Die zitten heel hard, met een halve kip op hun hoofd, te schreeuwen dat de pasta niet gaar is. Dat zal nu, als Nederland heeft gewonnen, alleen maar erger worden. Italianen zullen de hele zomer van Nederlanders met nat okselhaar moeten horen dat het nieuwe Totaalvoetbal nu in Nederland wordt gespeeld.

Ik voorspel dat Nederlanders deze zomer in Napels aan een pizzabakker gaan staan vertellen hoe je het lekkerste brood maakt. 'Luister Italiaanse pik. Wij eten in Nederland knipwit. Dat is hoog brood. Brood waar je moeite voor moet doen. Dus niet wat jullie doen, een beetje staan gooien met dat deeg, er met je reet op gaan zitten en het in een oven schuiven. Nederlanders werken voor hun brood, Italiaan. Twee gehaktballetjes uit eigen jus graag, en snel een beetje.'

Het Nederlands elftal heeft nog nooit zo lelijk gevoetbald. Armoedig was het. Saai. Ik zal dat nooit begrijpen, hoe je feestend de straat op kan gaan als er wordt gewonnen met slaapverwekkend voetbal. Ik houd niet van sporters die spelen om te winnen. Ik houd van spelers die willen winnen met mooi voetbal. En anders liever niet. Duizend keer liever de fantastische wedstrijden onder Van Basten tegen Frankrijk en Italië dan het benepen voetbal dat Bert van Marwijk predikt. Als Mark van Bommel de beste man van Nederland is, dan weet je het wel. Een echte prof. Zuinig spelen. Scheidsrechter bewerken. Slim gaan liggen. Al die dingen waar ik zo'n vreselijke hekel aan heb. Voetbal als beroep.

Een WK winnen met het lelijkste voetbal van de afgelopen veertig jaar, ik zie er het nut niet van. Daarom hoop ik dat Spanje heeft gewonnen en daarom ben ik blij dat dit vreselijk vervelende WK erop zit. Nooit werd er armoediger gevoetbald. Nooit waren de 100 meter-lopers en de kilometervreters zo overheersend aanwezig. Nog nooit werden er op een WK zo weinig mensen gepasseerd met een schijnbeweging. Voetbal is een sport geworden die door 22 zorgvuldig in elkaar geschroefde atleten wordt bedreven. Het zijn donkere tijden, helemaal als je daar wereldkampioen mee kunt worden.

Maar niet te somber. Alles is binnen enkele dagen weer als vanouds. Alle spelers die Nederland tot in de finale hebben gebracht, trainen over enkele weken gewoon weer voor een ton per maand bij een Italiaanse, Spaanse of Engelse club, Sneijder belt vanuit Milan nog even naar Nederland om Piet Velthuizen te vertellen dat hij van de WK-premie precies vierduizend keer zijn maandsalaris kan betalen. Vanaf morgen moeten we het weer met onze eigen armzalige competitie doen en dat vind ik heerlijk.

Het wordt een feest dit jaar. De voortekenen zijn gunstig. In Het Parool stond deze week een foto van de Ajax-selectie, aan het trainen in Oostenrijk. Acht voetballers naast een schuurtje, ieder tot zijn middel in een klikobak. In München wordt Robben door zestien doktoren heel voorzichtig om zijn hamstring gewreven. Bij Ajax staan ze in een oude gezinsverpakking zure bommen te wachten tot ze weer mogen trainen. Dat is het verschil. Feyenoord heeft geen trainingsveld en laat twee spelers van VVV met een echte grote-mensenhelikopter op het veld zakken.

De bekende, vertrouwde armoede. Bij AZ maken de selectiespelers hun eigen kaas, om de lunchkosten te drukken. Bij Heerenveen vouwen ze loempiavellen voor omringende Chinezen om de armspieren te trainen. Dat veelbesproken geluksgevoel, de euforie die bezit van ons lichaam zou nemen aan het eind van dit WK, je voelt het zo in de grond verdwijnen als je denkt aan de ellende die ons weer een seizoen lang staat te wachten.

Studiogasten

21 JULI 2010

Het WK was genadeloos hard. Veel carrières zijn onherstelbaar vernietigd. Ik heb het dan vooral over de tientallen studiogasten, de babbelaars die een maand lang bij Jack van Gelder of bij VI Oranje aanschoven, om te vertellen hoe zij, vanuit hun particuliere achtergrond, het WK beleefden. Ik heb ze bijna allemaal kapot zien gaan.

Steeds zag ik het aan de te ontspannen gezichten als zij plaats namen aan tafel. De onderschatting. Veel studiogasten dachten op routine een uurtje vol te lullen en zitten nu, met een vergooid leven onder de arm, de aanbiedingen van de goedkoopste buurtsuper door te nemen. Er zijn carrières gesneuveld in enkele minuten, zonder dat de studiogasten het zelf in de gaten hadden.

Ik zie het bij DWDD ook veel gebeuren. Mensen die net iets te ontspannen aanschuiven bij Matthijs van Nieuwkerk. Wat kan er fout gaan? Niets toch? Hun boek is net uit en ze zitten in het best bekeken programma van Nederland. Ze zijn binnen. Ze zijn klaar. En dan volgt de eerste vraag: 'Theo, dit is het zoveelste boek over loverboys. Is dat niet vreselijk afgezaagd? En wat is het slecht geschreven. Had je haast, Theo? Leg eens uit.' En daar ligt Theo, drie uur later, in bed, met twaalf dozen onverkoopbare exemplaren van zijn nieuwe boek midden in de slaapkamer. Te zelfgenoegzaam ergens aanschuiven, het kan je artistieke dood betekenen.

Veel bandjes die één minuut mogen spelen bij DWDD vieren dat als de bekroning op hun carrière. Alles zal vanaf nu anders worden. Ze zullen door iedereen worden gevraagd, contracten zullen worden verhoogd. Ik zit er vaak naast als de muzikanten, vlak voor de uitzending, luidruchtig en opgewonden uitdragen dat zij op de drempel van eeuwige roem staan. En daarna verkloten ze het vaak. Een verkeerd gestemde gitaar, een vals gezongen regel en het is einde carrière. Veel van de muzikanten begrijpen dat pas na de uitzending. Ze waren niet geconcentreerd genoeg.

Precies hetzelfde zag ik gebeuren tijdens het WK. Ik heb er voornamelijk mensen kapot zien gaan. Ik acht de kans dat Wim Suurbier ooit nog serieus wordt genomen microscopisch klein. Iedereen schijnt zich rot te hebben gelachen, goede vriend René van der Gijp voorop, maar ik vind het vooral tragisch. Suurbier zou van onschatbare waarde kunnen zijn voor jonge voetballers. Hij heeft WK-wedstrijden gevoetbald en jarenlang in de top gepresteerd. Als de mensen die om Suurbier geven een beetje beter hadden opgelet, zouden ze hem hebben afgeraden in beeld te verschijnen.

Dat is niet gebeurd. Nu zal Suurbier, vooral door de fnuikende werking van de altijd oproepbare YouTube-filmpjes, voortaan bekendstaan als de man met een lul als een olifantenslurf, als de voetballer die in zijn blote reet bij de receptie naar de post ging vragen en als de man die volkomen lam op de achterbank van zijn eigen auto zat. En dan over een half jaar zeuren dat je nergens meer voor wordt gevraagd. Het was pijnlijk om te zien. Suurbier werd geslachtofferd en bezweek voor de zoveelste keer aan zijn eigen ijdelheid. Mensen die binnen zeven minuten dertien keer vertellen dat ze alleen maar water drinken, ik wantrouw ze.

Ruud Krol, de andere helft van het beroemde knaagdierenduo Knabbel en Babbel, kan na zijn verschijning bij Jack van Gelder een baan als hoofdcoach in Nederland voorgoed vergeten. Zelden heb ik, op Mart Smeets na, iemand zo vergenoegd over zichzelf zien zitten lullen. Krol tijdens een training naast Bert van Marwijk, steeds maar in zijn oor schreeuwend, ik denk dat we daar het WK hebben verloren.

Gerald Vanenburg kan ook gaan uitkijken naar een leuke baan bij de Gamma. Een flink stuk van zijn stofjas afknippen en Assistent Tuinmeubelen worden. Bij Gerald ligt het iets genuanceerder, de ergernis. Ik voelde ook medelijden. Hij wilde zo graag. Je zag het aan Gerald zijn ogen: hij kon het eigenlijk niet geloven dat hij aan tafel zat. Onder tafel rekende hij op zijn vingers uit hoeveel hij er in het komende seizoen bij kon schnabbelen, als analist. Gerald ontroerde mij. Dat geloer tijdens de gesprekken, het juiste moment afwachtend om ertussen te komen. Zoekend naar een mening waar hij zich geen buil aan kon vallen. Het nettoresultaat: obligaat gewauwel over vroeger en Cruijff die met terugwerkende kracht gelijk kreeg: Gerald Vanenburg heeft meer de stem voor een kinderserie vol met knaagdieren. Op een voetbalveld zal nooit iemand hem serieus nemen. Het is de harde waarheid en Gerald heeft helaas enorm zijn best gedaan om dat beeld te bevestigen.

Hans van Breukelen, ook hij schoof te geroutineerd aan. Hans roept wel steeds dat het hem allemaal niets uitmaakt wat de mensen van hem vinden, maar daarvoor zat hij toch net iets te schuimbekkend aan tafel. Bij PSV zullen ze doodsbang hebben zitten kijken naar hun nieuwe feelgood voetbalpaus. Omdat Hans van Breukelen zo stronteigenwijs is, ontroerde hij juist niet. Ik heb grimmig zitten kijken hoe hij zich een uitzending lang vertilde aan net iets te lastige woordjes. Een oud-voetballer, die ooit Lothar Matthäus dood wenste, nu te horen chitchatten over positieve tegenkrachten, een stuk bewustwording en het groepsgevoel, het zag er nogal belachelijk uit. Er ontstond tijdens dit WK maar één groepsgevoel: met zijn allen ons helemaal gek lachen om deze Manager voor de Wilsonbekwame Medemens.

Jakhals Erik, volgens mij de beste Jakhals van DWDD, werd twee dagen lang volkomen genegeerd door Johan Derksen en René van der Gijp. Hij maakte de klassieke fout door mee te gaan zitten beppen over tactiek. Bij oud-voetballers voelt dat aan alsof er iemand naakt op een tractor de studio binnenrijdt. Nooit doen. Gewoon knikken als zij iets vinden. Nooit als niet oud-voetballer het woord *middenveld* gebruiken. Fout.

Het ergst was Youp van 't Hek, die verkleed als een afgeschminkte Sinterklaas en tien kilometer bij de townships vandaan, het woord Spanje liet rijmen op Oranje en bloedserieus *zingmompelde* over onze majesteit. En dan in november iedereen met een ruitjesbroek weer helemaal verrot schelden. Benieuwd hoe hij dat op gaat lossen.

De tranen van Giovanni

28 JULI 2010

Het fijne van deze periode, de aanloop naar een nieuw seizoen, is dat het nieuws over je heen buitelt. Een windhoos van namen, gebeurtenissen, transferberichten, uitslagen en afscheidswedstrijden. Bij gebrek aan echt voetbalnieuws, aan echte doelpunten, ga je sprokkelen. Zie het als een verslaving. Na de Nederlandse competitie en het daaropvolgende WK, is het voor de zware gebruikers onder ons lastig om de dagelijkse dosis voetbalverbazing binnen te krijgen. Uitslagen van oefenwedstrijden, het voelt als vervuilde cocaïne.

Het roept vooral verveling op. Enkele jaren geleden, vlak voordat Wesley Sneijder werd getransfereerd naar Real Madrid, bezocht ik een oefenwedstrijd van Ajax. Sindsdien maakt het woord alleen al, oefenwedstrijd, mij somber. Ik zie het allemaal weer voor me, de scheef geprinte T-shirts, de geur van uienringen die al zes uur in hun eigen vet liggen door te garen en het manische gelul van de ereleden die in kleine groepjes aan elkaars voorhoofd staan te voelen. 'Je kopte zo'n oude leren bal midden op de veter en dan liep het bloed over je kop. Hier, voel maar, daar zit het litteken.'

Bruine kantines vol met roze koeken en vrouwen die met tegenzin veertig dropsleutels uit een glazen pot staan te graaien. Het wordt vaak geromantiseerd, het amateurvoetbal, die heerlijke sfeer eromheen, maar ik herinner me eigenlijk alleen maar veel te hard schreeuwende dronken voetballers, vrouwen die zwaar opgemaakt iedereen van de tegenpartij de tyfus vloekten, koude douches en de verplichte kantinedienst. Werd je lid van een vereniging, stond je drie weken later opeens voor 170 man kroketten te bakken.

Als een profclub als Ajax in zo een ambiance terechtkomt, ontstaan er pijnlijke situaties. Ik zag de verveeldheid van de profs. Alweer dat gejengel om een handtekening, alweer naar een of ander lulpraatje van de voorzitter moeten luisteren, een man die zijn kunstgebit 's ochtends verkeerd om in zijn mond heeft gedaan en daar pas na zijn speech op wordt gewezen. 'Er was helaas geen woord van te verstaan. Niemand luisterde. Mooi pak had je aan. Je rits stond open. Verder goed gedaan, voorzitter!!'

Wat mij vooral opviel was de apathie van de profs. Ze waren aan het werk. Alleen Wesley Sneijder, die toch wegging, zwaaide even. Toen was Wesley nog een rolmodel voor de jeugd. Nu zien zij hem voor eeuwig als een loser in een slecht zittend blauw kostuum, die een witte duif losliet. De 130 albino herten die dwars door de trouwerij heen raasden ontbraken helaas. Als Ivo Niehe je eregast is tijdens je trouwen, dan weet je het wel. Alleen Henny Huisman zou erger zijn geweest.

Midden in dat opgeklopte gedoe, de trouwerij van Wesley, het gênante geflirt van Martin Jol met Fulham en het laatste puzzelnieuws over Ed de Goey was het fijn om te kijken naar het afscheid van Giovanni van Bronckhorst. Hij huilde, met een kind op zijn arm. Normaal reden genoeg om iemand een enorme schop onder zijn kont te geven, maar nu mocht het. Het moest zelfs. Giovanni liet midden in deze transferperiode zien waar het echt om gaat in het voetbal: clubliefde. Al had hij, samen met zijn vrouw, voor de hele Kuip kroketten moeten bakken, hij had het gedaan. Het was fijn om midden in het Betaald Circus Opportunisme een voetballer te zien die begreep waar het uiteindelijk allemaal om draait. Niet het geld, maar de emotie. Het spelletje.

De tranen van Giovanni ontroerden mij. Hier stond een voetballer die, na een rijtje grote clubs, begreep wat hem zo groot had gemaakt: het publiek. Dat is denk ik het verschil met mensen als Clarence Seedorf, Wesley Sneijder, Luis Suarez en Edgar Davids. Zij laten zich graag bewonderen. Giovanni is iemand die zelf graag bewondert. Die naar een stadion vol mensen kan kijken en begrijpt dat het niet alleen maar over hemzelf gaat. Ik zag een voetballer die heel goed is blijven begrijpen welke mensen uiteindelijk zijn salaris betalen. Giovanni duwt mensen niet van zich af. Daar op de middenstip van De Kuip leek hij iedereen persoonlijk te omarmen. Een heel aanraakbare voetballer, Giovanni.

Een ander type dan Theo Janssen, die het kortetermijngeheugen heeft van een krekel. Hij reed afgelopen seizoen, met te veel drank in zijn lichaam, een paar mensen het ziekenhuis in, zat mokkend een paar maanden thuis, kon aan het eind van het seizoen gewoon weer belangrijk zijn voor FC Twente en bedankte op geheel eigen wijze het bestuur van de club, door na het kampioenschap – alweer dronken – met een krat bier over de snelweg te hollen. Hij weigerde enkele dagen geleden een contract te tekenen omdat 'er mondelinge afspraken niet na werden gekomen'. Dat lijkt me voor het bestuur van FC Twente een eitje. Je kunt gewoon zeggen dat je hem niet verstond omdat hij een flesje in zijn mond had.

Janssen zou natuurlijk God op zijn blote knieën moeten danken dat FC Twente überhaupt nog wil worden geassocieerd met een dronken straatvechter. Nederigheid zou hem sieren. Giovanni van Bronckhorst is in alles het tegenovergestelde.

Netjes. Bescheiden. Meedogenloos hard als het er op aankomt. Verbijsterend geniaal als het er op aankomt. Ik ben niet zo van de bewondering, maar Giovanni van Bronckhorst kreeg het dit toernooi voor elkaar. Ik was trots. Na zijn magistrale doelpunt tegen Uruguay moest ik denken aan een middag, drie maanden eerder, in Rotterdam. In een lunchrestaurant ontmoette ik, samen met Wilfried de Jong, Giovanni van Bronckhorst. Hij ging net weg. Het ging niet over voetbal. Wilfried vroeg wat hij ons kon aanraden. Hij had geen idee. Zijn vrouw koos het eten uit. Garnalenkroketjes, dacht hij. Hij had haar tas in zijn handen. Nou, dááág. Smakelijk eten.

Ik had niets gezegd en alleen maar gekeken. Zo gewoon en zo vrolijk. Net als alle Rotterdammers om hem heen. Het was fijn om dat te weten, toen hij in Zuid-Afrika scoorde. Giovanni houdt handtasjes vast en eet garnalenkroketjes omdat zijn vrouw die voor hem uitzoekt. Van dat soort voetballers houd ik. Theo Janssen, zogenaamd de volksjongen, breekt zijn kroket open en telt. Daarna schopt hij het terras aan stukken. Vijf garnaaltjes, in plaats van de beloofde zeven.

Hysterisch egocentrisch onderhandelen

4 AUGUSTUS 2010

Vorige week schreef ik nog over Theo Janssen, die weigerde een nieuw contract bij FC Twente te tekenen, omdat bepaalde mondelinge afspraken niet na werden gekomen. Theo speelt inmiddels alweer voor FC Twente. Niets aan de hand. Twente zal, zoals beloofd in een gesprek achter in de bus, vlak na het behalen van het kampioenschap, alle kosten betalen als Theo ooit besluit om de namen van al zijn oude vriendinnen uit zijn rug te laten laseren. Ook de beloofde kwantumkorting bij slijterijen in een straal van 140 km om zijn woning is rond. Theo houdt opeens weer van FC Twente.

Theo Janssen, die na een half jaar solidariteit van FC Twente met harde eisen komt, normaal gesproken gaat niemand daar overheen. Dat zit qua smakeloos en opportunistisch al zo ver over de grens. Ik dacht dat Theo een nieuwe standaard had gezet. Niets is minder waar. Mounir El Hamdaoui, de nieuwe spits van Ajax, heeft Theo Janssen verpulverd als het om hysterisch egocentrisch onderhandelen gaat.

U kent het verhaal. De transfer van El Hamdaoui leek af te springen op persoonlijke eisen. Een van die eisen: Ajax moest opdraaien voor het verlies van een sportzaak in Kralingen. El Hamdaoui vreesde dat er in Rotterdam geen schoen meer zou worden verkocht. Ik denk dat El Hamdaoui daarvoor niet eens naar Ajax had gehoeven. Ik heb beelden van de zaak gezien. Meer een verbouwde dependance van de visafslag, met een paar sporttassen erin. De klassieke voorgevel van een verpauperde winkel, met scheef aan elkaar getimmerde witte platen triplex. Al speelde El Hamdaoui de komende zestien jaar voor Sparta, hij zou er geen schoen méér door verkopen. Mensen winkelen niet graag in een gelijkvloerse schuilkelder vol vergeelde posters.

Ik vind het een nogal schaamteloze eis van El Hamdaoui. Het zegt veel over de huidige status van Ajax. Dat rare handjeklapgedoe legt genadeloos de machteloosheid van Ajax bloot. Het is na de laatste drie weken duidelijk: iedereen doet met Ajax wat hij wil. De club heeft de allure van een derdeklasser in Oezbekistan. Ajax, het doodzieke, arme, creperende Ajax, wordt genadeloos gebruikt door allerlei voorbijgangers. Onder aanvoering van trainer Martin Jol, die een gênant toneelstukje met Fulham opvoerde om wat geld voor nieuwe spelers los te maken.

Ik verlang hevig naar het Ajax van Jaap van Praag, de oud-voorzitter die Johan Cruijff na een briljant seizoen desnoods wel wat korting op een vleespakket bij slager Maup Kosher kon beloven, maar verder niets. Ik heb de verhalen van oud-voetballers gelezen. De bestuurskamer van Ajax was een plek waar je met lood in je schoenen naar binnen ging. Goed, je had dan wel 34 doelpunten gemaakt en je had Ajax naar de Europa Cup geschoten, maar dat zei niets. Je voelde het goed, als je bij Jaap binnenkwam: je mocht God op je blote knieën danken dat je voor Ajax mocht voetballen. Je hoefde er nog net niet voor te betalen.

Je kreeg er ook veel voor terug. Een Ajax-speler kon met de borst recht vooruit door het centrum van Amsterdam lopen. Overal kreeg hij gratis voedsel aangeboden. De beste plaatsen in restaurants waren voor Ajacieden. Johan Neeskens hoefde nooit te wachten bij de bakker. Zijn bestelling lag al klaar. Aan de wand, naast de volkoren broden, hing een gesigneerde foto. Neeskens met zijn arm om de eigenaar heen. Jongetjes keken naar zo'n foto, als ze brood voor hun moeder gingen halen, en dachten: *Ooit zal ik zelf iemand zijn waar men de arm omheen wil doen.*

Ik gok dat El Hamdaoui mensen laat betalen voor een foto. Een arm om de schouder, dat kan, maar dan moet je eerst met een bonnetje kunnen bewijzen dat je voor twaalfhonderd euro schoenen in zijn sportzaak hebt gekocht. El Hamdaoui heeft Ajax de afgelopen weken behandeld als de eerste de beste amateurclub. Daar is het heel gewoon dat er onder de tafel wat wordt gerommeld. Leuk autootje onder de kont, vakantiebonnen, een dekbedovertrek via de penningmeester zijn broer etc.

Ajax had vorige week een beslissende stap kunnen zetten naar nieuwe volwassenheid. Ze hadden na het ordinaire Marokkaanse Zwarte Markt-gedoe van El Hamdaoui en zijn 23 aangetrouwde zaakwaarnemers, een persconferentie moeten geven. Ajax heeft een gouden kans laten lopen om de tanden te laten zien. Ajax had moeten zeggen dat het niet meer hoefde. Dat ze El Hamdaoui veel succes wensten met zijn sportzaak en dat hij lekker mocht blijven trainen onder de fitness-psychopaat Gertjan Verbeek.

Dat deden ze niet. El Hamdaoui heeft waarschijnlijk gekregen wat hij wilde. Je vraagt je af wat er nog meer voor eisen zijn gesteld. Als El Hamdaoui 's ochtends geen krant krijgt bezorgd, kost dit Ajax per keer tienduizend euro. Een speciale verzorger zal het komende jaar fulltime, in een speciaal ingerichte ruimte, vet uit dadels persen, de grondstof voor El Hamdaoui zijn favoriete gel. Als er een storing is tijdens een televisieprogramma, dan betaalt Ajax twintigduizend euro smartengeld per minuut. Alle spelers van Ajax moeten thuis een geit houden en daar binnen drie maanden kleine gesprekken mee kunnen voeren, anders mag El Hamdaoui voor een gelimiteerd bedrag weg naar een andere club. Het zou zo allemaal maar kunnen.

Ik heb de interviewtjes met Ajax-spelers gezien. Ze waren heel erg blij dat El Hamdaoui eindelijk kwam. Demy de Zeeuw had zich gek ge-sms't. Gesmeekt heeft hij, of El Hamdaoui voor Ajax wilde spelen. Dat vond El Hamdaoui niet erg. Voor iedere sms'je dat hij ontvangt krijgt hij van Ajax een leuke scooter naar keuze.

Ik zou nu zo graag iemand als Søren Lerby op het trainingsveld hebben gehad. De eerste balaanname van El Hamdaoui en meteen daarna een schreeuw. Lerby komt op heuphoogte het lichaam van de voetballende handelsreiziger binnenzweven. Even laten voelen hoe ze in de groep over hem denken. Mensen die aan Ajax komen, mensen die Ajax vernederen, ze wisten er een jaartje of dertig geleden wel raad mee.

Ajax heeft een slecht signaal afgegeven. Mido zal deze week zijn nieuwe eisen op tafel leggen. Hij heeft in Engeland een goedlopende doe-het-zelfwinkel. Afgesproken wordt dat oud-speler Sjaak Swart daar in het weekend raamkozijnen op maat gaat zagen. De reservekeepers van Ajax zullen om en om kassadiensten draaien.

Eredivisie Live

11 AUGUSTUS 2010

Het wordt een prachtig seizoen. Er is niets veranderd. De Nederlandse competitie stelt nog steeds geen moer voor, maar we doen weer net alsof. Als op de betaalzender Eredivisie Live het programma De Wedstrijden begint, denk je dat het Eurovisie Songfestival losbarst. Er heeft daar iemand, geïnspireerd door de leader van Idols, een paar maanden zitten knutselen aan een wanstaltige opening van het programma.

Veel foute muziek en gekleurde strepen achter de reet van voetballers aan. Wat is er in vredesnaam gebeurd met de oude voetbalmars? Zo zou *ík* het doen. Humberto Tan, nu eindelijk eens gewoon met een geblondeerde mat uitgebeten haar in zijn nek, midden in een slecht verlichte studio zetten en vlak voordat het programma begint een muziekkorps door het beeld laten wandelen. Desnoods mag er wat reclame op de grote trommel worden geplakt.

Ik zou technische hulpmiddelen in de studio verbieden. Jan van Halst, die steeds achteraf uitlegt waar iemand eigenlijk had moeten gaan staan, dat weten we nu wel. Het zou heel fijn zijn geweest als Van Halst, als voetballer bij Ajax, ook eens precies had geweten waar *híj* moest gaan staan. Een spelsituatie uitleggen, doe dat met lege bierblikjes op een tafel. Schuif gewoon wat met volle asbakken om duidelijk te maken hoe een aanval werd opgezet. Maak het oud-Hollandser.

In Groningen begrijpen ze dat. Daar probeert de vooruitgang wel het stadion in te sluipen, maar door ludieke voorvallen wil het maar niet lukken. Eerst dat lullige brandje op de tribune. Ik vond dat hartverwarmend. Smeltende stoeltjes en een man die met een straaltje lauwe pis uit een plantenspuit probeerde het vuur te bedwingen. Het gaat daar te hard, de vooruitgang. De mensen in Groningen zijn net gewend aan plastic kuipstoeltjes. Ze kunnen het allemaal niet meer bijbenen. Dan krijg je dit soort vertoningen.

Anderhalf uur voor FC Groningen-Ajax schakelde Eredivisie Live afgelopen zondag rechtstreeks naar de catacomben van De Euroborg. Jan Joost van Gangelen, het achterlijke neefje van Jeroen Pauw, liep bestudeerd onverschillig door een kantoorgang. Hij legde ons uit hoe bijzonder het was wat wij zagen. Het had net zo goed een gang in een sanatorium kunnen zijn. Smetteloos. Reukloos. Dit was een gang waar je doorheen loopt als je met de hele familie net hebt besloten dat het voor iedereen beter is dat oma rustig inslaapt.

Het had iets koddigs, die wandeling van Jan Joost. Hij deed erg opgewonden en probeerde ons te doen geloven dat we in het heilige der heiligen waren, maar echt lukken wilde het maar niet. Bij Eredivisie Live spreken ze je nog steeds toe alsof je een kind van zeven jaar bent. Iedere kijker begrijpt dat er met de regie van tevoren is afgesproken hoe Jan Joost loopt, welke deuren hij mag opendoen, wie hij mag aanspreken en hoeveel seconden er in de kleedkamer mag worden gefilmd, maar Jan Joost blijft net doen alsof hij David Attenborough is, die fluisterend het nooit gefilmde baltsgedrag van de geile kolibrie van commentaar voorziet.

Het deed armoedig aan, dat gebabbel in het hart van het stadion. Jan Joost stopte zogenaamd verrast bij oude teamfoto's aan de wand, deed net alsof hij ze voor de eerste keer zag en wees daarna binnen een milliseconde oud-speler Pieter Huistra aan.

Een zware onderschatting van de kijker. Bij Eredivisie Live word je, terwijl je toch gewoon als volwassen man zelfstandig geld naar ze hebt overgemaakt, behandeld als een kleuter. Jan Joost deed de deur open van een kantoorkamertje. Er stonden vier stoelen aan een houten tafel. Mappen met papieren erin. De cameraman bleef expres half buiten filmen, zodat het net was alsof wij iets geheims bekeken. Jan Joost: 'Hier zat deze week de staf bij elkaar om te bedenken hoe ze Ajax gingen bestrijden.' Daarna liet hij een stilte vallen, zodat we even konden kijken. Mooie stoelen als je van lelijke stoelen hield.

Daarna mochten we de kleedkamer in. In onze korte broek en met een broodpakketje onder een arm, want zo voelt het als ze je bij Eredivisie Live toespreken. Een schoolreisje. Jan Joost deed nog steeds net alsof hij er nog nooit binnen was geweest. In de kleedkamer stonden, precies op de plekken waar hij even stilstond en een praatje hield, kratjes Gatorade in beeld. Zelfs in de doucheruimte stond midden in het bad een kratje drinken. Het zoveelste verkapte reclameblok op een betaalzender. Daar was van tevoren goed over nagedacht. Geregisseerde spontaniteit, ze zijn er dol op bij Eredivisie Live.

Gelukkig is er hoop. Midden in de kleedkamer van FC Groningen stond een grote tafel. Jan Joost legde ons uit dat dit was om allemaal dingen op te leggen. Volgende week gaat Jan Joost, als we ons bordje netjes hebben leeggegeten, uitleggen wat een stoel is. Op de tafel waren vellen papier geplakt. Heel lelijk, met plakband. Op die papieren had iemand met pen de woorden Shirts en Handdoeken geschreven. Dat deed mij goed. Denken dat je het helemaal voor elkaar hebt, het hele stadion magistraal geschilderd in de clubkleuren, in de businessruimte worden kleine gebakjes met het logo van FC Groningen rondgebracht en dan, in het hart van je stadion, die lullige velletjes papier. Shirts.

Een seizoenkaart voor het leven, voor de medewerker die dat gedachteloos met een slecht werkende BIC-ballpoint erop heeft gekalkt. Zo hoort dat in een voetbalstadion. Niet wachten totdat ze op de afdeling In and Outgoing Public Relations Design Fulfillment iets verzinnen, nee, gewoon fris van de lever wat op een papier jassen. Ik vond dat het mooiste stukje van het stadion. Dat moeten ze méér gaan doen.

Jan Joost zwijgend naast een opgeplakt papier. Even schijten, ben zo terug, P. Huistra. Dan heb je meteen een andere sfeer. Een papier op de deur van de kleedkamer. Ruimen jullie lekker even zelf je sokken op, ja? Ik ben Achterlijke Henkie niet. Doeeii!! Dat zijn teksten die ruiken naar zweet. De spelers staan klaar om het veld te betreden, de camera zwenkt en we lezen op een deur: De materiaalman is voor de negentiende keer vader geworden. Bijdragen na de wedstrijd graag in het potje naast de fietspomp.

Mario Been

18 AUGUSTUS 2010

Ik schrijf deze tekst een uur na de persconferentie van Mario Been, vlak na de nederlaag van Feyenoord bij Excelsior. U kent het verhaal inmiddels, want mijn collega's kennende zal het al in tientallen puntige stukjes zijn geduid: de ruzie tussen Tim de Cler en zijn trainer. Tim zal op maandag of dinsdag nog wel ergens hebben verteld wat er in de kleedkamer gebeurde.

Mario zal intussen wel een paar keer hebben uitgelegd dat het altijd om de teamprestatie gaat. Ik vermoed dat ook Leo Beenhakker zich inmiddels zuchtend en blazend in de discussie heeft gemengd. Die heeft een kwartier na het incident zitten oefenen hoe je je handen zo dramatisch mogelijk door je haar wrijft.

Het aardige is dat ik nu, op het moment van schrijven, nog helemaal geen achtergronden ken. En dat is heerlijk. De emotie is nog rauw. Nu ik dit schrijf, loopt Tim de Cler trillend van woede door het huis. Zijn vrouw kijkt hem angstig aan. 'Moet je echt niets eten, lieverd? Ik heb beenham.' Hij loopt naar buiten. Enkele ogenblikken later hoort ze haar man in de schuur een stellage vol verfblikken naar voren trekken. Ze wacht even. Als het rustiger wordt, loopt ze naar het schuurtje en opent de deur. Tim zit op een kruk en probeert de telefoongids van Rotterdam doormidden te scheuren. Ze legt een arm om zijn schouders en hij begint schokkend te huilen. Ze fluistert in zijn oor. 'Jongen, laat ze allemaal stikken. Pak je oude beroep weer op. Wat had je niet altijd een plezier, bij Sikmans Houtmateriaal, voor al uw houtmateriaal.' Tims huilen gaat nu over in zachtjes schreeuwen. Ik zit nog midden in de eerste *afterburn* van het conflict. Ik heb

Been net zien spreken tijdens de persconferentie. Een wanstaltig laf trainerspraatje, waarin Tim de Cler voor een zaal vol journalisten keihard werd geslachtofferd. Ik heb het een paar keer in de herhaling teruggekeken en goed op Been gelet. Ik zie vooral een doodsbange man. Een doodsbange jongen eigenlijk, die heel slecht een standvastige trainer acteert. Ik denk dat Tim de Cler dat óók heeft gezien. Dat is hem uiteindelijk fataal geworden.

Mario Been heeft ogenschijnlijk professioneel gereageerd. Hij stelt het belang van Feyenoord voorop. Er is een wanprestatie geleverd en hij heeft gedaan wat hij móést doen: een onwillige speler de laan uitsturen. Mario hoeft Tim nooit meer te zien. Dat is de buitenkant. Ik zag iets heel anders. Een doodsbange coach die ijskoud zijn heldenstatus in Rotterdam gebruikt en, in zijn ijver het eigen straatje schoon te vegen, over lijken gaat.

Dat lijk is Tim de Cler. Het was een gênante vertoning, die persconferentie. Ik vind Mario altijd net iets te trots glimmen als hij heel pedant, met rode wangen van opwinding, duidelijk uitlegt waarom hij boos is. Het ligt er allemaal net iets te dik bovenop. Trots zijn omdat je gewoon eerlijk antwoord geeft op een vraag, Mario is er een meester in.

Ik vond de verklaring van Mario Been amateuristisch en ongeloofwaardig. Het was vrij duidelijk wat hier aan de hand was. Been had net, in *zijn* Rotterdam, verloren van stadgenoot Excelsior. Dat is de ultieme vernedering. Been verloor ook nog eens met vreselijk lelijk voetbal. En híj was schuldig. Mario Been heeft het nog steeds niet in zich zijn spelers zó neer te zetten dat ze een voorsprong kunnen verdedigen. Hij is het schoolvoorbeeld van de coach die de lekker joviale jongen uithangt als zijn team heeft gewonnen en vooroploopt om de felicitaties in ontvangst te nemen, maar als zijn ploeg heeft verloren, is iedereen schuldig behalve Been.

Het is oeroud coachen. Iedereen met een beetje ogen in zijn hoofd ziet dat Mario Been al jaren achter elkaar goedkope psychologische spelletjes speelt. De bekende gezamenlijke vijand creëren om 'iets los te maken in de groep'; Been hanteert die techniek veelvuldig. Als Been een smadelijke nederlaag lijdt, zoekt hij opzichtig het conflict met een speler om de boel scherp te krijgen, maar toch vooral om een rookgordijn op te trekken. De discussie verplaatst zich opeens naar de falende, ongehoorzame voetballer en Been kan weer voor een paar weken de ongenaakbare clubman uithangen.

Been zei ook iets heel raars. Voetballers die zich belangrijker voelen dan het team, die kan Feyenoord niet gebruiken. Ik denk dat het omgekeerde waar is. Feyenoord snakt naar zo'n speler. Ze kunnen daar wel weer eens wat ongenaakbare klasse gebruiken. Het zou juist zo goed zijn voor Feyenoord, als ze dit seizoen een talentvolle arrogante Braziliaan hadden gehad. Zo'n fijne, die niet komt opdagen bij de eerste training. Dát heeft Feyenoord nodig. Iemand die eerst nog twee weken met zijn familie wat spareribs gaat staan roosteren op het strand, ergens in september eindelijk op het vliegtuig stapt en dan, volledig uit zijn positie lopend, met vier briljante voetbewegingen Feyenoord weer eens met wat brille en glans laat winnen.

Feyenoord heeft precies de verkeerde coach. Het is een denkfout Mario Been te zien als de ideale man voor Feyenoord. Ik ken de verhalen. Been is een Rotterdammer, hij kent de mentaliteit, hij weet wat de supporters willen, et cetera. Die hysterische vooroorlogse mantra in Rotterdam, dat je gewoon je mouwen moet opstropen, niet moet lullen en altijd vanuit het collectief moet voetballen; het vreet Feyenoord langzaam kapot. Willem van Hanegem had overal schijt aan. Hij sloeg trainingen over of zat dan lekker in de auto en lachte coaches midden in hun gezicht uit, maar ze hebben het over 180 jaar nóg over hem. Een ster. Onvoorspelbaar. Een hekel aan autoriteit.

Mario Been zegt precies de verkeerde dingen en weigert zelf in de spiegel te kijken. Wat Tim de Cler deed, vind ik juist dapper. Weg met die eeuwige hand-in-hand-kameraden-mythe. De Cler vond dat hij het goed deed en waarschijnlijk durfde hij eindelijk door dat geforceerde coach-acteren van zijn trainer heen te prikken.

Feyenoord heeft dat soort spelers juist heel hard nodig. Robin van Persie had het in zich, maar is in Rotterdam kapotgegaan aan de Feyenoord-mentaliteit: doe maar gewoon, dan doe je al gek genoeg. Feyenoord heeft vooral een andere coach nodig. Iemand die kan omgaan met genialiteit en durf. Niet iemand die zo populair mogelijk wil overkomen bij de supporters.

Edgar Davids

25 AUGUSTUS 2010

Edgar Davids gaat een jaar lang voetballen voor Crystal Palace. André Ooijer staat onder contract bij Ajax. Het wachten is op de aankondiging dat René van der Gijp een jaar gaat keepen bij een Schotse club. Telefonisch zal hij iedere week in het programma Voetbal International zuchtend en blazend verslag doen van zijn avonturen in Schotland. 'He, Johan, luister nou. Er loopt hier een spits bij ons met een enorme rode dikke kop. Die voetbalt met een fles whisky onder zijn ene arm en zijn vriendin onder zijn andere. Vlak voor de wedstrijd komt hij op me af en hij zegt iets in het Schots tegen me, want dat spreken ze hier in Schotland, hahaha! Ik verstond er geen hout van. Ik zeg: *Ja hoor ouwe reus, ga jij maar lekker voetballen* en strijk hem door zijn haar. Lag ik meteen op mijn rug. Een enorme peer op mijn voorhoofd. Maar ik landde wel heel mooi. Je bent keeper of niet, nee man, dat is toch schitterend, hahaha!!'

Maar het kan gekker. Ik heb hier het AD voor me liggen van zaterdag. Edgar Davids poseert met een shirt van Crystal Palace. Ik zeg expres niet *poseert trots*, want Edgar staat vlak voor een volledig ontmanteld clubgebouw. Daar zijn net nog wat stukken metaal afgeschroefd door schuldeisers. In een tekstje naast de foto staat wel dat Edgar trots zijn shirt laat zien. Zo kijkt hij niet, maar bij Edgar weet je dat nooit. Als je hem interviewt lijkt alles onder controle, je stelt één verkeerde vraag en je hebt een bak hete thee in je gezicht.

Interviews met Edgar, ze duren nooit zo heel lang. Ik heb er een aantal bewaard en kijk er nog wel eens naar. En steeds weer zie je het gebeuren. Edgar is binnen een minuut gespannen tot op het bot. Hij antwoordt liever niet, maar in zijn contract staat dat hij minimaal veertig woorden per week met de pers moet wisselen. Edgars vriendin droeg in die tijd dezelfde veiligheidsbril als Edgar zelf. Hij was net geschorst wegens vermeend dopegebruik. Dat leverde schitterende interviews op, steeds ongeveer in dezelfde sfeer. 'Edgar, hoe gaat het?' *Zeg jij het maar hoe het met mij gaat. En wat bedoel je met hoe?* 'Edgar, je ziet er afgetraind uit, vertel eens' *Dat zijn jouw woorden, afgetraind. Bedoel je dat donkere mensen soepeler zijn, bedoel je dat? Zit jij mij hier gewoon voor een soepel donker dier uit te maken?*

Dat werk. Edgar was altijd zo prachtig ongenaakbaar. Nu, op de foto in het AD, kijkt hij vlak voor een ijzeren trapje en wat blauwe, plastic raamkozijnen, doodsbang in de camera. Hij houdt zijn shirt vast. In dat ene fotootje zit het hele failliet van Edgar Davids. Aan zijn gezicht te zien weet hij het zelf ook. Dit soort contracten horen te worden getekend met champagne. Hij naast een zwetende voorzitter. Alle clubmensen in een lelijk tweedehands pak van de Engelse Zeeman en Edgar, voor één keer zonder gele motorbril op zijn hoofd, gekleed in zijn eigen straatvoetballijn, Monta, dat waarschijnlijk wordt verkocht met de volgende slogan: *Monta, draag het, anders weten we je te vinden.*

Edgar weet het als hij wordt gefotografeerd. Deze foto zal in Nederlandse bladen worden afgedrukt. Daar staat hij, bij een Engelse eerstedivisieclub die vorig jaar nog bijna is gedegradeerd. Ze gaan hem per wedstrijd betalen. Ook al zo'n vernedering. Ze vertrouwen zijn lichaam niet. Het klinkt een beetje als voetballen voor een krat verse vis per keer. Armoedig. Als hij niet meer dan vijf wedstrijden voor Crystal Palace voetbalt, is afgesproken dat Edgar alle stoeltjes in het stadion een sopje zal geven.

Er hebben bij Crystal Palace mensen aan zijn knie staan voelen. Crystal Palace verdomme. Hij moet gaan spelen in houten stadions die naar azijn ruiken. Edgar had het shirt liever voor zijn gezicht gehouden. Hij weet het daar op de foto en hij weet dat wij het weten. Het is een gelddingetje. Ze betalen de hoofdprijs daar, die lul-Engelsen. Ze zijn er ingetrapt. Hij hoefde tijdens de proeftraining alleen maar wat jonge spelers verrot te schelden. Dan denken mensen altijd dat hij scherp is. Niemand kent het product Edgar beter dan Edgar zelf. Hij zal tijdens zijn eerste wedstrijd heel verbeten kijken en af en toe met zijn borst tegen een medespeler botsen, om hem op te peppen. Vinden ze leuk, het publiek. Edgar vindt het vreselijk, dat ze hem *De Pitbull* noemen, maar als het geld oplevert gedraagt hij zich graag zo. Desnoods poseert hij naast een krabpaal met een bot in zijn mond. Als ze maar betalen.

André Ooijer is een labrador. Niet een dier dat je verwacht bij Ajax. Ajax-dieren, die staan doorgaans heel agressief aan de kont van een ander dier te ruiken en worden razend als er iemand uit hun verzilverde voederbakje eet. Ooijer is overduidelijk geen hond voor Ajax. In tegenstelling tot Edgar Davids heeft Ooijer wel dolgelukkig geposeerd met zijn nieuwe shirt. Ik ken er geen foto's van. Allemaal bewogen omdat hij steeds uitzinnig van vreugde over het complex holde. Ooijer moet hebben gedacht dat hij in de maling werd genomen. Zijn oom Harry, die aardig Martin Jol na kon doen, zoiets. Je merkt aan alles dat Ooijer het zelf nog niet kan geloven. Afgedankt bij PSV en toch nog een echte grotemensenclub. Ik vermoed dat Ooijer al lang en breed aan een omscholingsproject meedeed. Hoe verkoop je, met behulp van je bekendheid, een doos goede wijn?

Allebei de transfers zijn ongerijmd. Je gelooft het niet als je het hoort. Toch gun ik Ooijer enig succes. Hij is vaak zo aandoenlijk als hij na een beslissende fout in zijn handen klapt. De routinier die door heel hard 'Kom op hè' te roepen gezag af probeert te dwingen. André gun ik minimaal één hele goede wedstrijd. Ik wil het onmogelijke zien gebeuren: Amsterdams publiek dat klapt voor André Ooijer. Edgar Davids gun ik een heel slecht debuut. En daarna genieten van de interviews, waarin hij uitlegt dat het allemaal aan ons ligt.

Verbeek verbiedt graag

1 SEPTEMBER 2010

Een van de grootste genoegens van een vakantie is het terugkeren. Je zit met een onleesbaar boek van Karin Slaughter naast een zwembad en intussen rommelen ze in Nederland gewoon maar wat door. Overigens, Karin Slaughters laatste boek is zó slecht dat we het, met een aan zekerheid grenzende waarschijnlijkheid, gaan terugzien in de rubriek *Persoonlijk* in Voetbal International. Het populairste boek was jarenlang *De ontvoering van Alfred Heineken*, maar Slaughter schrijft zó eendimensionaal en het effectbejag en de blinde zucht naar rijkdom zijn zó overduidelijk, dat het niet anders kan of het moet voetballers aanspreken.

Terugkomen in Nederland en volkomen onbevangen voor de televisie gaan zitten; het zet alles in het juiste perspectief. Je ziet de waanzin die door de voetballerij waait opeens nog duidelijker. Voorbeelden.

Twee weken geleden, een dag voor mijn vakantie, schreef ik een column over Mario Been en zijn reactie op het gedrag van Tim de Cler in de rust van de uitwedstrijd tegen Excelsior. Mario serveerde Tim meteen na dat duel voorgoed af. Hij hoefde hem nooit meer te zien. De Cler had zich buiten de groep geplaatst. Ik schreef dat Been dat heel slim en beredeneerd deed. De fans pleasen werkt altijd. Een oude of een te dikke voetballer, kortom een speler die toch al niet lekker ligt bij het publiek, buiten de selectie zetten om zelf daadkrachtig over te komen, Been gebruikt deze truc bij al zijn werkgevers.

Afgelopen zondag zette ik de tv aan, schakelde naar Eredivisie Live en zag Tim de Cler in een Feyenoord-shirt een bal aannemen. Hij speelt weer. U weet dat allang, maar ik nog maar net. U bent waarschijnlijk, vlak voor en na de hartverscheurende verzoening, allemaal suf geluld door Leo Beenhakker, Mario Been, Tim de Cler en tientallen analisten, maar voor mij was het een verrassing. Ik neem aan dat vanaf nu nooit meer iemand Mario Been serieus neemt als toptrainer. Van Louis van Gaal kun je zeggen wat je wilt, maar als híj een rigide waanzinbeslissing heeft genomen, om bijvoorbeeld een journalist die niet nederig genoeg voor hem buigt een half jaar lang niet te woord te staan, dan kun je de datum al in je agenda zetten. Louis is uiterst consequent in zijn gekte.

Bayern München heeft afgelopen vrijdag verloren en dan weet je het al: Louis gaat een week lang aan iedereen vertellen dat Bayern een van zijn beste wedstrijden ooit speelde. Dat doet hij al jaren. Wij zijn de leken. Wij kijken alleen of een club wint of verliest. Louis ziet de patroontjes. Het is zo betrouwbaar als het aansnijden van een rollade in een protestants gezin. Onwrikbaar en onbewogen doordenderen in je eigen koninkrijk op aarde.

Mario Been zit blijkbaar anders in elkaar. Die kun je een kilo rottend gehakt verkopen en als hij komt klagen, zeg je gewoon dat zijn haar zo leuk zit. Niks meer aan de hand! 'Doe nóg maar drie kilo, slager.' Het maakt Mario, merk ik nu ik het opschrijf, ook heel lief. Tim de Cler heeft alleen maar moeten zeggen dat het heel stout en *viesbah* was wat hij heeft gedaan en heeft gevraagd waar Mario zijn schoenen koopt. Zó mooi vindt hij ze. Hij wil ook een paar kopen. Tim mag nu meteen weer meedoen met het wekelijkse kringgesprek in voetbalkleding met een bal en gaat volgende week samen met Mario en de vrouwen een leuke vakantie uitzoeken ergens in juni volgend jaar. Boezemvrienden!

Alles komt veel harder en rauwer binnen als je terug bent van vakantie. Tijdens een seizoen ga je wennen aan de hysterische karaktereigenschappen van sommige trainers. Gertjan Verbeek is zo'n man die je, als je niet oppast, tijdens de competitie gaat verdenken van een sociaal gezicht. Al die krankzinnige *gezonde geest in een gezond lichaam*-denkbeelden van hem stapelen zich tussen augustus en mei zó snel op dat je het overzicht verliest. Het zal wel, denk je, als je hem weer ergens hoort uitleggen hoe volgens hem iemand zijn persoonlijke leven moet inrichten.

Nu, vlak na mijn terugkomst, lees ik dat Gertjan meteen aan het begin van het seizoen listig het privéleven van zijn spelers probeert te beïnvloeden. Graziano Pellè mag van zijn trainer eigenlijk niet elk weekend naar Italië vliegen, maar helaas, Gertjan kan het hem niet officieel verbieden. En dat doet Gertjan graag, verbieden. Hij zou Pellè zo graag verplicht een boek laten lezen over kaaskarnen en leuke weetjes over Noord-Holland uit zijn hoofd laten leren. Pellè zou zich, als het aan Verbeek ligt, eens moeten gaan verdiepen in Nederlandse kapsels. Zo'n man lijkt Gertjan Verbeek mij. Iemand die zich bemoeit met je haar.

Een selectiespeler van AZ moet die uitdaging eens aangaan. Verschijn aanstaande maandag met lekker vlot, naar één kant geföhnd groen haar op de training. Ik durf er vergif op in te nemen dat Verbeek zelf binnen vijf minuten de kop van die voetballer in een emmer met bleekwater duwt. Dit begrijp ik, vers uit het buitenland, uit het Pellè-verhaal: Verbeek is trainer geworden omdat hij graag domineert. Omdat hij graag mensen vertelt hoe je een leven leidt. Bij voorkeur een leven zoals hij. Vroeg opstaan, twaalf kilo ijswater in je broek gieten, je haar net zo lang in model duwen totdat het lekker onverschillig zit, een bosloopje van veertig kilometer, daarna een boerenomelet bakken en dan lekker naar je werk. Verbeek zal niet rusten totdat Pellè aardappels prakt en stoofvlees met rode kool het allerlekkerste gerecht vindt.

Verbeek stoort zich aan het playboygedrag van Pellè. Dat krijg je met die salarissen, schijnt hij te hebben verzucht. Dat Verbeek deze zomer in zijn eigen vrije tijd, geheel betaald door de NOS, in een jeep door Zuid-Afrika reed, leeuwen fotografeerde en mompelend commentaar leverde vanuit een plaatselijk buitenhuis, dat mag dan allemaal wél. Dat is in de wereld van Verbeek wél een perfecte voorbereiding op een seizoen, voor de NOS naar voetbalwedstrijden kijken en intussen hopen dat je nog wat invloedrijke mensen van grote clubs tegen het lijf loopt.

Om Verbeek te prikkelen zou ik, als ik Pellè was, voortaan expres in een oude eend heen en weer rijden naar Italië.

Kees Jansma

8 SEPTEMBER 2010

Afgelopen weekeinde schoof Kees Jansma aan bij Studio Voetbal. Als Kees praat, word ik gelukkig. Laat ik het anders formuleren: Kees praat eigenlijk nooit. Hij legt uit. Dat is de kern van Kees Jansma. Kees is meestal persoonlijk geraakt en komt graag uitleggen waarom. Het gebeurt vaak dat Kees zich persoonlijk geraakt voelt. Je mag van Kees alles over Kees zeggen. Dat snapt hij, want hij was zelf journalist. Dat zegt Kees ongeveer in iedere zin, dat hij zelf journalist was. Hij zegt zelfs dat hij het nog is. Dat laten wij dan maar zo, omdat het blijkbaar heel belangrijk is voor Kees.

Omdat Kees zelf journalist was, mag van hem iedereen alles zeggen. Geen probleem. Alleen vindt Kees wél altijd dat je ongelijk hebt. En dat komt hij je dan uitleggen. Met zijn hand op je arm, voor het geval je zijn uitleg wilt onderbreken.

De voorgeschiedenis: in het tijdschrift Hard Gras is een mailwisseling tussen Henk Spaan en Hugo Borst afgedrukt. Daarin klagen zij over het spel en de uitstraling van het Nederlands elftal tijdens het WK. Desgevraagd heeft perschef Kees Jansma enkele kritische vragen van Spaan en Borst beantwoord, waarin hij, u raadt het al, uitlegt dat Spaan en Borst helaas ongelijk hebben. De sfeer was goed, we moeten niet zo zuur doen, we hebben iets unieks gepresteerd.

Ik vertaal Kees zijn reactie even uit de losse pols en verwacht daarom eigenlijk binnen een paar dagen een telefoontje of mailtje van Kees zelf. Hij zal mij uitleggen dat hij journalist is geweest, dat hij mijn stukken graag leest, maar dat ik er, in dit specifieke geval, nu het over hem gaat, helaas naast zit. Ik zal geduldig luisteren en met het geluid van Kees op de speaker ondertussen een maaltijd koken.

Aan het begin van Studio Voetbal was er nog weinig aan de hand. Kees deed het goed. Hij was de perschef én de getapte voetbaljongen tegelijk. Kritisch zelfs. Er gingen kleine glimlachjes heen en weer. Journalisten onder elkaar. Je hoefde Kees niets te vertellen. In dat gedrag voelde je de essentie van Kees zijn huidige baan. Kees is de jongen die al een leven lang droomt van voetbal en die nu, als hij vlak naast Wesley Sneijder zit, net doet alsof dat heel gewoon is. Van binnen explodeert hij.

Ik weet niet of het klopt, dus Kees kan het binnenkort in een avondvullend programma corrigeren, maar ik sluit niet uit dat Kees vlak na de wedstrijd, slechts gekleed in badslippers, de spelers op staat te wachten om mee te douchen. Ze leggen een badspons op Kees zijn hoofd en vragen of hij het weer laat groeien tegenwoordig. Kees straalt. Hij is journalist, maar ook de mascotte. Dat is wat hij al een leven lang wil: een van de jongens zijn en als het zo uitkomt ook de kritische journalist uithangen. Kees wil het graag allebei.

Als je tegen Kees zegt dat het een wat ongemakkelijke combinatie is, tafelvoetbal spelen met Bert van Marwijk in een hotel en tegelijk journalist blijven, dan wordt hij kwaad. Of nee, niet kwaad. Hij is teleurgesteld in je en dat komt hij dan weer uitleggen.

Zo ging het zondagavond ook bij Studio Voetbal. Kees zat aan een tafel vol voetbalmannen, van wie er twee een leven lang profvoetballer zijn geweest. Hij legde ze uit dat ze het helemaal verkeerd zagen. Het Nederlands elftal was op het WK een prima ploeg die bij vlagen zeer aantrekkelijk had gespeeld. Hugo Borst, Jan Mulder, Ronald Waterreus en Tom van 't Hek lieten hem even razen. Ze gunden Kees zijn journalistenmomentje.

Als aandachtig kijker zag je iets anders. Kees is de jonge vader bij jou in de buurt met een heel lelijk kind. Daar loopt hij trots mee over straat, tot je hem niet meer kunt ontwijken. Je kijkt in de kinderwagen en ziet een horror van een baby. Te groot hoofdje, rare ogen, afstaande oren. Eerst zeg je niets, of bijna niets. Leuke kinderwagen, Kees. Aan zijn gezicht zie je dat dat niet genoeg is. Je kijkt nog eens. Er hangt een fontanel over het linkeroog van de baby. Je kijkt weer naar Kees. Hij straalt. Liefde maakt blind.

Zo is het ook met Kees en zijn kindje het Nederlands elftal. Iedereen die zegt dat het rompje de laatste tijd wel heel langzaam groeit, heeft binnen het half uur een stomende Kees aan de deur.

Kees zijn definitieve ondergang zat aan het eind van de uitzending. Tot dan was het spannend maar vertrouwd. Kees voelde zich omsingeld door mensen die zijn professioneel hobbyisme allemaal verkeerd begrepen en hij legde uit. Als Kees uitlegt is hij heel lief. Dan spreekt hij opeens alsof hij uit zijn hoofd vier stukken uit een encyclopedie voorleest. Wie Kees niet gelooft krijgt een tekst om de oren, zoals die wel wordt gesproken tijdens een tribunaal in Den Haag. Hij wil het je goed laten voelen: je hebt hem persoonlijk geraakt.

Aan het eind van Studio Voetbal ging het mis. Jan Mulder legde Kees uit dat hij in één minuut kan zien of het Nederlands elftal er zin in heeft of niet. De felheid waarmee Kees dit bestreed, ontmantelde hem als journalist. Het werd daar voorgoed duidelijk: Kees vecht zich dood als je aan zijn kindje komt. Kees ging cynisch doen. Hij schamperde. Hij vond het heel knap van Jan Mulder dat die als enige Nederlander kon zien hoe de instelling van spelers was. Hij probeerde Mulder te ridiculiseren.

Als Kees het terugziet, zal hij het als journalist ook zelf zien. Daar zit een jongetje dat je zijn bal wilt afpakken. Een dodelijke fout van Kees. Hij zou als journalist altijd hebben moeten luisteren naar ervaringsdeskundige Jan Mulder. Dat deed hij nu niet. Kees reageerde net als Mark van Bommel. Klein en verbeten. Iedereen die zegt dat het Nederlands elftal slecht speelde, wordt verzuurd genoemd. Of begrijpt het niet.

En let op, als u het ook niet begrijpt komt Kees u dat uitleggen. In zijn rol als perschef, want een journalist is hij sinds zondag niet meer.

De mooiste entree

15 SEPTEMBER 2010

Afgelopen weekend zag ik beelden van AZ-Roda JC. Geen wedstrijdbeelden, godzijdank. Mooi gefilmd, met veel gevoel voor detail, zag ik reservekeeper Sergio Romero samen met zijn vrouw het stadion betreden. Het was misschien wel de mooiste entree die ik ooit heb gezien. Volmaakt. Diego Maradona kan tevreden zijn. Voetballen kan hij zijn spelers niet leren, dat is tijdens het WK wel bewezen, maar een speler leren hoe je een stadion binnenkomt, daar ligt Maradona's ware kracht.

Ik ben blij dat Maradona toch een leerling heeft. Messi is te onafhankelijk om nog wat te leren. Dat zie je. Die komt stuitend met een bal het stadion binnen. Een voordeel is wel dat Messi altijd speelt. Dan loop je lekkerder een veld op. Zoals Romero nu, na een mislukte transfer, als een boer met kiespijn weer dat foeilelijke, roze-bruine stadion in moest wandelen, dat is veel lastiger om daar nog wat van te maken.

Maradona kwam tijdens dit WK een aantal malen weergaloos mooi het veld op. In een iets te groot pak. Dat ontroerde mij. Zelfs in zijn kleding zit de ontkenning. Net doen in de winkel alsof je 1 meter 89 bent. Je mouwen hangen op je knie en je pijpen blijven achter tafelpoten hangen, maar gewoon stug doen alsof het je gegoten zit. Niemand durft tegen Maradona te zeggen dat hij de grootste kindermaat moet dragen.

Zo gaat dat ook met sterspelers. Zij hebben alleen maar jaknikkers om zich heen. Wesley Sneijder moet met dat porseleinenschoteltjesblauwe kostuum vlak voor een van zijn beste vrienden hebben gestaan en gevraagd: 'En, wat denk je?' Een echte vriend zou hebben gezegd: 'Je lijkt op een vertegenwoordiger van de afdeling halve liters melk bij Campina', maar dat durft niemand meer. Ze hebben hem gecomplimenteerd. Laat ik er meteen bij zeggen dat ik zijn schoenen wél heel mooi vond, anders krijg ik een rechtszaak aan mijn broek.

Tegen Maradona durft niemand eerlijk te zijn. Het zou misschien wel eens goed voor hem zijn. Hem tegenhouden bij de rand van het veld. 'Zo, waar gaan we naartoe, dikke dwerg? Ja, ik heb het tegen jou, baard. Zijn we doof? Heb je ook met je oren gesnoven? Waar gaan we naartoe met dat grotemensenpak aan? Ja, je kan honderd keer Maradona heten, met dit pak kom jij er niet in. Wegwezen.'

Romero heeft zo te zien willoos aan de lippen van Maradona gehangen. Hij deed alles precies goed, of precies verkeerd, net hoe je het wilt zien, toen hij vlak voor het begin van de wedstrijd in zijn burgermanskleding, samen met zijn vrouw, het stadion binnenkwam. Romero zag er schitterend uit. Ik heb het niet teruggekeken, maar in mijn verbeelding droeg hij een lange, zwarte paardenstaart. Sommige mannen kunnen dat hebben. Romero is er daar een van. Andere mensen kunnen het niet hebben. Rob de Nijs is er daar een van.

Romero heeft goed geluisterd naar Maradona. Loop altijd pas naar je plaats als de wedstrijd net is begonnen. Pak de aandacht weg bij de spelers op het veld. Het gaat om jou. Ik moet zeggen: dat deed hij weergaloos. In een wonderschoon pak van de ontwerper Brute Gallore zocht Romero naar zijn plek. Een heel stadion zag hem in de rondte loeren. Naast hem stond een typisch Argentijnse vrouw. Zo te zien geen Dwaze Moeder. Meer een Geile Dochter. Ook hierin moet Maradona de hand hebben gehad. Figuurlijk dan. Die zie je ook vaak op foto's met een stroblonde vrouw. Daar zijn beroemde Argentijnen dol op, een vrouw met een kapsel dat even in brand lijkt te hebben gestaan en daarna is gedoofd met handen vol margarine en bleekwater. Zo'n vrouw had Romero ook bij zich.

Je zag aan de koppen van de vaste bezoekers dat het even voor verwarring zorgde. Ze zijn daar de vrouw van Ronald Koeman gewend. Bartina, alleen de naam al. Meer een vrouw die ik zou casten voor een film over Zeeuws Meisje.

Ook mevrouw Romero deed alles goed. Ze bleef een meter achter haar man en keek met haar borsten of er nog ergens een plekje was. Romero genoot zichtbaar van de situatie. Hij is niet verkocht, hij heeft een manische sportleraar als trainer, zit weer een jaar in Alkmaar, maar wat kan hem gebeuren? Naast hem stond de vrouw die het beste bij zijn overhemd paste. Strak en met een kleurtje. Alles was eigenlijk volmaakt bij AZ-Roda JC. Romero weet precies hoe je een stadion binnenwandelt, Gertjan Verbeek weet hoe je er zo theatraal mogelijk weer uit stiert.

Ik ben een liefhebber. Een voetbalstadion binnenkomen; veel mooier wordt het niet in het leven. Eerst dat licht aan de rand van de stad. De lichten zijn aan voor de avondwedstrijd. Het lopen met andere mannen. Luisteren naar vage analyses, waar je het niet mee eens bent. Maar je zwijgt. Dan de trap naar de tribune. Een onvergelijkbaar mooi moment. Stijgen, op de stenen trappen, en dan weten, als ik op de vierde tree van boven ben, dan zie ik het veld. Het licht. Het geluid van een stadion. Ze ruiken ook zo lekker. Naar stadion. Het gras. Groen. Je weet het wel, dat gras groen is, maar je voelt het pas recht in je hart, het groen, als je in een stadion boven op de mat kijkt. Het komt dicht bij volmaakt geluk. Totdat de wedstrijd begint. Zeker als je een supporter van AZ bent.

De mooiste entree die ik ooit zag was van Piet Keizer, tijdens een thuiswedstrijd van Ajax tegen PSV. Piet vertoonde zich daar vanuit het niets op de perstribune. Alle journalisten deden alsof het ze niks deed, maar ik zag het aan hun koppen. De gesprekken gingen gewoon door, maar alles was anders. Piet stond een paar meter bij ze vandaan. Piet Keizer leunde over een muurtje en deed net alsof hij een heel gewoon mens was. Ik heb daar minutenlang naar staan kijken. Een schilderij, de verf nog nat.

Zielig

22 SEPTEMBER 2010

Johan Cruijff vindt weer eens iets van Ajax. Ze doen eigenlijk alles verkeerd en dat heeft Cruijff ze kort geleden nog geduldig uitgelegd. Cruijff is de buurtbewoner die glimlachend naar een afbrandende studentenwoning staat te kijken en zegt: 'Ik heb vier maanden geleden nog gewaarschuwd, koop een frituurpan met thermostaat.'

Cruijff zegt altijd dat het heel slecht gaat met Ajax op het moment dat het even heel goed lijkt te gaan. Dat is geen toeval. Als iedereen helemaal blind is van abstracte kunst, dan is Cruijff de kunstkenner die in een verhaal van anderhalf uur uitlegt dat er geen grotere kunstenaar heeft geleefd dan Rien Poortvliet. Een rood vlak in een geel vlak smeren, dat kan iedereen, maar mensen laten geloven in eekhoorns met broekjes aan, ga er maar aan staan.

Cruijff verpest graag feestjes. Als het Nederlands elftal bijna wereldkampioen wordt vindt Cruijff dat ze nog nooit zo slecht hebben gespeeld. Als Ajax na zondagmiddag eindelijk weer eens eerste staat in de Nederlandse competitie, dan verklaart Cruijff op maandag dat Ajax doodziek is. Het is een vast ritme. Cruijff gunt Ajax niets.

Het vervelende is dat ik het helemaal met Cruijff eens ben, maar een enorme tegenzin voel om dat te erkennen. Ik heb geen zin om mij met een wapperende vlag, als voetvolk, achter Cruijff te scharen, hem trouw volgend in zijn persoonlijke veldslag. Dat is wat de kritiek van Cruijff zo ontzettend treurig maakt. Het is niet doorleefd. Het komt niet uit het hart. Het wordt niet gesproken door een clubman die met natte schoenen in de modder iedere uitwedstrijd van Ajax bekijkt. Het is de goed getimede kritiek van iemand die nog een rekening heeft te vereffenen. Dat maakt het nogal zielig.

Dat is denk ik het woord. Zielig. Je leest de kritiek van Cruijff en je ziet hem zo voor de televisie zitten, afgelopen weekend. Het kan niet anders of Johan is twee keer uitzinnig van vreugde door de kamer gestuiterd na de twee afgekeurde doelpunten van Feyenoord. Ik denk dat Cruijff Ajax heel graag ziet winnen. Dat is goed voor hem. Dan kan hij zeggen dat het niets voorstelt.

Ik heb het eigenlijk het zwaarst, want ik verloor het afgelopen jaar twee grote liefdes: Johan Cruijff én Ajax. Ik heb heel even gedacht, ongeveer anderhalf jaar geleden, dat Cruijff werkelijk had gekozen voor de luwte. Dat zou verstandig zijn geweest. Cruijff moet zich er bij neerleggen: hij is een coryfee uit het verleden. Toen voetbal ongeveer met tachtig procent minder spiermassa en met een kilo meer hersens werd gespeeld. Mooie tijden, maar voorbij.

Ik dacht heel even dat Cruijff zich voorbereidde op zijn rol als levende legende. Jaren niets meer zeggen, je nergens vertonen, af en toe een vage foto van jezelf laten maken als je in Barcelona met je kleinkind een half brood haalt en dan over een jaar of twintig in een televisieshow opeens verschijnen. De zaal zal als één man overeind komen. Er zal minutenlang worden geapplaudisseerd en Cruijff zal, met onvaste stem en soms een beetje verward, geduldig uitleggen waarom hij dat lintje in zijn hand had toen hij dat ene doelpunt maakte.

De interviewer, waarschijnlijk Tom Egbers, die nog steeds wacht tot de 96-jarige Mart Smeets eindelijk een keer oplazert, zal Cruijff geruststellend toespreken, veel te hard, zoals oude mensen altijd toegesproken worden op de televisie. 'Leuk hè, meneer Cruijff!! Ze zijn allemaal voor u gekomen. Toch? Mensen, zijn we allemaal voor meneer Cruijff gekomen? Ze zeggen *ja*, meneer Cruijff. Wat vindt u daarvan.' Daarna zegt Cruijff: 'Leuk.' En de zaal zal weer als één man overeind komen.

Maar zo loopt het niet. Cruijff heeft niet het geduld van Faas Wilkes of Fanny Blankers-Koen. Die begrepen: heldendom moet je koesteren. Men moet naar je gissen, naar je verlangen. Cruijff doet alsof het hem niets uitmaakt, de roem, maar dat is schijn. Het brandt en het schuurt in zijn lichaam. Als Cruijff een ledenvergadering bezoekt doet hij dat expres onaangekondigd. De zee van licht als hij arriveert. Het heerlijke geluid van fotografen. Aankomen en vertrekken kan bij Johan alleen met openwaaiende en dichtslaande deuren.

Naar Johan moet u dus niet luisteren, als hij zegt dat het heel slecht gaat met Ajax. Dat zegt niets. U moet wel naar mij luisteren. Ik heb, net als u, geen verstand van voetbal en net als u geniet ik er enorm van. Ik ging in het verleden graag naar Ajax. Nu niet meer. Ik kijk er zelfs niet meer graag naar. Dat komt omdat Ajax geen volksclub meer is. Ajax, dat was Gerrie Mühren die, in het Bernabéu-stadion, vanuit de lucht een bal controleerde en hem, in een stadion vol vijandige Madrilenen, even hooghield. Als Ajax aankwam in Spanje stapten er zestien ongenaakbare hippies uit het vliegtuig. Ruud Krol, hij lulde toen al als iemand met een hersenbeschadiging, maar zijn schoenen en zijn broek wilde je meteen ook hebben. Het huidige Ajax verschrompelde in Madrid. Nog nooit heb ik een elftal zo doodsbang zien voetballen. Al tijdens de wedstrijd signeerden de spelers van Madrid, op verzoek van de Ajacieden, ansichtkaarten met hun afbeelding erop. Leuk voor later.

De schuldige maakte zich meteen na de wedstrijd bekend. Martin Jol. Weg was de bravoure die Jol in Nederland vaak laat zien. Jol maakte zich klein. Real was een maatje te groot. Je zag nu het verschil tussen mannen en jongens.

Er was maar één doodsbang jongetje in Madrid en dat was Jol zelf. Hij liet Ajax onherkenbaar schijterig voetballen. Jol hing, hengelend naar een volgend baantje, over de hoofden van zijn selectiespelers heen, de ervaren coach uit. Eigenlijk had Jol het over zichzelf. Hij, als topcoach, zag aan zijn team dat ze dit niveau niet aankunnen. Jol bedoelde te zeggen: *Ik wel, want ik zie dat. Laat mij met echte mannen werken.*

Ajax is met een coach als Jol ten dode opgeschreven. Het wordt nooit wat. Alles klapt in elkaar. Ajax is Ajax niet meer. Dat zegt Cruijff ook allemaal, maar dat moet u maar direct vergeten.

Gerard Meijer

29 SEPTEMBER 2010

Een maand geleden was ik als co-host te gast in het BNR-programma The Friday Move, het wekelijkse excuus van Wilfred Genee om met zijn benen wijd en zijn armen zwaaiend boven zijn hoofd woest te karaoken. De show werd uitgezonden vanaf de 44ste verdieping van de Maastoren in Rotterdam. Met je hoofd tegen het glas keek je boven op de stad. Dat liet niemand onberoerd. Rotterdam trok langzaam in je botten. Gerard Meijer, de voormalige verzorger van Feyenoord, kwam binnen. Zonder sponsje. Dat was even wennen. Ik kende hem alleen hollend, dribbelend bijna, met een zak water in zijn rechterhand. Nu had hij een fijne trui aan en een net hemd.

Een Feyenoorder vlak bij je, dat doet iets met een mens. Michel van Egmond beschreef onlangs in Voetbal International op een schitterende manier hoe Willem van Hanegem, bijna geheel verborgen in een donkere hoek, toch een bijeenkomst domineerde. Het prachtige gluren naar Bekende Nederlanders. Eerst de schok der herkenning, dan het wegkijken, daarna het aanstoten van de persoon naast je. 'Achter je, niet meteen omdraaien, Willem van Hanegem. Ja, je kunt nú kijken.' Willem lijkt me iemand die daar heel professioneel mee omgaat. Die doet net alsof hij niets in de gaten heeft. Hij gunt de mensen stiekem loeren.

Gerard Meijer liep magistraal door de studio. Een bekende Feyenoorder zijn, het maakt een mens zo veel lichter. Gerard gaf hier en daar een handje, wachtte netjes op zijn beurt en schoof, vlak na een gesprek met een havenbaron, bij ons aan tafel. Wilfred had, voor de zekerheid, zojuist aan de baron gevraagd of investeren in Feyenoord nog tot de mogelijkheden behoorde. Daar kwam een zuchtend en blazend antwoord op, maar ik hoorde geen definitieve weigering. Dat leek me goed nieuws. Wilfred vroeg aan Gerard wat híj van dat idee vond, financiële hulp van havenbaronnen. Dat vond Gerard helemaal niks.

Gerard legde uit, met vijftien potentiële geldschieters om zich heen, dat geld aanpakken van een havenbaron 'een gepasseerd station' was. Allemaal leuk en aardig, maar daar schoot niemand wat mee op. In de studio hoorde je, als je goed luisterde, Leo Beenhakker een kilometer of tien verderop een stoel door het raam gooien. Feyenoord gaat volgende week desnoods met reclame voor Ajax Allesreiniger op de borst voetballen, als ze van dat geld een stokoude spits kunnen kopen.

De reactie van Gerard Meijer was er een om in te lijsten. Hier sprak nu eindelijk eens een Feyenoorder zonder agenda. Recht uit het hart. Het wereldbeeld van Gerard Meijer is vernietigend duidelijk. Iemand heeft *au*, je holt naar hem toe, je legt een spons op zijn geblesseerde dij en hij kan weer voetballen. Zó gemakkelijk geneest Gerard Meijer doodzieke mensen. In Gerard Meijer, en dat zag je aan alles, brandt een diep verlangen naar vroeger. Toen er alleen tijd werd gerekt als je voorstond en niet om het verlies tegen Ajax zo klein mogelijk te houden. Toen alles nog vooruitging. Toen er nog werd gelachen omdat er iets te lachen viel.

We hadden gemakkelijk een uitzending van zes uur kunnen vullen met het nostalgische verlangen van Gerard Meijer, maar Wilfred Genee koos een andere invalshoek. Hij vroeg Gerard naar de rol van Leo Beenhakker. Moest die, als hij het echt zo goed voorhad met zijn grote jeugdliefde, niet eens de daad bij het woord voegen en een stuk van zijn enorme salaris inleveren? Iedere andere Feyenoorder zou daarop diplomatiek hebben geantwoord.

Bijvoorbeeld dat Leo een heerlijke man is om er nu bij te hebben. Een man met contacten. Niet het eerste het beste piepeltje. Gerard deed dat niet. Hij zette, waarschijnlijk zonder dat hij het zelf in de gaten had, een dodelijk beeld neer van Leo. Hij vond Leo een erg gezellige man. Iemand die heel goed met iedereen kon opschieten. Leo had het erg naar zijn zin in De Kuip. Hij hield de moed erin. Gerard had verder niet echt een idee wat Leo nou precies deed, maar dat was niet zijn pakkie-an. Inderdaad, vond Gerard, zat er wel wat in: het zou misschien niet zo gek zijn, een stuk salaris inleveren. Alle kleine beetjes helpen. Toch?

Wat misschien het treffendst was in het verhaal van Gerard, was zijn gelatenheid. Hij geloofde het allemaal wel. Gerard zei het niet, maar je zag het in zijn ogen: zíjn Feyenoord is het niet meer. Beenhakker kan armen om schouders leggen wat hij wil, Meijer weet wel beter. Die heeft nog naast Ernst Happel in de gang gestaan. Je hoefde daar op de 44ste verdieping, zwevend boven Rotterdam, maar één blik op Gerard Meijer te werpen en je wist genoeg. Het komt nooit meer goed. Daar kunnen zelfs veertigduizend genezende sponsjes niets aan veranderen.

Hij deed zijn best Mister Feyenoord te zijn, maar het kostte hem veel moeite. Gerard Meijer is in alles het tegenovergestelde van alle mensen die Feyenoord nu aan de rand van de afgrond hebben gebracht. Gerard is een leven lang op zijn post gebleven. Hij hoeft maar een blik te werpen op alle koppen om hem heen en hij weet het, uit ervaring: *Die gaan weer vertrekken*. Die laten Feyenoord over een half jaartje weer keihard vallen. Beenhakker, daar komt hij nooit meer vanaf. Die staat volgend jaar naast hem, bij de andere spelersbank. Deze keer als technisch directeur van zijn nieuwe grote liefde Vitesse.

Ik vroeg Gerard Meijer waarom Feyenoord zo nodig in de topdrie moet meevoetballen? Wees blij met een leuke ploeg die aardig meedoet in de middenmoot. Schijt aan het geld, lekker voetballen. Soms verliezen en soms winnen, zoals dat in de sport gaat. Gerard antwoordde dat je dat de supporters niet kunt aandoen, maar ik zag het werkelijke antwoord in zijn ogen. Gerard zou er een moord voor doen. Alle financiële wolven de deur uitschoppen en terug naar de kern. Langs een nat veld wachten op een blessure. Hij holt. Iedereen juicht.

Achter een doel, tijdens een training, staat opeens een jongetje. Hij trapt de naast geschoten ballen vanuit stand in de handen van de trainer. Ze vragen hoe hij heet. Gerard Meijer zal hem als eerste herkennen. De nieuwe Willem van Hanegem, over veertig jaar een volksheld.

Een doorgefokte Neeskens

6 OKTOBER 2010

Nigel de Jong heeft iemands been gebroken. Op een voetbalveld. Wat Nigel privé doet, weet ik niet. Ik vermoed ongeveer hetzelfde. Als hij een gezond been ziet, moet het in tweeën. Sommige mensen verzamelen voetbalplaatjes, anderen bouwen een modelvliegtuig, Nigel de Jong heeft van zijn hobby zijn beroep gemaakt: benen breken.

Nigel is een liefhebber. Vergelijk zijn gedrag met dat van Hannibal Lecter, de seriemoordenaar uit het boek The Silence of the Lambs. In de verfilming daarvan huiver je als Hannibal uitlegt hoe hij de lever van een van zijn slachtoffers met een glas chianti heeft weggespoeld, maar tegelijkertijd fascineert de overgave waarmee hij het vertelt. We doen het maar wat graag, naar slechte mensen kijken.

In de televisieserie Dexter figureert een hoofdpersoon die elke aflevering met een figuurzaagje een van zijn slachtoffers in handige porties verdeelt. Je zit daar gewoon met een kopje koffie naar te kijken. Het is gewenning. Je herkent de gruweldaad niet meer als zodanig en accepteert het als een dramatisch gegeven.

Zo is het ook bij Nigel de Jong. Je kijkt naar hem zoals je met een zak popcorn naar een horrorfilm kijkt. Je weet wat er gaat komen en toch kijk je door. Misschien is dat wel de meerwaarde. Als je een balletje ziet rollen en Nigel de Jong is in de buurt, dan weet je dat er binnen een half uur botten worden versplinterd. Veel mensen vinden dat leuk. De bioscopen zitten vol met mensen die graag naar afgezaagde ledematen kijken. Nigel de Jong is in z'n eentje Saw 1, 2, 3, 4, 5 en 6. Dat er zes delen zijn gemaakt, zegt genoeg, denk ik. Er is blijkbaar een publiek voor mooi in beeld gebracht sadisme.

Daarmee is Nigel een kind van deze generatie. Ik heb ooit drie minuten gekeken naar de film Saw en zag een man een van zijn eigen handen afzagen. Ik vermoed dat er, ondanks de bezwaren van ouwe lullen zoals Hugo Borst, Jan Mulder, Tom van 't Hek en ik, nog genoeg mensen zijn die Nigel de Jong graag zien voetballen. Dat kan niet anders. Hij maakte de laatste jaren zelfs deel uit van het Nederlands elftal. Dan moet je toch iets goed doen. Bert van Marwijk moet ook een liefhebber van suspense zijn. Anders had hij Nigel de Jong niet zo vaak opgesteld.

Ik weet niet hoe Nigel de Jong privé is. Dat vind ik jammer. Van Edgar Davids weet je bijvoorbeeld dat hij ook buiten het veld nog wel eens iemand op zijn bek wil timmeren. Dat schept duidelijkheid. Dat is transparante verdorvenheid. Je weet: hij kan niet anders. Geef Edgar Davids 104 gram spinazie als hij om één ons heeft gevraagd en je hangt al met je hoofd in een emmer met krieltjes. Van Nigel weet ik het niet.

De oude boeven uit het betaalde voetbal, over hen wist je veel meer. Johan Neeskens, een voetballer die bijna elke wedstrijd met anderhalve liter lichaamseigen vocht van de tegenstander in zijn shirt het veld afliep, was in de dagelijkse omgang een schat van een jongen. Johan ging naar de kapper met een foto van Ruud Krol in zijn handen en zei dat hij zijn haar net zo wilde. Theo Laseroms, op het veld een vlak onder zijn wenkbrauwen door loerende vechtmachine, maar na de wedstrijd stond hij de gordijnen uit het spelershome eraf te rijgen voor een handwasje. Doodgoede jongens. Rinus Israel beet tijdens kopduels met een korte ruk de adamsappel van zijn tegenstander uit de keel, maar zat 's avonds alweer gezellig te vleesfonduen in Amsterdam-Noord. Dat waren mannen die gewoon hun werk deden. Zij waren hard, maar toch ook lief. Van Nigel de Jong weet ik dat niet. Het lijkt erop, als ik enkele verklaringen van Nigel zelf lees, dat hij zichzelf óók zo ziet. Hij vindt, ben ik bang, zichzelf 'een goede jongen om erbij te hebben'.

Nigel de Jong wordt nu afgeschilderd als een psychopaat die uit de samenleving moet worden gesneden. Als hij blauw dooraderde benen met sportsokken ziet, dan kan hij niet anders. Hij moet ze breken. Nigel zelf noemt dat de absolute wil om te winnen, in de medische wereld noemen ze deze ziekte het *butcher and slaught*-syndroom. Ik zie Nigel de Jong meer als een Mastino Napoletano. Een doorgefokte hond met kaken als een ophaalbrug, speciaal gecreëerd om in het Italiaanse leger te jagen op vijanden. De Mastino Napoletano en de pitbull zouden nooit hebben bestaan als ze niet ooit waren ontsproten aan het brein van een zieke, bloeddorstige gek.

Zo zie ik Nigel ook. Hij is gefokt door de voetbalwereld zelf. Nigel de Jong heeft, voor zover ik weet, alle opleidingsstadia bij Ajax doorlopen. Daar heeft blijkbaar niemand tegen hem gezegd dat hij in zijn vrije tijd maar beter met een geweer op meloenen kon gaan schieten. Nigel de Jong is de doorgefokte Johan Neeskens. De menselijkheid is er vakkundig uitgesloopt. Daar heb je uiteindelijk alleen maar last van, vriendelijkheid.

Er wordt nu heel hard geschreeuwd naar Nigel de Jong, maar hém kun je niets kwalijk nemen. Hij heeft een jeugd lang gehoord dat hij lekker ging. Dat het goed is in de vierde minuut je tegenstander even te laten voelen dat je er bent. Bij Ajax heeft niemand hem weggestuurd. Sterker nog, hij heeft het eerste elftal gehaald met deze manier van voetballen. Hij is er jarenlang, tot op de dag van vandaag, door de voetballerij zelf uitgebreid voor beloond. Bert van Marwijk honoreerde zijn lugubere tackles tot drie dagen geleden met een selectie voor Oranje. Nigel verdient al jaren miljoenen.

Nigel de Jong veroordelen om wat hij doet is hetzelfde als een kind een leven lang opsluiten in een kelder vol stinkend vlees en dan gaan zeuren dat hij helemaal niet gezellig is als hij eruit klautert. Nigel kan er zelf niets aan doen. Hij is zo gefokt. Door Ajax.

Lieve Martin

17 NOVEMBER 2010

'Martin, ik ben het. Met mijn hoofd op je schouder. Je broer. Cock Jol. Martin, zeg maar niets. Ik fluister zachtjes in je oor. Het is allemaal de schuld van Johan Cruijff, Martin. De schuld van Cruijff. Jij doet alles goed, broer. Je hele leven al. Perfect zou ik bijna zeggen, Martin. Ze snappen hier nog niet dat ze alleen naar jou moet luisteren. Ik heb dat ook pas veel te laat geleerd. Ik dacht in het begin dat ik het helemaal alleen kon, Martin. Zonder jou. Ik heb dat werkelijk gedacht, dat ik op eigen kracht door het leven kon stappen. Ik zat er zo naast, Martin. Net zoals jij mij nodig hebt, Martin, zo heb ik jou nodig. Snap je dat, broer? Ik kan me nu niet meer voorstellen dat ik alleen boodschappen deed en dat ik at wat ik zelf lekker vond. Zo egoïstisch, Martin. Nu eten we al jaren wat jij lekker vindt en weet je wat: ik vind het heerlijk. Alles wat jij lekker vindt, vind ik ook lekker. Dat is toch prachtig. Daar ben je broers voor, om samen te genieten van mooie dingen, toch Martin?

Vind je het fijn als ik mijn hoofd zo op je borst leg, broer. Ja? Martin, jij kunt er niets aan doen. Het is de schuld van anderen. De schuld van Ajax. Jij wilt hun helpen, maar ze willen zich nog niet helemaal aan je overgeven, Martin, zoals ik mij aan jou heb overgegeven. Ze weten nog niet hoe ingrijpend dat je leven kan veranderen, als je je lot in jouw handen legt. Ze durven het nog niet, Martin. Ze twijfelen, dat voel je. Maar wij twijfelen nooit hè, Martin. Wij weten alles zeker. Nou ja, jij weet alles zeker, en ik, je broer, sta dan naast je om dat te bevestigen. Ze willen zich niet laten helpen, Martin. En ze hoeven alleen maar naar mij te kijken. Kijk hoe jij mij helpt. Ik kan niks en ik werk bij Ajax. Ik weet niet eens wat mijn functie is, maar dat doet er niet toe. Ik ben fulltime jouw broer en dat is genoeg.

Jij hebt gewonnen afgelopen zondag, Martin. Niet AZ. Jij hebt gewonnen en Ajax heeft verloren. Maar zo kijken zij nog niet, Martin. Ik wel. Ajax houdt niet zoveel van je als ik. Ik kijk naar je, 's avonds Martin, als je slaapt. Dan denk ik: *Wat zou er nu allemaal weer omgaan in dat rauwe, ruige hoofd van mijn broer?* Andere mensen zouden dat gek vinden, Martin, dat je in een trainingspak slaapt met een wielrenpetje op je hoofd, maar ik vind het je juist heel goed staan. Had ik dat al gezegd? Dan zeg ik het je nog een keer. Ik vind je een prachtbroer, Martin.

Het komt allemaal door Danny Blind, Martin. Hij is geen broer van jou. Dat kan dus al nooit wat zijn. Jij kan alleen met broers werken. En ik ben je broer, Martin. Toch? Knik eens. Ik ben toch je broer? Ja, ik ben je broer en Danny Blind niet. Danny Blind begrijpt jou niet, Martin. Ik zie het aan zijn houding. Hij is boos dat zijn zoon niet meer bij Ajax speelt. Hij laat familiegevoelens toe. En dat kan niet, in het betaalde voetbal, Martin. Behalve als je Jol heet. Bij ons is het anders. Wij zijn geen familie, wij zijn eigenlijk één lichaam. Het is allemaal de schuld van Danny Blind.

Oh, Martin, ik vond het zo erg, afgelopen zondag, hoe je daar zat, na die 2-0, op de bank bij AZ. Ik voelde het zelf, de pijn. Als jij je hoofd naar de grond laat hangen, Martin, dan ben ik bang. Snap je dat, broer? Bang dat we alweer moeten verhuizen. Want je neemt me toch wel weer mee, Martin? Toch? Je neemt me toch wel weer mee, naar een nieuwe club. Dat staat in het contract, toch, dat ik ook weg mag als jij weg moet? Heb je dat er in laten zetten? Ze doen heel aardig tegen me, bij Ajax. Iedereen houdt zijn mond als ik een ruimte binnenkom. Ze zijn bang voor me, Martin. Ze weten dat ik je iedere avond spreek. Dat we samen onze tanden poetsen. Dat weten ze, Martin. Zo doen we het altijd, broer. En het werkt. Jij traint en ik loop zoveel mogelijk mensen voor de voeten, kijken of ze je wel lief genoeg vinden. En ze vinden je allemaal heel goed, Martin. Echt waar. Iedereen op de club zegt: *Aan je broer ligt het niet.* En dat is zo. Het is de schuld van de spelers en van het weer, het gras, de tribune, de aanhang, de ringweg, de parkeergarage en de middenstip, maar niet van jou, Martin. Dat heb ik hier nog niemand horen zeggen.

Ik ging vanochtend je verse croissants halen, Martin, bij je favoriete bakker, en toen hoorde ik ze over je praten. Dat je je langste tijd hier hebt gehad. Dat tegen Cruijff niet valt te vechten. Maar die mensen kennen jou niet, Martin. Ik ken je wel. Ik weet dat jij een eerlijke man bent. Jij maakt waar wat je zegt. Ooit heb jij mij beloofd dat je me bij iedere club naar binnen zou lullen en dat maak je waar, lieve broer. Zonder jou stond ik nu gekookte worst in plastic zakken te proppen. En kijk eens, Martin. Nu ben ik fulltime je broer.

Maak je geen zorgen, Martin. Het gaat goed. Jij kunt er niets aan doen. Het is de schuld van PSV. Daar winnen ze. Zo makkelijk allemaal. Zo vreselijk ordinair, gewoon je wedstrijden winnen. Fred Rutten heeft niet eens een broer bij de club, die hem helpt. Snap jij dat, Martin? Kan jij je dat voorstellen, dat je ooit iets zonder je broer zou doen, Martin? Ik vraag je iets, Martin. Kan jij je dat voorstellen? Waarom zeg je nou niks, Martin? Martin? Houd je van me? Je hoeft alleen maar te knikken.'

Alles is mogelijk

24 NOVEMBER 2010

In sommige gevallen ben ik voor bijten in de voetballerij. Als in de toekomst een speler tijdens een interview zegt dat 'in voetbal nu eenmaal alles mogelijk is', hopla, meteen een hap uit die nek. In de journalistiek is namelijk ook alles mogelijk. Dat werd afgelopen zaterdagavond duidelijk toen Jan Joost van Gangelen na afloop van de wedstrijd Luis Suarez interviewde.

Ik kijk graag naar interviews met Suarez. Een konijn van 1 meter 80, doodsbang loerend in de koplampen van een vrachtwagen. Alle vedettegebaartjes die hij op het veld maakte, waren opeens verdwenen. Daar stond hij zaterdagavond, de man die tien minuten eerder nog vlak voor Jonathan Reis mimede dat hij drie ons cocaïne in zijn neus propte. Nog altijd niet zo erg als Hugo Hovenkamp. Die vroeg vlak voor de wedstrijd aan zijn tegenstander: 'Hoe gaat het met je vader?' Hugo wist dat die net was begraven. Ook toen was in de voetballerij al alles mogelijk.

Jan Joost van Gangelen had voldoende te vragen aan Suarez. Dit schreeuwde om een stevig interview. Suarez had weer niet gescoord en hij had Otman Bakkal, duidelijk zichtbaar voor iedereen, als een dier in zijn nek gebeten. Een goede openingsvraag zou zijn geweest: *Luis Suarez, luister, wordt het niet eens tijd voor een gedwongen opname?* Ook goed zou zijn geweest: *Suarez, je bent aanvoerder van Ajax en ik zag je tijdens de wedstrijd het bloed van Bakkal van je lippen vegen. Schaam je je niet dood, gevaarlijke gek?* Of anders: *Suarez, hier in Europa zijn we gewend dat mensen die in nekken bijten 's nachts in een kist liggen. Vind je het erg als ik live nu een houten kruis door je hart sla? Voor de zekerheid?*

Maar Jan Joost van Gangelen koos, zoals altijd, voor de Jeugdjournaal-benadering. Dat ging ongeveer zo: *Nou, Luis. Wat zagen we net nou toch allemaal op de grotemensentelevisie? We schrokken ons een hoedje! Klopte het nou dat jij een grote vieze bijtbah deed? En wat hadden we daarover afgesproken? Precies. Bijten is toch voor vrouwen en boksers, malle gekkie dat je er bent. Want wat ben jij, op deze manier? Precies! Steeds minder geld waard, ja. Maar wat ben jij nog meer? Stout geweest. Ja. Dikke, grote foutstout. Ah ah ah, niet meer doen, hè. Jakkiebah. Vertel je verhaal maar aan de mensen thuis die allemaal dikke, grote schrik hebben gehad.*

Lacherig, zo zou ik de sfeer tijdens het interview willen beschrijven. *Haha, nu ja zeg, er is iemand op het veld in zijn nek gebeten.* Jan Joost kon er niet mee zitten. Die rekende zich al rijk tijdens het interview. Dit was heerlijk materiaal en het zou de hele wereld over gaan. Eredivisie Live stond weer eens op de kaart. De beet van Suarez zal de komende week in duizenden televisieprogramma's zitten. Presentatoren zullen zich gek lachen en het nog een keer laten zien. Het is de gekte van Zinedine Zidane, die het borstbeen van Marco Materazzi wilde splijten. Zidane deed dat omdat Materazzi zijn zus en zijn moeder beledigde. Suarez beet omdat Bakkal op zijn voet stond.

Het is voer voor psychologen en voor mediadeskundigen, de reacties na de beet. In de rust van de wedstrijd focuste Humberto Tan vooral op de juridische aspecten. Had de scheidsrechter het wel of niet gezien, was de vraag. Werd dit een straf, of niet? Nogal makkelijk. Humberto was te laf om direct zelf te oordelen. Hij had na afloop kunnen zeggen: *Kijk, hier bijt hij. De man is gek. Laten we hem een paar weken isoleer geven, dat zal hem leren.* Maar dat gebeurde niet. De nuance werd gezocht. Suarez is de man waar ze bij Eredivisie Live programma's mee verkopen. Hij zit in hun reclamespotje. Zo iemand naai je niet.

De deskundige naast Humberto, Raymond Atteveld, vond dat zoiets in de hitte van de strijd kon gebeuren. Hij moest vreselijk lachen om de reactie van Bakkal. Die ging gearmd met Suarez het veld af. Niets aan de hand.

Zaterdagavond werden door het bijten van Suarez de stinkende darmen van het betaalde voetbal weer eens goed zichtbaar. Het gekonkel, het gedraai. De enorme financiële belangen. Het vooruit denken. De leugens. Het toneelspel. Martin Jol maakte zich er van af met een grapje. Het was een 'liefdesbeet'. Een erg foute tekst. Het is de zoveelste keer dat Jol laat zien dat hij zo glad als een aal door de voetballerij kronkelt. Een coach met een beetje hart voor voetbal zou veel eerlijker zijn geweest. Bijten op een veld kan niet. Hij had Suarez meteen voor acht wedstrijden moeten schorsen.

De reactie van Bakkal was ook schrijnend. Het viel allemaal wel mee. In de voetballerij is alles mogelijk. Hij was het alweer vergeten. Er gebeurt wel eens wat. Het gebeurde in het vuur van het spel. Dat soort teksten. Over twee weken steekt Theo Janssen even kort zijn directe tegenstander in brand. Benzine over het shirt sprenkelen, aansteker erbij en dan kijken hoe ploeggenoten hun collega snel proberen te doven. Daarna het interview met het slachtoffer. Half weggevreten haar, de wenkbrauwen zwart en wat resten van een verkoold shirt om de nek. Dan de volgende tekst: *Theo is een gouden jongen. Ja, balen dat ik nu net in brand werd gestoken, maar even goede vrienden. Kan gebeuren. Het is voetbal. Het is geven en nemen. Ik neem Theo niets kwalijk. Nu even naar Beverwijk.*

Die belachelijke angst om voor matennaaier te worden uitgemaakt. Dat rare fenomeen, om alles met de mantel der liefde te bedekken en nooit je collega te verraden. Die belachelijke erecode. Dat werkt misschien in het leger, maar niet in de eredivisie. Dit gekonkel komt in de buurt van een vreemdgaande man, die door zijn vrouw tussen de benen van een nieuwe vriendin wordt betrapt en zegt dat hij op zoek is naar een leuke bus verf voor de kinderkamer. Niks aan de hand!

Het bijten is al ziek, maar om daarna te zeggen dat er niets aan de hand is, dan minacht je je publiek. Dan zie je het voetbalveld als een vrijstaat waar niemand zich mee moet bemoeien. We mogen kaartjes kopen en verder ons bek houden. Die houding is ongeneeslijk ziek.

Clubliefde

1 DECEMBER 2010

Niets is mooier dan dat het heel slecht gaat met iemands favoriete club. Ik kan dat niet goed navoelen. Ik houd niet van clubs, ik houd van voetbal. Bij het woord club zie ik vergaderingen van de nieuwe ledenraad voor me. Zie ik honderden mannen op kosten van de club op een bitterbal staan blazen. Als ik het woord club hoor, dan denk ik aan verenigingsblaadjes. Met andere clubleden om een tafel vol stenciltjes lopen om het clubblaadje nog voor drie uur 's nachts in elkaar te nieten.

Het verenigingsleven, ik heb er wel aan deelgenomen, maar altijd met de verbaasde blik van een buitenstaander. Ik was vooral dol op de enorme stroom, door willekeurige ouders, ingeleverde wedstrijdverslagen. Veel hele slechte cabaretiers schreven vroeger in een clubblad. Over de hoofden van de voetballende kinderen heen, hangen ouders in hun stukjes bijna altijd de nog niet ontdekte veelbelovende schrijver uit. Ik kan ze nog zo oproepen, die prachtige stukjes, vol onbegrijpelijke zinnen. *'Heden ten morgen waren wij aangekomen hebbende bij de clubhuis waar een goede sfeer van zichzelf hing, maar wat schetste onze verbazing en ook van vele anderen toen er op de deur hing het bordje afgelast wegens sterfgeval, wat wij en de onzen van NFC een schandalige lulreden vinden om zijnde het voetbal waar onze jeugd zich aan verpoost op die manier willens en wetens te verpesten, maar ja volgende week de lastige wedstrijd tegen Roda '23 waar we vorig seizoen enorm zijn benadeeld door die schele homofielmens van een voorzitter die ook scheidsrechterde en zeventien loepzuivere doelpunten van ons afkeurde, dus dat wordt wat volgende week.'*

Ik vind wedstrijdverslagen waarin de schrijver alle jongetjes in ieder geval een keer wil noemen ook heel mooi. *'Rob speelde de bal op Rick die Jonnie in stelling bracht. Mooi meegelopen, Teun! Daarna was het voor Dik en Rens een koud kunstje om Karel in stelling te brengen, alles gadegeslagen door een goed keepende Barry, waarna Kees de bal door kopte op Sylvio. Nico liep helaas op de doellijn in de weg.'*

Clubliefde doet rare dingen met een mens. Ik kijk graag naar mensen die clubbloed door hun lichaam pompen, vanuit de veilige wetenschap dat het bij mij nooit zo ver zal komen. Negentien jaar ieder weekend tosti's bakken voor nadampende voetballers en hun aanhang, dat is van een grote schoonheid. In kantines zoek ik meteen naar het prikbord. Heerlijke mededelingen. *'De volgende leden hebben hun contributie nog niet betaald. De hele familie Van Velzen, de hele familie Schuit en zoals gewoonlijk de hele familie Willems. Zoals wij acht maanden geleden ook al waarschuwden: nu binnen een week betalen, anders is het finito.'*

De rubriek *Wist u dat...* hangt ook meestal op het prikbord. De berichten ontroeren mij. Die lieve opsomming van geinige weetjes. *'Wist u dat... Peen Schouten al drie maanden zijn rijbewijs heeft! Wist u dat....Nick zijn vrouw een heerlijk recept voor kaasfondue heeft. Wist u dat.... tante Dini een heerlijke vakantie heeft gehad in Oostenrijk.'* Voetbalkantines, ik zwerf er graag doorheen. Het fijnst is de tafel met bingo-artikelen. *'Lichaamsverzorging-set beschikbaar gesteld door Drogisterij Dodewaard. (Tevens Postkantoor).'* Loop door een kantine, kijk om je heen, luister goed en je hebt zo vijftien nieuwe gedichten. *'Ik zie die bal aankomen, ik kop en daarna weet ik zes jaar niks meer.'* Of het prachtige gedicht *Litteken* dat ik jaren geleden in een voetbalkantine te Leiden hoorde. *'Nee, lager voelen. Ja, daar. Die ribbel in mijn lies. Dat is een oud litteken.'*

Door clubliefde ontstaan de mooiste, soms ongewilde kunstuitingen. Vooral woede en frustratie helpen erg mee. De ontslagen trainer Sorin Cartu van CFR Cluj, die vorige week tijdens een wedstrijd tegen FC Basel heel nauwkeurig een stuk glas uit de dug-out trapte, het leek wel video-art. De zwijgende assistenten naast hem, die net doen alsof hun trainer iedere dag zes ramen aan stukken trapt en die prachtige, onbeholpen manier waarop de trainer het glas te lijf gaat. Eerst wil het niet breken. Beetje duwen met de voet. De schaamte dat het nog niet lukt en dan niet meer terug kunnen. Dat raam moet kapot. Nu stoppen, dat staat te lullig. Iets demonstratief willen vernielen kan heel slecht uitpakken. Ik heb ooit onze oude buurvrouw een bal kapot zien snijden met een mes. Ze had het ons al honderd keer beloofd als wij de bal in haar tuin schoten. Nog één keer, en het mes ging erin. Pas als je aan zoiets begint snap je: een mes in een voetbal steken, zo makkelijk is dat niet. Ze heeft drie kwartier staan prikken. Wij zaten er gezellig in een kring omheen. Op een gegeven moment zijn we maar naar huis gegaan.

De mooiste clubliefde zag ik ongeveer een half jaar geleden. In De Melkweg speelde ik samen met Henk Spaan, Hugo Borst en onze band The Hank Five, een programma van een half uur op het Comedy Festival. We lazen voor, we zongen wat, ik deed wat gedichten en toen kwam Hugo Borst. Hij las, onder begeleiding van een trage, sluipende live gespeelde blues, een tekst voor over zijn geliefde Sparta. Het was niet meer dan een feitelijke opsomming van de rijke historie van zijn geliefde club. Steeds dreigender werd het, steeds onheilspellender boog Borst zich naar het toneel en werkte langzaam naar de laatste zin toe: 'Mei 2010, Sparta degradeert onder leiding van trainer Aad de Mos.'

Daarna heeft Hugo drie minuten lang staan grunten, staan schreeuwen en staan blazen. Telkens maar weer herhaalde hij de naam. 'Aaddddd de Mossssss.' Ik speelde gitaar en keek hem op zijn rug. Ik hoorde zijn gehuil, zijn geloei. *'Aaaaddddd de Mosssss.'* Hier werd de blues opnieuw uitgevonden. Hugo zong over pijn. Zonder lollig te willen zijn. Zonder knipoog. Hij draaide zich na het nummer om en ik herkende hem niet meer. Asgrauw. De ogen wijd open. Hij wist niet meer waar hij was.

Zo mooi kan clubliefde zijn. Woede of liefde en dan Jouw Club. De dichter Cees Buddingh' schreef veertig jaar geleden het prachtige gedicht *Indian Summer*. Zondag, zoon, voetbal, rust, alles zit erin:

Merels pikken, haast in het raam,
de rode bessen uit onze vuurdoren.

Het is zondag. Wiebe komt thuis. Ik hoor
aan zijn stap dat DFC heeft gewonnen.

Keihard bedanken

15 DECEMBER 2010

Louis van Gaal is onder bepaalde voorwaarden wel genegen ooit weer iets voor Ajax te doen. In deze ene zin lees ik de hele teloorgang van de club. Blij moeten zijn met Louis van Gaal... De tijden zijn veranderd. Nog maar tien jaar geleden piste een coach van opwinding zijn trainingsbroek vol als Ajax alleen maar heel voorzichtig zijn naam liet vallen. Coaches die in verband werden gebracht met Ajax, ze liepen opeens anders over straat. Zelfverzekerder. Trainers die eventueel in aanmerking kwamen voor een baan bij Ajax, je herkende ze in de supermarkt: stonden ze met schuim om hun mond hun winkelkar vol te gooien. Het leven stroomde opeens weer door hun lichaam. Toen Henk ten Cate hoorde dat hij de nieuwe trainer van Ajax werd, heeft hij naakt met een bos bloemen onder een arm door de straat gedanst.

Dát effect had Ajax op trainers. Je deed wel stoer en vertelde aan de pers dat je kennis had genomen van een zekere interesse en daarna zei je nog iets als: *Maar nu gaat het om mijn huidige club. Ik ga er alles aan doen om hier iets moois neer te zetten.* Maar in je hoofd was het al zes dagen carnaval. Trok er al dagenlang een karavaan vol vreugde door je slokdarm. Ajax... Het grote Ajax. Het kan niet anders of trainers hebben in het verleden voor de spiegel het geven van interviews staan oefenen. *U vraagt het me en, laat ik eerlijk zijn, ja, natuurlijk ben je gevleid dat een club als Ajax aan je denkt. Dat ga ik hier niet ontkennen.* Trainers die in verband werden gebracht met Ajax, hebben thuis geoefend hoe je zo mooi mogelijk in een witte badjas over het veld loopt. De hoofdcoach van Ajax worden, het was ooit een droom van sentimentele mannen. Toekomstige Ajax-trainers fantaseerden over de eerste keer dat ze bij de slagboom aankwamen en konden zeggen: *Kunt u opendoen? Hier is de nieuwe trainer van Ajax.* Voor de eerste keer je auto neerzetten op je eigen Ajax-parkeerplaats; een hartenwens ging in vervulling. Natuurlijk, je acteerde voor de camera's dat je *hard to get* was, maar Ajax wist wel beter. Desnoods wilden trainers, tijdens de zomervakantie, de vissen van de voorzitter dagelijks komen voeren, als ze maar bij Ajax mochten werken.

Dat is voorgoed veranderd. Trainers twijfelen als de naam Ajax valt. Ze stellen voorwaarden. Het is de omgekeerde wereld. Het grote Ajax zit als een klein jongetje in een onderbroekje bij schooldokter Louis van Gaal en laat zich geduldig op de rug tikken. Als hij ook maar één klein ruisje in je longen vermoedt, word je van school getrapt. Louis zegt in een recent interview letterlijk: 'Als Ajax aan mijn voorwaarden wil voldoen, als ik dus echt de baas mag zijn, dan ben ik wel bereid te heroverwegen terug te komen.'

Een dodelijke handreiking. Louis trapt Ajax hard naar beneden. Over de hoofden van journalisten heen, voert hij voor de zoveelste keer een ordinaire machtsstrijd. Want zo zit hij in elkaar: Van Gaal moet en zal zijn gram halen. Zijn hele carrière is één grote vergeldingsactie. Iedereen die Louis, op wat voor manier dan ook, ooit heeft gekwetst, zal het uiteindelijk voelen. Een groenteman die hem per ongeluk een komkommer met een beurs plekje heeft verkocht, hij zal ooit de deur van zijn winkel openen en Louis van Gaal achter zijn weegschaal aantreffen. 'Zo, meneertje Komkommer. Naast me staan en meekijken hoe je groente verkoopt?'

Het is zo duidelijk, de vergeldingsdrift van Louis, dat het bijna weer aandoenlijk wordt. Zijn herhaaldelijk uitgesproken wens ooit bondscoach van een groot land te worden, het is allemaal terug te voeren op zijn mislukken als bondscoach van het Nederlands elftal. We hebben hem allemaal zien zitten huilen tijdens een persconferentie. Dat moet recht worden gezet, want het gaat in het leven van Louis van Gaal maar om één ding: om Louis van Gaal en dat wij allemaal van hem houden.

Natuurlijk, ik ken de verhalen. Louis is zo authentiek, Louis is een gevoelsmens, Louis onthoudt je verjaardag en weet hoe je vrouw heet. Ik geloof er helemaal niets van. De kern van Louis is miskenning. Louis is op een heel naïeve manier aandoenlijk. Het lijkt erop, nu we hem de laatste jaren bezig hebben gezien, dat het zó zit: wij zijn allemaal heel slim en hij een beetje dom. Je kijkt op kilometers afstand dwars door hem heen. Hij wil zijn gelijk halen. Er moeten mensen weg bij Ajax en dan wil hij het heel misschien doen. Juist de man die overal roept dat het altijd om de teamprestatie gaat, dí́é man gedraagt zichzelf als een hautain wrakende halfgod.

Hier ligt voor Ajax een enorme kans. Als de club slim is, dan stuurt zij deze week nog een persbericht rond met de volgende tekst. 'Ajax heeft kennisgenomen van de interesse van Louis van Gaal. Doordat de heer Van Gaal communiceert via sportblaadjes, zien wij ons genoodzaakt óók schriftelijk te reageren op zijn aanbod. Hier ons antwoord: we gaan nog liever dood. Als meneer Van Gaal eerst eens een paar jaar achter elkaar bewijst dat hij zich kan gedragen als een volwassen man, als Louis van Gaal ophoudt met het acteren van een gymleraar op zes pilletjes xtc, als Louis van Gaal zijn wijnadviezen voor de kantine van Ajax achterwege laat en als Louis van Gaal, in de aanloop naar een eventueel trainerschap, eerst vier jaar de netten wil ophangen bij de A1, dan is Ajax onder bepaalde omstandigheden bereid met de heer Van Gaal te spreken. Wij zijn volmaakt gelukkig bij Ajax. Er wordt eindelijk weer eens gelachen. Geen interesse. Probeer het maar bij Barcelona. Geen succes. Ajax.'

Keihard bedanken voor Louis van Gaal, dat zou Ajax weer Ajax maken. Dat gekruip en dat gedweep... Ophouden daarmee. Vernoem desnoods een broodje gehakt met zuur naar hem, maar laat Van Gaal duidelijk weten dat niemand Ajax eisen stelt. Ajax gaat zijn eigen gang. Frank de Boer gaat Ajax redden en Louis van Gaal mag toekijken. Dat is een prettig idee.

Frank weet hoe het werkt

29 DECEMBER 2010

Mounir El Hamdaoui is geestelijk niet fit. Dat is geen nieuws. Hij is al wat langer een beetje ziek in zijn bolletje. Aan het begin van dit seizoen schreef ik over de armzalige onderhandelingen met Ajax. De transfer leek af te ketsen op een sportwinkel in Rotterdam. Ajax moest een vergoeding betalen, omdat Rotterdammers niet graag kopen in een winkel van een Ajacied. Waanzin, vond ik toen en vind ik nu. Het leken eisen die alleen werden gesteld om af te tasten wie er de macht had, El Hamdaoui of Ajax. Rare eisen stellen, kijken hoe ver je kunt gaan en als de tegenpartij schoorvoetend akkoord gaat, meteen met een nóg belachelijkere eis komen. Je manager laten bellen en zeggen: 'El Hamdaoui wil dit jaar zijn voorhoofd sparen. Hij zal maar twee keer per wedstrijd koppen.'

Nog nooit heb ik, als betrekkelijke voetballeek, zo gelijk gekregen. Je hoefde geen zak verstand te hebben van voetbal om te zien dat Ajax met de aankoop van El Hamdaoui de hebzucht zelf binnenhaalde. De kern van mijn betoog toen was: niemand stelt Ajax eisen. Je mag God op je blote knietjes danken als je voor Ajax mag spelen. Messi, hij is trots op Barcelona. Als het publiek dat voelt, dan is het omgekeerde ook al heel snel het geval.

Als ik El Hamdaoui zie, zijn verveelde kop, die afgunstige blik als een medespeler scoort, dat opzichtig bedanken van een hogere macht nadat hij heeft gescoord, altijd maar weer zijn persoonlijke profeet zien als degene die de assist gaf, dan moet ik aan de band Van Halen denken. Mannen in glimmende maillots en het haar getoupeerd als twintig aan elkaar gelijmde circuspoedels. Als deze band ergens kwam spelen, stuurden ze – uit verveling – de belachelijkste eisen naar de organisator. Contractueel liet de band vastleggen dat er in iedere kleedkamer een glazen schaal moest staan met precies tweeduizend M&M's. Voor de ouderen onder u: Smarties. Extra eis was dat geen één van die M&M's blauw mocht zijn. Dat vonden de jongens van Van Halen een grappig idee, dat twaalf medewerkers van Ahoy' een dag lang alle blauwe chocolaatjes eruit zaten te vissen.

El Hamdaoui deed hetzelfde. Tergen, zuigen, kloten, sloffen, net op tijd komen, et cetera. En Ajax vond het prima. Behalve Frank de Boer. Die heeft van begin af aan gezien wat er aan de hand was. Frank heeft, ook toen Martin Jol er nog was, de intens verveelde houding van El Hamdaoui herkend. Zo heeft hij er namelijk zelf ook bijgelopen, in dienst van Ajax. Frank en Ronald de Boer waren, nog niet eens zo heel lang geleden, als je in voetbaljaren rekent, ook opeens een tijdje geestelijk niet fit. En precies om dezelfde reden als El Hamdaoui. Ze wilden weg naar Barcelona. Ze konden het niet meer opbrengen om voor Ajax te spelen.

Frank de Boer herkent als geen ander een speler die alleen maar uit is op persoonlijk gewin. Samen met zijn broer heeft hij het in 1999 zelfs tot een rechtszaak laten komen om zich los te weken van Ajax. Iedereen is het blijkbaar alweer vergeten, maar juist de twee mannen die alles aan Ajax hadden te danken, speelden een opzichtig spelletje met hun club, toen Louis van Gaal ze naar Barcelona wilde halen. Pikant trouwens, dat ook juist Van Gaal, de man die het hardst zeurt als het om clubliefde en toewijding gaat, dat juist de man die zegt een Ajax-hart te hebben, de club ontdeed van zijn twee belangrijkste spelers.

Frank de Boer doet er nu zijn voordeel mee, met dat gerommel en dat geschuif in het verleden. Als er één oud-speler in Nederland in de rondte loopt die weet hoe het werkt in het hoofd van een voetballer die er geen zin meer in heeft, dan is het Frank wel. Toen Barcelona in beeld kwam, was het snel afgelopen met de clubliefde van Frank de Boer. Ik denk dat Frank geen moment heeft getwijfeld. Hij liep geen risico op imagoschade.

Frank wist toen al hoe het werkte. Er bestaat geen sentimenteler publiek dan het Ajax-publiek. Al ben je met slaande deuren vertrokken, al heb je schreeuwend je auto ingeleverd, je hoeft na een jaar of zes alleen maar te zeggen dat je nog vaak aan Ajax denkt, dat je terugverlangt naar Amsterdam en zijn haringkraampjes, en alles is meteen weer vergeven. Amsterdammers willen, net als Rotterdammers, dat je van ze houdt. Dat je ze omarmt. Dat je een warme golf door je lichaam voelt trekken als je aan Ajax/Amsterdam denkt. Dan staan ze je alweer huilend aan de poort op te wachten.

Ajax is dol op verloren zonen en de verloren zonen zelf weten dat heel goed. Iedere speler in het buitenland die ooit bij Ajax heeft gespeeld, weet dat hij altijd terug kan komen. Clarence Seedorf, hij zal ooit stokoud nog een paar jaar een monstersalaris komen ophalen, omdat hij zichzelf nog een laatste keer aan Ajax gunt. En we zullen met een dikke keel staan applaudisseren.

Ajax lijdt aan het syndroom van Internazionale. Ajax wil een club zijn met gevoel. Amsterdam wil een stad zijn waar men huilt als er op de televisie een foto van een oud-Ajacied verschijnt. Het doet allemaal een beetje geforceerd peetvaderachtig aan, die mannenvriendschappen, dat gejank om het Ajax-gevoel. Daarom komt de liefdeloosheid van El Hamdaoui nu ook zo hard binnen. Ajacieden willen maar niet begrijpen dat voetbal een beroep is. Dat voetballers willen voetballen waar ze het meeste geld kunnen verdienen. El Hamdaoui en zijn zaakwaarnemers doen precies hetzelfde wat Frank en Ronald de Boer ook ooit deden. Snel wegwezen naar een mooie club als je marktwaarde daalt.

Dat juist Frank de Boer en El Hamdaoui nu lijnrecht tegenover elkaar staan, maakt de hele situatie tot een koddig toneelstuk. Frank speelt het hard, maar diep van binnen weet hij: ik deed hetzelfde. Ik had schijt aan mijn medespelers en ging ook gewoon voor het zonnetje en het geld. Van Frank wordt eeuwig gehouden, maar met El Hamdaoui komt het nooit meer goed. Mag u raden waarom. Geert Wilders, kom er maar in.

Telefoon

12 JANUARI 2011

Nog niet eens zo heel lang geleden, tijdens het WK, schreef ik een column over de teleurstellende manier waarop Wim Suurbier in het programma VI werd gepresenteerd. Niet als een van de beste rechtsbacks ooit, maar als een met anekdotes gevulde zeepbel. Ruud Krol – de man die het camoufleren van een chronische taalachterstand al een leven lang naar een hoger niveau tilt – kreeg in Zuid-Afrika alle ruimte om zich te profileren als een coryfee en Wim Suurbier zat in een Hollandse studio weer eens te vertellen dat zijn lul bijna tot op de grond hangt.

Ik legde in de column uit hoezeer ik het betreurde dat Wim alweer was neergezet als iemand die zijn leven vult met naakt door hotels lopen. Dat wij Wim weer leerden kennen als een dronken gek die ooit op achterbanken van auto's in slaap viel. Ik legde uit dat ik graag van Wim had willen horen hoe hij Nederland vond verdedigen. Ik wilde de vakman Wim Suurbier over voetbal horen praten. Het werd nu eens tijd dat Wim niet als malle pietje zijn gekke-mannetjesact moest opvoeren. Ik verlangde hevig naar een serieus interview met Wim Suurbier.

Twee dagen na publicatie van de column kreeg ik sms'jes en mailtjes. Ik werd gewaarschuwd: Wim Suurbier zocht contact met mij. Ik schrok daarvan. Je helden moet je nooit spreken. Zeker voetballers niet. Zij moeten oneindig mooi bewegen. Voetballers, daar moet je naar kijken, met een zoon of dochter naast je. Helden moeten niet te dichtbij komen. Dat kan alleen maar tegenvallen. Ik vrees de documentaire waarin Zinedine Zidane een jaar lang is gevolgd. Weg magie. Ik ben zo bang dat hij vlak boven een bord eten, met zijn vrouw op de achtergrond, een of ander krankzinnig verhaal vertelt over zijn grote hobby: modelbouw. Ik wil mij Zidane blijven herinneren als de dartelaar. De man die draaiend om zijn as drie tegenstanders liet omvallen. Van verbazing. Van Zidane weet ik weinig en dat wil ik graag zo houden. Ik heb recht op een zwijgende Zidane. Ik wil niet met een camera vlak achter hem hangen en mee loeren welke kippenbouillon hij koopt.

Het is als met de autobiografie van Keith Richards. Zo op papier valt het pas op hoe infantiel die hele rock-'n-rollpose eigenlijk is. Dat zeurderige gelul over heroïne en in welke reet ze het verstopten en dat Keith in Frankrijk even met die en die sprak, je wilt het allemaal niet weten. Keith hoort er, in je verbeelding, uit te zien als een gitaar spelend stuk perkament met oogjes. Soms is hij bijna dood en dan blijkt het weer mee te vallen. Eens in de twee jaar maakt hij een kutplaat. Van Keith wil je niet weten dat hij heel goed met ballonnen een teckel kan vouwen.

Daarom wilde ik Wim Suurbier niet spreken. Ik was bang dat Wim te gewoon zou worden. Voor je het weet zit je recepten uit te wisselen. Kees Jansma heb ik een keer aan de telefoon gehad en aan het eind van het gesprek zaten we al vakantieplannen te maken. Levensgevaarlijk. Daar zat mijn angst, dat Wim Suurbier na een onverwacht gezellig gesprek mij zou gaan vertellen over de problemen die komen kijken bij het houden van kleine knaagdieren.

Net, nog maar een uur geleden, zag ik, in een documentaire, Barry Hay, de zanger van Golden Earring, op Curaçao met een tuinslang zijn plantjes water geven. Om hem heen liepen een paar heel lieve hondjes. Barry's vrouw schilderde een schilderij na. Ik had dat liever niet geweten. Barry Hay in een korte broek, daarmee is mij in één klap veel afgenomen. Ik heb Barry Hay met een Bacardi-cola in zijn hand, als een man van 87 jaar oud, een stram dansje in zijn huiskamer zien doen. Dag Barry.

Vier dagen na publicatie van mijn column in VI ging de telefoon. Ik nam, verdiept in een boek, gedachteloos op en hoorde Wim Suurbier. Hij zei: 'Hallo, u spreekt met Wim Suurbier.' Ik hing op en las door. Weer ging mijn telefoon. Weer hoorde ik de zin. 'Hallo, u spreekt met Wim Suurbier.' Een goede openingszin, als je Wim Suurbier bent. *Hallo*, zei ik. Dat was alweer zoveel minder dan de zin van Wim. Ik lag binnen één seconde weerloos op mijn rug. Ik had Wim Suurbier aan de telefoon.

Ik kon alleen stamelen. Wim bleef mij schitterend consequent met *u* aanspreken. Ik luisterde. Hij las mijn columns graag en hij had ook mijn column gelezen over 'zijn eigen persoontje'. Ik kon alleen maar wat zuchten en brabbelen. Wim Suurbier legde mij uit dat hij vond dat je alles gewoon moest kunnen schrijven en dat hij wel snapte wat ik bedoelde, maar dat het hem verder ook weer niet zoveel uitmaakte. Hij had al zoveel meegemaakt in zijn leven. Hij had een paar goede gabbers en daar ging het eigenlijk om.

Ik moest even gaan zitten. Wim Suurbier zelf had net het woord *gabber* tegen mij gezegd. Niemand zegt mooier gabber dan Wim Suurbier. Als je het hem hoort zeggen, snap je opeens wat het betekent. Gabbers, daar heb je er maar een paar van in je leven. Door dik en dun, al die suikerzoete associaties bij het woord gabber, ze verdwenen als sneeuw voor de zon als je het Wim hoorde zeggen. 'Gabbetje', zei hij ook nog een keer. Hij vroeg waar ik woonde. Leiden, antwoordde ik. Wim wist niet wat hij hoorde. Daar woonde nog een oude gabbetje van hem. Leuk wonen daar, in Leiden. Hij kende het wel.

Ik zat op maandagochtend met Wim Suurbier over leuk wonen te praten. Wim legde mij uit waarom hij mij wilde spreken. In mijn column had ik geconstateerd dat hij wat moeilijk uit zijn woorden kwam. In combinatie met die verhalen over drinken was dan de conclusie snel getrokken. Dat wilde Wim even rechtzetten. Hij had een tijdje terug een lichte hersenbloeding gehad. Verder niks bijzonders. Maar vandaar. Verder niets aan de hand. Het leven was mooi. Hij had gabbetjes, woonde in Amerika en alles ging zoals het ging. Of ik hem begreep, waarom hij dat even wilde zeggen? *Ja, meneer Suurbier*, zei ik.

Ik hoop dat we maar nooit gabbetjes mogen worden en dat hij voor de rest van mijn leven weer onbereikbaar is. Dag Wim. Het ga je goed.

We zijn niet achterlijk

19 JANUARI 2011

De winterstop in de Nederlandse competitie is een verhelderende periode. De voetballerij laat in december en januari zijn ware gezicht zien. Monden van voetballers, managers en trainers, ze veranderen tijdens de winterstop in pinautomaten. Druk op de juiste knoppen en het geld stroomt eruit. Bij bakken. De hebzucht, het persoonlijk gewin, de dans om het geld, je ziet dat het de laatste weken nergens anders om draait. De hele voetbalwereld lacht om clubliefde, spuugt op eerlijke concurrentie en schijt vooral op u, de voetballiefhebber.

Voorbeelden. Coen Moulijn zijn lichaam was nog niet stijf of Mario Been legde uit dat hij en de selectie niet bij de begrafenis zouden zijn. Feyenoord moest naar Oman. Niet om te trainen, maar om geld te verdienen. Een onbegrijpelijke keuze, vooral als je het de man hoorde uitleggen die ieder weekend acteert dat er echt Feyenoord-bloed door zijn aderen stroomt. Met terugwerkende kracht worden alle huilverhalen van Mario Been, als het over zijn Feyenoord-gevoel gaat, volkomen ridicuul. Been heeft op het pijnlijkste moment laten zien wat er echt door zijn aderen stroomt. Hebzucht en blinde ambitie.

Coen Moulijn zelf zou vanuit Indonesië meteen terug zijn gereisd naar Rotterdam als een van zijn oud-ploeggenoten kwam te overlijden. Geen discussie over mogelijk. Hij zou zijn koffer hebben gepakt, zijn eigen pakken er netjes in hebben gevouwen en Coen zou er hebben gestaan. Ruim op tijd.

Naar een begrafenis gaan van een oud-teamgenoot getuigt van respect. Van gevoel. Je laat zien dat je hart op de goede plek zit.

Je houdt van je club. Je gaat naar een begrafenis om nog eens, met een stuk cake in je hand, verhalen op te halen over de overledene. Er wordt gelachen. Soms slikt er iemand een dikke keel weg. Je begrijpt dat de man die nu in een kist ligt je club groot heeft gemaakt. Zonder hem was je niets. Je denkt aan zijn familie. Je doet wat je denkt dat goed is. Op je gevoel.

Been en zijn selectie deden het omgekeerde. Zij rommelden hun rouw in een handig mediamomentje, waarschijnlijk net na een sponsoractiviteit. Het moet er vreselijk uit hebben gezien, al die jonge grootverdieners om de kist van een man die zijn halve leven in een kledingzaak heeft gewerkt. Ik sluit niet uit dat er verveeld op horloges is gekeken. Ik denk dat als Mario Been zelf was overleden de reis naar Oman wel was afgelast. Ik denk zomaar dat Leo Beenhakker niet in zijn auto was gestapt en de vrouw van Been had durven te vertellen dat er in het buitenland wat geld moest worden opgehaald.

Het is wrang, maar juist na de dood van Moulijn had Feyenoord kunnen laten zien waarom het ooit zo groot was. Ze hadden in Rotterdam moeten blijven. Ze hadden moeten trainen in Nederland, omdat ze naar de begrafenis wilden. Been had daar kunnen laten zien dat zijn Feyenoord-hart werkelijk woest in zijn borstkast klopt. Nu zat Been samen met Leo wat te geiten in de woestijn. Ik las dat de omstandigheden ideaal waren. Fijn. Gefeliciteerd.

Het afscheid van Coen werd een majestueuze tocht door Rotterdam. Een historische tocht. Nooit eerder liet Rotterdam zo warmbloedig zien waarom *Hand in hand, kameraden* het lijflied is. Ze maakten het waar, al die mensen langs de route. Ik heb er met tranen in mijn ogen naar zitten kijken. Dit ging niet over geld. Dit ging niet over het linker- of het rechterrijtje. Dit ging over een piepklein mannetje dat stadions vol speelde. Iedereen was er en er zal nog tientallen jaren over na worden gepraat. Iedereen behalve de selectie van Feyenoord. Die zaten na een lichte training de foto's van de kinderen van een van de meegereisde sponsors te bekijken. Zo jong, de spelers van Feyenoord en nu eigenlijk al dood.

Het geld en de omtrekkende beweging. Ruud van Nistelrooy staat bekend als een vriendelijke jongen. Altijd wat woorden voor de pers. Leuke gozer in de groep. Hij leest af en toe een boek. Hij hield van Duitsland. Hield. Ruud blijkt dat ook allemaal te hebben geacteerd. Zoals dat zo vaak gaat. Nog maar een half jaar geleden benadrukte Ruud in ieder interview dat hij voor HSV door het vuur ging. Hij speelde liever iedere week dan dat hij moest wachten op een invalbeurt in Madrid. Het leven was mooi in Hamburg. Een heerlijke stad. Nee, hij miste Madrid niet. Totdat er daar iemand door zijn enkel ging.

Nu is Ruud al een week met deuren aan het slaan. Ze hebben hem in het trainingskamp moeten vastbinden op een hotelbed, zo graag wilde hij afreizen naar Madrid. Dat verbaast mij niet. Ik ben niet naïef. Ook Ruud speelt het liefst voor zoveel mogelijk geld in een zo prettig mogelijk klimaat. In die volgorde. Betalen ze hem in IJsland een godsvermogen, dan vindt Ruud IJsland opeens een heerlijk land met doorgroeimogelijkheden en fantastische streekgerechten. Zo werkt het. Voetballers zitten waar ze het meeste geld kunnen verdienen. Hamburgse fans, die voor veel geld Ruuds shirt hebben gekocht, krijgen van Ruud deze week de middelvinger. Dat is niet raar. Zo gaat dat. Luis Suarez, hij zal over enkele weken in de Engelse kranten vertellen dat hij al een leven lang van de Premier League droomt. En men zal het geloven. Zoals men nu in Madrid zal geloven dat Ruud echt van hun club houdt.

Het wordt tijd dat het eens uit is met dat kinderachtige gedoe. Wees voortaan eerlijk. Voetbal is, helaas, een beroep. Zeg dat je het voor het geld doet. Lieg niet. Maak de bezoekers en de televisiekijkers, die uiteindelijk jouw salaris betalen, niets wijs. We zijn niet achterlijk. Ruud is trouw aan de hand die hem het royaalst voedt. Die sentimentele rollenspelen, laat maar zitten Ruud.

Wees voortaan allemaal eerlijk. Zeg gewoon: *Fuck You, Moulijn, oude zak. We blijven niet thuis voor een dood fossiel.* Zeg voortaan: *Ik haat Duitsland, ik verlang naar Madrid. Ik ben weg als het kan.* Laten we het zo afspreken. Wij betalen jullie, jullie voetballen zo mooi mogelijk. Verder niets. Kom bij ons niet aanzetten met lulverhalen over clubliefde. Dat gelooft niemand meer.

Misplaatste hoogmoed

26 JANUARI 2011

Laat Ronald de Boer twee minuten naar een coach van Ajax kijken en hij weet of die wel of niet bij de club past. Over Martin Jol zei hij enkele weken geleden het volgende: 'Toen ik hem voor het eerst langs het veld zag staan in trainingspak en met een petje op, was het voor mij al klaar. Dan ben je voor mij geen Ajax-coach. Die heeft namelijk stijl.'

Aldus Ronald de Boer, de kledingfluisteraar. Laat hem aan een honkbalpetje ruiken en hij voorspelt voor de komende zes jaar alle uitslagen. De opmerking van Ronald de Boer is in meerdere opzichten stuitend dom. Allereerst getuigt zijn timing van lafheid. Wachten tot een coach is opgestapt en dan pas met een kledingadvies komen. Ronald de Boer zou pas echt een kerel zijn als hij meteen op Jol was afgelopen. Daar had ik graag naast gestaan.

'Hé Jol. Wat sta jij te doen man? Doe die pet eens af als je met me lult. Je ziet eruit als de eerste de beste Poolse junk die voor een tientje je hele huis komt witten. Waar heb je dat trainingspak gekocht, Jol? Twee halen, één betalen, samen met je broer Cock? Met zo'n trainingspak doen heel arme mensen op een camping in Bakkum de afwas. Hier voel nou eens, wat ík aanheb. Dat is wol van heteroseksuele lammetjes. Geen homowol, begrijp je. Dat trainingspak van jou, dat stinkt. Daar zit 486 liter angstzweet in. En ruik eens aan mij. Ik ruik heel lekker, naar Ronald de Boer. Ik ruik naar goedkoop succes.'

Als je iets van iemand vindt, zeg het hem dan recht in het gezicht, al is het Martin Jol. Nu is de aanval van Ronald de Boer heel erg goedkoop. Het moment van spreken is zorgvuldig gekozen. Pas na de aanstelling van zijn broer Frank.

Ronald de Boer heeft geen enkel recht van spreken. Wat je ook van Martin Jol vindt en hoe misplaatst tiranniek zijn manier van coachen ook was, Martin Jol durft in ieder geval risico's te nemen. Martin Jol wordt wel degelijk gedreven door eerzucht. Hij heeft Ajax, waar elke coach kapot gaat, in ieder geval aangedurfd. Martin Jol zou in iedere woestijn een paar miljoen kunnen ophalen, maar wil actief zijn op de Europese velden. Martin Jol houdt van topvoetbal. Of zijn schoenen goed bij zijn riem passen, dat interesseert hem minder.

Ronald de Boer zit al een paar jaar Nederlandse televisie te kijken tussen de sjeiks. Dat vindt Ronald dan weer niet erg, mannen om hem heen met een jurk aan hun kont. Als ze hem maar betalen. In ieder interview legde Ronald uit dat ze hem daar nooit meer weg krijgen. Tot vervelens toe moesten wij lezen dat Ronald dolenthousiast was over het onderwijs daar. De beste scholen ter wereld! Met de taalachterstand van Ronald de Boer vind je iedere school waar ze je meer leren dan *aap* en *noot* al snel een topschool. Ronald heeft in het verleden alleen goed op zitten letten toen het woord *buitenechtelijk* werd uitgelegd.

Het is een schaamteloze uitspraak van Ronald de Boer. Als er één iemand heeft bewezen dat de perfecte pasvorm van je pak je niets anders brengt dan wat verveeld rondhangen in het sterfhuis van de voetbalsport, Qatar, dan is hij het wel.

Ik ben benieuwd wat Frank de Boer van zijn broers uitspraak vindt. Ik denk zomaar dat hij na het lezen van de bewuste quote woedend een mouw uit zijn colbert heeft gescheurd. Frank is net iets slimmer dan zijn broer. Frank moet meteen hebben gevoeld wat er zo fout is aan de tekst van Ronald. Die vertelde in één zin, wat er al jarenlang mankeert aan Ajax. Waar Ajax aan kapot gaat. Misplaatste hoogmoed. Nog steeds denken ze in Amsterdam dat de mensen in Senegal, Indonesië of waar ook ter wereld huilend op hun knieën vallen als de naam Ajax valt. Die tijd is al dertig jaar voorbij en Ronald heeft het niet in de gaten.

Ronald de Boer denkt dat Ajax staat voor stijl. Hij denkt werkelijk, zoals zo veel Amsterdammers, dat gepoetste schoenen, de goede kleur das en een blond wijf met tieten aan je arm garant staan voor succes. Ronald de Boer bewijst zijn broer, direct na zijn aanstelling, een heel slechte dienst. Hij schetst een elitair beeld van Ajax. Vooral de laatste zinnen zijn dodelijk. *'Dan ben je voor mij geen Ajax-coach. Die heeft namelijk stijl.'*

Dat is precies de reden waarom Ajax door alle andere supporters in Nederland wordt gehaat. Dat rare vooroorlogse idee dat er maar op één plek in Nederland weergaloos mooi wordt gevoetbald, dat er maar op één plek in Nederland mannen onweerstaanbaar lekker ruikend, met betoverend zwart glanzend haar onder de douche vandaan komen. In Amsterdam. Daarom, vooral daarom verliest Ajax van zogenaamd kleine tegenstanders. Je hoeft je spelers alleen maar zo'n zinnetje te laten lezen en ze willen die arrogante zakken van Ajax opvreten. FC Utrecht wist er dit weekeinde wel raad mee, met de misplaatste hoogmoed. Spelers gaan liever dood dan dat ze van elf voetballende dressboys en een couturier verliezen.

Als Frank de Boer slim is, dan gaat hij dáár een keer mee aan de slag. Zijn spelers uitleggen dat ze juist niets meer dan een ander zijn. Frank zit helaas, zo heb ik begrepen, op de Ronald-lijn. Hij roept al wekenlang dat Ajax-spelers flegmatiek moeten zijn, dat Ajax-spelers moeten durven. Dat arrogantie goed is. Ajax moet met 3-0 voorstaan als de ploeg het veld opkomt. Het tegendeel is waar. Zoals Ajax zich nu gedraagt, misplaatst arrogant, staat het meteen met 3-0 achter als ze het veld opkomen.

Er is maar één oplossing. Deze week met de hele selectie naar de Wibra. Wit ondergoed kopen, met goedkope verf een rode streep op de borst schilderen en in die kleding kampioen worden.

Ruud Gullit in Tsjetsjenië

2 FEBRUARI 2011

Ruud Gullit is net wakker en eet een Tsjetsjeens aardappelgerecht. Koud. Er is geen magnetron. In Tsjetsjenië vinden ze dat een luxe, warm eten. Hij mist het geluid van een zoemende magnetron. Dat doet hem aan thuis denken, thuis bij zijn vrouw Estelle. Hij op de bank, zij midden in de kamer met 47 tasjes uit de PC Hoofstraat om zich heen en dan dat oergezellige geluid van ontdooiende kaviaar.

In Tsjetsjenië eten ze alles koud. Hij gaat daar niet over klagen. Dat heeft hij wel afgeleerd. Bij Feyenoord heeft hij een keer gezegd dat hij niet was te benijden. Dat is een leermomentje geweest. Als je per wedstrijd als trainer net zo veel verdient als een Rotterdamse havenarbeider in tien jaar, dan moet je dat soort dingen niet zeggen. Mario Been doet dat bijvoorbeeld veel beter. Die verdient een vermogen en toch denken de supporters dat hij ieder weekeinde met een paar zwarte klauwen onder zijn oude Opel Astra vandaan klimt. Ruud is daar ook wat slimmer in geworden.

Op de Tsjetsjeense televisie heeft Ruud gezegd dat hij dol is op aardappelgerechten. Koud vindt hij ze nog lekkerder. Hij heeft verteld dat hij er al een leven lang van droomt ooit in Tsjetsjenië werken. En nu is het zover. Hij kan rustig sterven. Hij vindt de kleding in Tsjetsjenië – een gekleurde deken van geitenhaar met een gat in het midden om je hoofd doorheen te doen – helemaal het einde. Hij draagt er zelf thuis ook een. Hij wil niet meer anders. Ook vindt hij de Tsjetsjeense gewoonte om samen met drie herdershonden in één bed te slapen helemaal niet vreemd. Ruud is een gezelschapsmens. Ze geloven alles hier. Voor veel mensen is hij hun eerste zwarte meneer. En geen verkeerde, vindt hij zelf.

Terwijl hij de aluminium bak aardappels leeg eet, kijken de herdershonden hem aan. Dat doen ze goed, die smachtende blik. Ze weten donders goed wie ze te vriend moeten houden. Maar hij kan dat nog beter. Niemand likt zich mooier in je leven dan hij, Ruud Gullit. Ruud weet het van zichzelf: hij is niets meer dan een goed doorgefokte herdershond. Hij ruikt het meteen als hij moet doen alsof hij van iemand houdt. Het geld, dat ruikt hij. De rest gaat dan eigenlijk vanzelf.

Zo heeft hij het altijd gedaan. Vanaf zijn jeugd. Eerst heeft hij die mafkees van een Barry Hughes voor zijn karretje gespannen. Met zijn lulverhalen over ontdekken en thuis bezoeken en zijn toekomst bij Haarlem. Haarlem bestaat niet meer en hij wel. Dus waar hebben we het dan over? Hij heeft nooit van Haarlem gehouden. Ze mochten van hem genieten, aan hem snuffelen, ze mochten hem betalen. Barry Hughes zit nu ergens diep in de provincie in heel slecht Nederlands voor driehonderd euro per avond te vertellen dat hij ooit op een rolfluitje blies toen Kessler voorbijkwam. Nee, dan ben je lekker bezig. Wat lullen die mensen dan in Nederland, over hem. Wie heeft het dan goed gedaan? Precies. Ze weten het in Nederland allemaal zo goed. PSV, wat een domme klootzakken liepen daar dan in de rondte. Zo makkelijk als daar, in Eindhoven, is het hem later nooit meer gelukt; mensen laten geloven dat je echt van hun stad houdt. Hij is er een paar maanden geleden nog geweest. Moest Estelle even heen en weer naar een schoenenwinkel waar ze de laatste dertig paar schoenen van een bepaald merk nog wel in het rood hadden.

Reed hij een rotonde op, hadden ze in het midden een veld vol met kegels en een bowlingbal neergelegd. Rotondekunst. En in zo'n stad moet je dan wonen.

Stel, ze vragen hem binnenkort terug, als technisch manager, dan weet hij precies wat hij gaat zeggen. Dat hij diep onder de indruk is van een stad die de rotondekunst mondiaal een boost geeft. Dat hij trots is op Eindhoven, waar men het heeft aangedurfd. Dat de sculptuur van vallende kegels hem steeds weer ontroert. Dat die kegels volgens Ruud staan voor de onderdrukten in de samenleving. Hij lult wel wat. Hij doet het inmiddels op gevoel, vertellen wat de mensen graag horen. Hij heeft als president van de Nederlandse en Belgische kandidatuur voor het WK net een jaar lang gedaan alsof Nederland een heel aantrekkelijk land is. Dan kan je wat. Dat ze dat WK niet hebben gekregen komt door Cruijff, die tijdens een pr-bijeenkomst op zijn fiets zat alsof hij een mango bevruchtte.

Best wel lekker, koud, die aardappels. Hij gooit er een naar de herdershond. Dat doet hem aan Nelson Mandela denken. Die stonk naar natte herdershond. Rook hij meteen. Die Mandela had een half leven in dezelfde onderbroek naar de zee zitten koekeloeren. Dat weet hij nog goed. Zat die *Uncle Ben* een heel jankverhaal op te hangen over onderdrukking, mensenrechten en discriminatie en opeens wist hij het. Natte herdershond. Hij heeft ooit de auto van John de Wolf gekocht. Eerst gewacht tot John aan lager wal was geraakt en geld nodig had, en toen heeft hij hem eens opgebeld, of John zijn auto toevallig nog wegdeed. Die rook ook naar natte hond, de auto van John. En naar zweterige, gekleurde overhemden. Zijn hand rook nog maandenlang naar Nelson Mandela. Die lucht kreeg hij er niet uit. De geur van oprechtheid en eerlijkheid. Ruud heeft ooit iets aan Mandela opgedragen, weet hij veel wat, iets van een beker of een kampioenschap. In ieder geval kostte het hem niets. Marketingtechnisch is dat voor het product Gullit heel goed geweest. Hebben mensen toch zeker een jaartje of vier gedacht dat de wereldvrede hem ene moer kon schelen.

Ruud heeft nu, dat voelt hij heel goed, weer zoiets nodig. Een liefdadigheidsdingetje. Ze doen in Nederland heel bijdehand over zijn verblijf in Tsjetsjenië. Zitten ze weer te zeuren dat hij in een land vol boeven werkt. Morgen nemen Estelle en hij een beslissing. Of het wordt een middag poseren met zieke kinderen in een willekeurig ziekenhuis of hij zegt weer eens iets emotioneels over Rinus Michels. Wat een proleet was dat. Doodgaan van verdriet omdat je vrouw er niet meer is. Dat gaat hem niet gebeuren. Hij zou het alleen heel erg vinden voor iedereen als hij er zelf niet meer is. Daar moet hij niet aan denken.

Grappige voetballers

9 FEBRUARI 2011

Hoe een interview je voetbalcarrière kan vernietigen. Dit weekend zag ik Wesley Verhoek, de spits van ADO Den Haag, vlak na zijn winnende treffer in de wedstrijd tegen PSV, voor de camera's verschijnen. Hij had er zin in. Iedere vraag werd breed lachend beantwoord. Dat snapte ik. Scoren in de laatste minuut, dat is jongensboekenwerk. Wesley was voor heel even de jongen die net te horen heeft gekregen dat zijn vader doodziek is, aan het sterfbed zit, zijn oor op de mompelende mond van zijn vader drukt, dan de vraag herhaalt, *Jongen, wil je voor mij scoren vanmiddag, voor mij, jongen?*, zwijgend zijn wondersloffen aandoet, op de fiets springt, net een minuut voor het einde van de wedstrijd aankomt, invalt en de winnende treffer maakt.

Het eerste stukje van het interview beviel mij wel. Wesley probeerde netjes antwoord te geven op de gestelde vragen, maar die in zijn gezicht gebeitelde lach maakte veel duidelijk. Het liefst wilde hij nu naakt uit een taart springen. Wesley probeerde netjes antwoord te geven, maar je zag het aan zijn gezicht: hij ging vanavond zeventien keer babi pangang speciaal bestellen bij de chinees om de hoek. Ik zag het aan zijn ogen. Wesley ging vanavond heel rare cd's opzetten. Het werd een dolle avond. Zijn vriendin zou vanavond, precies op het goede moment, vragen: 'Wes, zullen we morgen eindelijk die dure broodbakmachine kopen?' En Wesley zou ja zeggen. Zo'n interview was het.

Het was fijn om naar te kijken, dat feest in Wesley's lichaam. Ik wist wat er ging gebeuren. Ik wachtte geduldig op de medespelers die het interview zouden komen verstoren. Ook daar mag ik graag naar kijken. Vaak zie je een bloedzenuwachtige jongen van een jaar of zeventien, die voor het eerst wordt geïnterviewd, en dan zit je er al op te wachten: net buiten beeld laat een teamgenoot een keiharde boer. Gelach. Zijn team is hem aan het dollen. Midden in een antwoord stuitert er een sok via zijn voorhoofd tegen de camera. Hij krijgt een flesje water tegen de zijkant van zijn hoofd en hij doet wat ze hem bij de mediatraining hebben geleerd: gewoon doorgaan en steeds de vraag even herhalen. Zou René van der Gijp nog voetballen, dan kreeg zo'n jongen een uitsmijter ham-kaas in zijn nek.

Het interview met Wesley Verhoek had een van de fijnste interviews ooit kunnen zijn als Wesley niet net iets te lollig was gaan doen. Opeens begon hij, na een vraag of drie, grappig bedoelde antwoorden te geven. Wel drie keer achter elkaar. Precies op dat moment verknalde Wesley voorgoed zijn carrière. Gedaan. Over en uit. Hoogstens Roda JC, meer wordt het nooit. De kans dat Wesley, na het interview, ooit zal uitkomen voor een club uit de topdrie is uitgesloten. Topclubs hebben een hekel aan grappige voetballers. Dat leidt alleen maar af, menselijk gedrag.

Vraag dat maar aan Maarten Stekelenburg, de koning van het *Dodelijk Saaie Professionele Interview*. Maarten is in alles het tegenovergestelde van Wesley. Maarten houdt zijn hoofd een beetje schuin als hij naar de vraag luistert. Hij lijkt na te denken. Zal ik voor de trein springen of met een Feyenoord-föhn in bad gaan zitten? Na de vraag zoemt hij een onverstaanbaar antwoord. Stekelenburg lult al vier jaar lang in een geheim Sloveens dialect en niemand heeft het in de gaten. Je ziet zijn kop en verzint er zelf het lusteloze antwoord bij. Spelers van topclubs, nooit zie je ze eens lachen. Ja, Danny Koevermans lacht af en toe. En waar zit die: op de bank. Of hij speelt mee als PSV verliest. Ik zag dit weekend een kort interview met Luis Suarez. Of hij Ajax al miste. *Ja, enorm*, riep ik keihard door de kamer. Ik keek naar de beteuterde konijnenkop van Suarez en riep zelf de antwoorden. 'Natuurlijk is Ajax de mooiste club ter wereld. Ik ben er huilend weggegaan. Ajax heeft mij groot gemaakt. Ik wil iedereen in Amsterdam bedanken. Ik kom zeker terug. Bedankt Ajax'. Geen lachje kon eraf. Slim van Suarez. Lachende voetballers worden verketterd, ook in Engeland.

Niet door het volk. Die sluiten dit soort voetballers in de armen. Lachende voetballers worden vooral verketterd door leidinggevenden in het betaalde voetbal. Fred Rutten – ik weet het bijna zeker – deelt boetes uit als er iemand lacht. Je zou er op De Herdgang eens het broedgedrag van de gele snip mee kunnen verstoren. Bij FC Twente zie je het er ook insluipen. Theo Janssen geeft opeens korte, genuanceerde antwoorden. Dat hoort, denkt hij, bij topvoetbal. Humorloosheid. Theo zou drie jaar geleden, na de vraag: En Theo, gaan we het vieren vanavond?, hebben geantwoord: Ja natuurlijk. Lekker met zes kratten bier over de snelweg hollen en daarna kijken of ik nog iets tegen een boom aan kan parkeren. Hahaha!! Nu zegt hij: 'Volgende week is er weer een wedstrijd'.

Doe grappig in een interview en je verkeert voor eeuwig in de onderste regionen van de voetballerij. Vraag het aan Willem Suurbier en Ruud Krol. In 1974 deden zij, voor de camera, twee knaagdieren na. Knabbel en Babbel. Lachen, maar Suurbier staat nu fulltime ergens op sportpark De Toekomst onbetaald tegen een muurtje te leunen en Ruud Krol is succesvol coach van clubs waar ik de naam niet eens van kan spellen. Ze wilden zo nodig grappig zijn. Humor wordt keihard afgestraft in de voetballerij. Maak vier goede grappen tijdens een interview en je bent gebrandmerkt. Fortuna-trainer Wim Dusseldorp, die schitterend formulerend – met de komische timing van Toon Hermans – uitlegde waarom zijn spelers allemaal uitgleden; hij kan een baantje bij een grote club vergeten. Te slim en te lollig, daar zijn ze doodsbang voor.

Daarom voelde ik me onbehaaglijk toen ik naar het interview met Wesley Verhoek keek. Ik vond hem oprecht grappig. Ik geloofde zijn passie. Leuk om iemand eens zo onbevangen voor de camera te zien verschijnen. Op hetzelfde moment realiseerde ik me dat er ook een leidinggevende van Ajax zat te kijken en dat die dacht: Niks voor ons. Ajacieden zijn nooit grappig. En zo is het.

Cruijff en De Telegraaf

16 FEBRUARI 2011

Als Telegraaf-lezers iets in hun kop hebben zijn het net Egyptenaren. Ze blijven hun ongenoegen net zo lang voor zich uit schreeuwen tot ze hun zin krijgen. De Telegraaf, zie de krant als een goed verlicht plein vol met onrustig volk en alles wordt opeens een stuk duidelijker. Van de Egyptenaren begrijp ik het. Als je 31 bent en al klaar met leven, dan verzin je eens iets. Dan zou ik ook met mijn schoenen boven mijn hoofd staan dansen en drie uur per dag met mijn blote handen op mijn voorhoofd staan slaan. Wat moet je anders. Bij De Telegraaf is het allemaal wat minder helder.

Vaak is het totaal onvoorspelbaar waar men zich zo druk over maakt. Het kan van alles zijn. Hangjeugd, Job Cohen, scooters, Joden – maar dat is al weer een tijdje geleden – en nu over de directeur van Ajax, Rik van den Boog. Die moet blijkbaar weg. Om dat voor elkaar te krijgen voert De Telegraaf een Egyptische tactiek toe: net zo lang schreeuwen tot je gelijk krijgt.

Zaterdag 12 februari las ik het volgende op de website van De Telegraaf: '(...) Na de beschuldiging van Harro Knijff – advocaat van Hans van der Zee – dat Ajax-directeur Rik van den Boog de ledenraad verkeerd heeft voorgelicht omtrent het vertrek van de hoofdscout bij Ajax, lieten diverse mensen binnen Ajax aan Telesport weten dat deze leugen niet op zichzelf staat. Zij zien een patroon.(...)'

Diverse mensen binnen Ajax. Dan weet je het wel. Als er volgens *diverse mensen binnen Ajax* iets wordt gezegd, dan kun je duizend keer de beste voetballer zijn die Ajax ooit heeft opgeleid, maar dan sta je op een verloren zondagmiddag gewoon, op het parkeerdek naast de spelersbus, aan een horde Telegraaf-lezers uit te leggen waarom je die en die niet hebt gewisseld. Het gebeurde Marco van Basten. Ik heb zomaar het vermoeden dat Marco zich bij zijn aanstelling onkwetsbaar heeft geacht. Hij weet nu wel beter. Als De Telegraaf en Johan Derksen je niet moeten, dan ben je weg.

Niet om de hoofdredacteur van Voetbal International te verdedigen, maar van Johan kun je in ieder geval niet zeggen dat hij schimmig deed. Hij noemde man en paard. Zoals altijd. Daarom lees ik hem zo graag. Geen politiek gedraai, maar controleerbare quotes. De Telegraaf schaamt zich niet om in het stukje over Rik van den Boog diverse mensen binnen Ajax als oncontroleerbare bron op te voeren. Het kan een materiaalman zijn. Iemand die de broodjes met ham neerlegt voor de journalisten. Het maakt niet uit. De boodschap is duidelijk en Rik zal het begrijpen. Hij moet weg en kan er niets aan veranderen. Veel duidelijker wordt het als je *diverse mensen binnen Ajax* gewoon leest als Johan Cruijff, de columnist van De Telegraaf. Cruijff, gevaarlijker dan twee miljoen Egyptenaren. Stuur Johan drie dagen naar Algerije en er zijn vrije verkiezingen. Laat Cruijff hoestend langs Camp Nou lopen en Barcelona wint geen wedstrijd meer.

Het aardige is, dat de machtsstrijd bij Ajax in het openbaar wordt gevoerd. Je ziet vanuit je luie stoel precies wie er binnenkort uit worden geknikkerd. Rik van den Boog zal over enkele weken, net als Mubarak in Egypte deed, alle Ajax-fans nog een laatste keer geëmotioneerd toespreken. Ook Rik zal strijdbare taal gebruiken, maar we zullen het meteen weten: die zien we nooit meer terug in de voetballerij.

Zelfs een leek ziet wat er nu bij Ajax aan de hand is. Er wordt ook geen geheim van gemaakt. Cruijff zat uitgerekend tijdens de wedstrijd tegen PSV weer eens op de tribune. Voor de wedstrijd die speciaal naar hem is vernoemd, de strijd om de Johan Cruijff Schaal, komt Johan al jaren niet meer naar Nederland, maar juist nu, na wat tegenvallende wedstrijden, zat hij uitgerekend naast Frank de Boer, toen nog jeugdtrainer bij Ajax, druk gebarend de wedstrijd te becommentariëren.

Dan weet je als coach dat je kunt vertrekken. Johan kent als geen ander de kracht van de camera. Niemand weet beter hoe ze hem tijdens een wedstrijd in beeld brengen. Nog beter dan Willem van Hanegem weet Johan Cruijff dat slechts één gefilmde handbeweging genoeg is om zittende coaches kapot te maken. Johan deed het al ver in de vorige eeuw. Vraag dat maar aan Leo Beenhakker. Cruijff, op de tribune, daalde tijdens een wedstrijd af naar het veld om Beenhakker, op de spelersbank, uit te leggen wat hij verkeerd deed.

Johan wist toen al, als een echte mediakoning, waar welke camera's stonden. Beneden, bij het hek naar het veld, moest hij even wachten. Iemand maakte met een sleuteltje een ijzeren deur open. Daar zat een heel stadion naar te kijken en Johan wist dat. Johan wist dat dezelfde cameraman hem enkele ogenblikken later zou filmen als hij naast Beenhakker ging zitten. Ik heb het fragment al tientallen keren bekeken. Die doodsangst bij Leo. Hij wist het meteen: Johan regisseerde daar, ter plekke, zijn ondergang.

Cruijff is schuw, al een leven lang. Hij laat zich weinig zien. Dat is handig. Als hij zich laat zien weet je genoeg: er moet iemand kapot of hij zoekt, ten koste van iemand anders, de schijnwerper. Ronald Koeman, ooit maakte hij voor Barcelona de winnende treffer in de Europa Cup I-finale. Johan reageerde op de bekende manier. Ik heb het voor de zekerheid nog een keer teruggekeken op YouTube. Cruijff klimt, meteen na het doelpunt van Koeman, over een reclamebord. Heel onhandig, met een nette herenpantalon aan. Hij blijft met zijn schoen even achter het bord hangen. Ondertussen holt Koeman nog steeds dolblij over het veld. Toch keken we met zijn allen, door Johan Cruijff, een seconde lang naar een mannetje dat over een bord heen wil klimmen. Johan wist dit. Het was een doelbewuste actie. Hij kijkt zelfs even in de camera. Cruijff is genadeloos als een ander zijn licht pakt.

Nu gebeurt hetzelfde. Cruijff schuift, niet eens in het geheim, zijn vrienden naar voren, hij vernedert zittende coaches met zijn aanwezigheid en zet het zwaarste middel in: De Telegraaf. Let u goed op. Het moment waarop Cruijff weer prominent de camera's opzoekt is nu al bekend. Als Ajax, door zijn hulp, weer eens iets wint.

Balázs Dzsudzsák

23 FEBRUARI 2011

Het belangrijkste moment tijdens PSV-NAC Breda vond buiten de lijnen plaats. Daar was duidelijk te zien wie er de baas is bij PSV. Balázs Dzsudzsák. Dat hij er weer een vrije trap in liet plof-fen, prachtig. Zien we graag, iemand die een bal kort over de muur kan leggen. Weinig mensen kunnen dat zo goed als Dzsud-zsák. Hij lijkt me iemand die in zijn vrije tijd flesjes van een lat schiet. Daar houden wij van. Honderden keren heb ik dat ver-haal al gehoord, in steeds wisselende variaties. 'En dan stonden wij hier, langs de kant, weetjeniet, en dan zag je dat die gasten van Feyenoord het weer hoog in hun bol hadden. Dat zag je ge-woon, weetjeniet, een soort lamlendigheid. En dan kwam Hap-pel het veld op. Gingen ze hem lopen dollen met zijn coltrui. Happel droeg altijd een coltrui op een trainingsbroek. Die had overal schijt aan. Liep hij zo'n beetje Oostenrijks over dat veld te banjeren. Sigaretje in zijn mond. Dat vond iedereen tijdens het WK opeens heel bijzonder, dat die Maradona met een sigaar in zijn snuif liep te trainen. Wij zagen niet anders hier. Rinus Israel heb ik tijdens een corner een sjekkie zien draaien. Maar goed, Ernst Happel die roept iets. Iets met een *u* en een *h* erin, dus dat zal wel Duits zijn geweest. Ze zetten zes colaflesjes op de lat, hij legt zes ballen neer en hij schiet een voor een zo die kroonkurkjes van de hals. Dan had-ie weer een jaar lang gezag.'

Gezag. Belangrijk voor een trainer. Handig ook. Fred Rutten kan geen flesjes van een lat afschieten en is voor zijn gezag afhan-kelijk van andere dingen. Mijn indruk van Rutten: een trillende labrador die doet alsof hij een herdershond is. Het lijkt nergens op. Veel te zenuwachtig. Hij zit te veel aan zijn kop. Hij loert te veel opzij naar zijn assistenten. Je gelooft Rutten geen moment. Eén blik op dat paniekhoofd en je weet genoeg. Als hij in de kleedkamer de tactiek doorneemt, wisselen de spelers snel nog even wat recepten uit.

Een van de belangrijkste technieken om gezag af te dwingen, beheerst Rutten niet. De vroegtijdige wissel van een vedette. Ik kan me voorstellen dat daar bij de opleiding Coach Betaald Voetbal hard op wordt getraind. Het is een van de belangrijkste instrumenten die een trainer tot zijn beschikking heeft om duidelijk te maken wie er de baas is. Heel belangrijk is dat je wisselt op een onbegrijpelijk moment. De speler die je wisselt moet net een weergaloze wedstrijd spelen. Het publiek staat op de banken. Precies op dat moment roep jeß het jonge, zich warmlopende, zeventienjarige talent bij je. Hij gaat invallen. Voor je vedette.

Wat daarna gebeurt, is heel belangrijk. Je moet ernaar kijken zoals biologen jarenlang een groep gorilla's bestuderen. De waarheid, de kern, zit hem in hele kleine bewegingen. Een mannetjesgorilla die met zijn linkerhand in plaats van zijn rechterhand een vrucht vasthoudt; een beetje bioloog ziet daarin sluimerende onzekerheid. Daarna hoeft de commentator bij de natuurfilm alleen nog maar zijn tekst in te spreken. 'Nagajo, de zoon van vrouwtjesgorilla Madja, toont hier met zijn linkerhand het vruchtvlees aan Bekili, een duidelijk teken van onderdanigheid.'

Een vedette die wordt gewisseld, hoe loopt die het veld af? Iedere trainer weet dat het op dit soort details aankomt. Klapt hij treiterig, met beide handen boven zijn hoofd, als hij naar de bank loopt? Wandelt hij eerst nog naar een andere speler toe, om die iets in het oor te fluisteren? Doet hij zijn shirt al uit en laat hij dat verveeld achter zich aan slepen. Geeft hij de scheidsrechter nog een hand? Maar veel belangrijker: maakt hij oogcontact met de trainer? De klootzak die hem uit het veld haalt.

Goede trainers dwingen een hand af. Het allermooist is het als de trainer, wanneer de speler al vlak bij hem is, nog wat aanwijzingen schreeuwt naar de spelers die nog wel op het veld staan. Dan even kort omkijken, de gewisselde vedette een handje geven en daarna meteen weer een aanwijzing schreeuwen. Voor trainers is dat een droomscenario. Iedereen op de tribune ziet wie er de baas is. Door de aanwijzingen te schreeuwen, laat je zien dat je alweer zes niveaus verder denkt. Door de speler even terloops een handje te geven, laat je hem voelen wat zijn plek is. In ieder geval onder jou.

Dzsudzsák voelde dat, de vernedering, liep stomend de spelerstunnel in en wist dat hij werd gefilmd. Hij is niet achterlijk. Iedere grote speler die wordt gewisseld, kunnen wij tegenwoordig tot in de kleedkamer volgen. Mooi om naar te kijken. Boos sokken in een hoek gooien en dan de deur dichtdoen. Dzsudzsák voelde de camera en gooide zijn jas, vlak voordat een begeleider van PSV die aan kon nemen, op de grond. Een vernederende handeling. Iemand steekt zijn hand uit en je flikkert wat hij aan wil pakken op de grond. Met maar één doel. Hij moet bukken. Omdat jij heel bijzonder bent.

Het tekent Dzsudzsák. Hij is een speler die de weelde van de bewondering niet aankan. Normaal staan jongens met zijn kapsel ergens in Zuid-Polen alcohol uit koolrapen te persen of werken ze als hoofd papierversnipperaar ergens in Roemenië bij een handelaar in tweedehands vorkheftrucks. Dzsudzsák kan toevallig heel goed voetballen, verdient als een gek en heeft alleen nog maar mensen om zich heen die zeggen dat zijn kapsel heel modern zit. 'Leuk man, met zo'n puntje en dat het er uitziet alsof het net in brand heeft gestaan. Ik ga het ook zo dragen!'

Ik zou als trainer deze asociale gek meteen bij me roepen. Ik zou hem een trainingsjas in zijn handen duwen. Op een kapstok wijzen. 'Uitkleden maar, Dzsudzsák. En ophangen die jas. Netjes, op het haakje. Ik heb de tijd, jongen.'

Rutten zei er de volgende dag dit over: 'Die reactie past wel bij Balázs.' Doodsbang dat meneer Dzsudzsák het tegen Ajax niet naar zijn zin zal hebben. Rutten is geen trainer meer. We hebben het allemaal gezien. Sinds afgelopen zondag is er maar één man de baas bij PSV: Balázs Dzsudzsák.

De Emotie

2 MAART 2011

Afgelopen zondag, vlak na de wedstrijd AZ-FC Twente, werd matchwinnaar Erik Falkenburg geïnterviewd door een journalist van Eredivisie Live. Het gesprek verliep ongeveer zo: 'Erik Falkenburg, man, gefeliciteerd. Ja, zucht maar eens diep, wát een wedstrijd, wát een emoties! Iedereen huilde, heb jij dat ook gezien? Ja, echt, iedereen huilde. Heel hard. Heb je het niet gehoord, van de tribune, de huilkoren? Ja, dat gaat allemaal aan jou voorbij tijdens de wedstrijd, maar Joop Munsterman is nog tussen de supporters van FC Twente gaan staan, om mee te huilen. In de rust hebben we met alle bezoekers samen gehuild, omdat er een kwartier niet werd gevoetbald. Het was één grote bonk emotie. Dat heb ik nog nooit meegemaakt. Gertjan Verbeek, jouw eigen trainer, die zat met zijn linkerhand even aan zijn haar, dus die was óók geëmotioneerd. En terecht. Wat een dolle, dwaze, krankzinnige wedstrijd met – hoe zeg ik dat – heel veel tranen. Emotie. Janken. Vreugde en verdriet.'

'Maar Erik, ik zag de beelden net terug, vlak nadat je het winnende doelpunt had gemaakt en kijk even met me mee. Kijk hier, als je met je hand naar je wang gaat, daar huil je, hè? Toch? Is dat huilen? Zeg maar *ja*. Ja, natuurlijk is dat huilen. Je huilt, kijk maar. We kijken nóg een keer. Hier scoor je en dan loop je weg en kijk – jongens, zet dat beeld eens stil - wat is dit? Een traan. Je huilde. Waarom? Ik zie trouwens, nu ik je deze vraag stel, dat je bijna wéér huilt. Scoorde je voor een overleden familielid? Dat vind ik altijd mooi, scoren en dan naar boven kijken en iets met je handen en je lippen doen en dan huilen, want dat familielid heeft het niet meer mogen meemaken. Was dat het? Of huilde je gewoon omdat je van heel ver bent gekomen en omdat het een zware periode was? Dat mag je óók antwoorden, hoor. Als je maar even uitlegt waarom je huilde. Want je huilde, eerlijk is eerlijk, geen gelul, even als volwassen kerels onder elkaar, jij huilde. Nu weer. Je staat nu al wéér te janken.'

'Een rare vraag misschien, maar mag ik even aan je wang likken? Zoute tranen. Zó mooi. Zullen we anders samen even huilen, Erik? Voor mijn tante Kobie. Die heeft een heup die door haar eigen lichaam wordt afgestoten. Wil je daar volgende keer om huilen, als je scoort, om tante Kobie? Maak dan tijdens het huilen maar een O met je vingers, de O van tante Kobie, dan weet ik genoeg. Nou, dank je wel, ga lekker naar de kleedkamer, samen huilen met de andere spelers. Ja, mensen, dat was Erik Falkenburg, hij huilde na een doelpunt. Prachtig.'

Zó hijgerig was het interview. Schaamteloos werd, vlak na een wedstrijd waarover toch het nodige viel te vertellen, ingetuned op De Emotie. Dat vinden kijkers mooi, huilende voetballers. Als Willem van Hanegem ooit sterft, wat ik overigens onwaarschijnlijk acht – die zit over 56 jaar nog steeds in een roze trui uit te leggen dat *'die gaste de stinkende best moeten doen, weetjeniet'* en doet nog steeds net alsof Truus van Hanegem nooit heeft geleefd – dan weet ik precies welke fragmenten ze tijdens het NOS Journaal laten zien. Van Hanegem in een witte badjas met een beker in zijn handen en Van Hanegem huilend naast Kees Jansma, als hij net heeft besloten niet mee te gaan naar het WK van 1978 in Argentinië.

Huilen, we zijn er dol op. Vooral interviewers. Met dank aan Mart Smeets. Hij heeft zo'n beetje in z'n eentje de journalistieke jacht naar de traan geïntroduceerd. Mart Smeets is de uitvinder van de vraag: *Wat voelde je toen....?* Zet Smeets drie minuten bij een willekeurige groenteboer voor de toonbank en zo'n man huilt de longen uit zijn lijf. 'Ik sta hier vlak voor, ja, wat is het, een rare, gekke, maffe, mag ik dat zo zeggen, ja, hij knikt, ik mag dat zo zeggen, ik sta hier, en dat is heel raar wat ik nu ga zeggen, ik sta hier naast 140 kilo schoon aan de haak, zeg zelf maar even je naam, hij zegt Sjonnie, hij heet Sjonnie en is dat niet E-Nig! En Sjonnie hier, die voelt zich niets te groot om, mag ik u even spreken, PATAT!!, die, nee, laat ik het anders zeggen, Sjonnie, hier vlak voor me, die verkoopt, en als ik het zeg moet ik al bijna huilen, die verkoopt appels. Per kilo. Sjonnie, een rare vraag, maar ik stel hem je toch, wat voelde je, toen je net een kilo goudrenetten verkocht?'

Huilen of lachen, daar gaat het uiteindelijk om in het moderne voetbal. René van der Gijp – zenboeddhistische monnik met een geinig overhemd – laat twee keer per week zien dat voetbal eigenlijk, als het erop aankomt, voornamelijk hilarisch is. 'En let op, kijk, nou denkt-ie: Ik schiet 'm weg, kijk, zie je hem denken: Wat zal ik doen? Weet je wat? Ik schiet 'm lekker weg, joh, kan mij het schelen? Lekker makkelijk en let op, hier wil hij schieten en dan... Hahahahah!! Kijk dan wat-ie doet! Hahahahaha. Dat is toch schitterend? Jaahh, daar kan ik van genieten. Heerlijk! Ja hoor, laat nóg maar een keer zien. Hahahaha!' Het werkt aanstekelijk, het gelach van René. Willem Kieft, je zou hem, vlak voordat hij eeuwig in dood hout verandert, ook zo graag een glimlach gunnen.

Feyenoord lacht ook weer. Door een Japanner. Ze waren het even kwijt, in Rotterdam, maar historisch klopt het helemaal, het succes van Ryo Miyaichi bij Feyenoord. Passeer twee man, gedraag je een beetje buitenlands en je kunt een leven lang gratis drinken en eten in Rotterdam. József Kiprich, ze staan nu nóg over hem te lullen. Mike Obiku, de *Naakte Hollende Gekke Neger*, Rotterdammers hebben hem voor eeuwig in hun hart gesloten.

Dat is wat mij weer ontroert. Rotterdammers, ze willen zó graag arbeiders zijn, ze willen zó graag de mouwen opstropen. Geen woorden, maar daden. Maar als er een Japanner drie schaartjes uitgooit en onophoudelijk lacht, dan schijnt opeens weer de zon in Rotterdam. Om te huilen zo mooi.

Op zijn El Hamdaouis

9 MAART 2011

Frank de Boer heeft een veel groter probleem dan Mounir El Hamdaoui. Er zit een reporter van De Telegraaf in zijn selectie. Enkele dagen geleden werd, via De Telegraaf, bekendgemaakt dat El Hamdaoui en Luis Suarez meteen na de eerste ontmoeting vechtend door de kleedkamer rolden. Laat ik eerlijk zijn: dat lees ik graag. Berichten uit de catacomben. Daar waar niemand komt. De kleedkamer is bij uitstek een plek waar je als gewone sterveling naar moet blijven gissen. Het is misschien wel de enige plek waar je als speler veilig bent.

Sinds iedereen met een telefoon in zijn hand onder de deur van het toilet door kan filmen hoe een Bekende Nederlander naar zijn toiletpapier zit te staren, of hij wel of niet nog een keer zijn kont moet vegen, zijn vooral de spelers van Ajax vogelvrij. Het is heerlijk om het leven van een popster te leiden, maar het heeft ook zo zijn nadelen. Gregory van der Wiel kan hoofddoekjes omdoen wat hij wil, hij kan verkleed op een paar Uggs over straat gaan, maar twee minuten nadat hij om drie uur 's nachts in De Melkweg met een rapper op de foto gaat die net twee uur lang, ritmisch begeleid door knallende snaredrums, in steeds wisselend perspectief voornamelijk heeft staan vertellen dat hij iedere bitch keihard in haar reet, kut, mond of oor wil neuken, staat de foto van de vriendelijk lachende Gregory al op Twitter.

Je moet als voetballer op je hoede zijn. Bij Theo Janssen is het weer net andersom. Die heeft een reputatie hoog te houden als het om onverantwoord verwarrend gedrag gaat. Die hoeft maar één keer met pantoffeltjes en een krant te worden gefotografeerd en het is einde carrière. Een scherpe foto van Theo Janssen die zijn auto gewoon met de wielen aan de onderkant langs de kant van een weg parkeert is goud waard.

Voetballers – de nieuwe popsterren – zijn vogelvrij en de meesten vinden het heerlijk. Het hoort bij de opleiding. Je moet je erbij neerleggen dat iedereen je aan kan spreken en dat iedereen iets van je vindt. Dat geld voor alle plekken, behalve de kleedkamer. Daar komt niemand van buiten. Tot het begin van dit seizoen dan.

Ik weet precies wat er op een beslissend moment in de kleedkamer van Ajax is gebeurd. Ik pak het bericht er even bij. 'El Hamdaoui vroeg Suarez bij zijn entree waar hij in de kleedkamer moest zitten. De Uruguayaan wees vervolgens naar het toilet. De van AZ overgekomen aanvaller was daar niet van gediend en greep de aanvoerder bij zijn keel.'

Een lekkere binnenkomer. Een entree die navolging verdient. El Hamdaoui doet hier wat iedere nieuwe werknemer graag zou doen. Nu kom je nog verlegen binnen, zit je doodsbang te luisteren naar alle nieuwe collega's om je heen, je luistert beleefd naar wat lulverhalen van enkele populaire figuren en daarna eet je zwijgend je lunch. Dat kan vanaf nu heel anders. Op zijn El Hamdaouis. Binnenkomen en als ze koffie aanbieden meteen de tafel in een hoek smijten. Daarna blind intrappen op je directe leidinggevende. Niemand biedt jou ongevraagd koffie aan.

Het is even wennen, maar wel veel eerlijker. Je hoeft niet meer met kramp in je kaken dom te lachen om slechte kantoorhumor. Als iets je niet bevalt, sla je er meteen op los. Wachten tot je collega zegt: 'Hier kan je je jas ophangen', en dan páng, meteen tussen haar ogen.

Het bericht uit de kleedkamer roept veel vragen op. Hoe zou El Hamdaoui hebben gereageerd op de voetbalhumor van vroeger? Nu was het alleen nog maar het wijzen naar een toilet. Je vraagt je af hoe El Hamdaoui zou reageren op de bekende voetbalhumor uit de jaren tachtig. Zijn sokken doorknippen. Zijn auto op kistjes zetten. Zijn shampooflesje vol pissen. Dat werk. Laat El Hamdaoui een weekje met ADO Den Haag meetrainen en er vallen zes doden. Daar vindt El Hamdaoui na de training een gepureerde varkenskop in zijn schoenen. Staat hij te douchen, laten ze 190 slachtlammeren de kleedkamer binnen denderen. Lachen.

Ik vind het moeilijk om in deze zaak een standpunt in te nemen. Ik erger me aan de ene kant helemaal gek aan die belachelijke trots van El Hamdaoui. Ik snap ook waar de actie van Suarez vandaan komt. Die heeft, als aanvoerder, direct aangevoeld dat El Hamdaoui het slechtste was wat Ajax kon overkomen. Waar meneer verschijnt eist hij respect. Bij AZ was het niet anders. Hij is een van die voetballers die pas goed presteert als de trainer en het publiek in hem geloven. Ik vind dat altijd wat treurige spelers. Ze spelen slecht, leggen ze uit, omdat ze geen vertrouwen krijgen. Als trainer en publiek warmte uitstralen dan 'geven ze daar er iets voor terug'. Het zogenaamde chantagemodel. Pas goed voetballen als iedereen net doet alsof ze je heel goed vinden.

Aan de andere kant vind ik El Hamdaoui zijn primaire reactie wel eerlijk. Het komt natuurlijk voort uit egomane hoogmoedswaanzin, maar hij is niet dom staan gaan lachen om iets waar hij zich diep beledigd door voelde. We weten nu wel zeker, na het uitlekken van dit incident, waarom Suarez en El Hamdaoui elkaar in het veld ook niets gunden. Twee jongetjes waren het, op een schoolplein. Naar elkaar loerend. Met terugwerkende kracht voel ik me belazerd door die twee. Al die handjes over het hoofd als de ander scoorde, al die lachjes naar elkaar in het veld, het is uiteindelijk één grote schertsvertoning geweest.

We weten één ding zeker. Frank de Boer is een betere coach dan Martin Jol. Martin Jol heeft geweten wat er in de kleedkamer gebeurde en heeft daarna de verkeerde mensen met zijn straftrainingen lastiggevallen. Martin Jol had toen al moeten doen wat Frank de Boer nu doet. El Hamdaoui uit de selectie zetten. Ajax zou dan nu bovenaan hebben gestaan.

Joop Munsterman

16 MAART 2011

Soms kunnen een paar zinnetjes je in vuur en vlam zetten. Ik had dat een week geleden toen ik deze twee zinnen las, op de site van Voetbal International.

(...) *FC Twente gaat Douglas helpen om zijn onstuimige temperament in toom te houden. De 23-jarige verdediger krijgt van de club een cursus aangeboden die moet leiden tot meer zelfbeheersing in het veld.* (...)

Je speler een cursus aanbieden, dat zouden meer clubs moeten doen. Het kan allemaal wat eendimensionaal worden, dat voetballen. Heel goed om dan op zijn tijd de sleur te doorbreken met een cursus. Mario Been die is nog heel 1974 bezig. Die gaat paintballen als het tegenzit. Dat werkte in het verleden misschien, de trainer die jou al zes wedstrijden op de bank heeft laten zitten, van een meter afstand twaalf patronen blauwe verf tussen zijn ogen schieten, maar nu, in deze tijd, moet het moderner. Een cursus aanbieden, als je dat doet als bvo, dan ben je goed bezig.

Ik zou er graag bij zijn, de hele selectie van De Graafschap tijdens een cursus *Djembé*. Lekker roffelen op de binnenkant van een gedroogde geitenmaag omdat je tegen NEC niet genoeg pressie op het middenveld zette, het lijkt misschien even gek maar het is de nieuwe frisse wind die door het Nederlandse voetbal waait. Trainers zitten met scheidsrechters op maandagochtend lekker te beppen over de regelgeving en spelers krijgen cursussen aangeboden. Alles kan opeens. Ik sluit het niet uit, de hele verdedigende linie van FC Groningen een weekendje *Emotioneel*

Glasblazen in Orvelte. Voor de partners is dat prettig. Komt hun man eens met andere verhalen thuis. 'Kijk lieverd, kijk eens, ik heb een asbak geblazen. De glasblaasmeneer vond dat ik echt talent had!!'

Voor Ruud Krol komt het helaas net 35 jaar te laat. Een kort cursusje *Hele zinnen spreken zonder dat je dus zegt* had wonderen kunnen verrichten. Ruud komt uit een tijd dat iedereen maar wat aanrommelde. Zou hij nu bij FC Twente spelen, dan zat Ruud allang met een badmuts vol elektroden op zijn kop ergens naast een medicus. Even kort 4000 volt op die stembanden zetten en je zegt dus nooit meer *dus.*

De reservekeeper van Ajax gaat ook profiteren van deze nieuwe educatieve voetbalbegeleiding. Die zit over twee dagen met tachtig postnatale vrouwen op de cursus *Dik zijn overkomt je, slank zijn is een keuze.* Jeroen Verhoeven huilend midden in een kring, met zijn laatste broodje bal uit eigen jus in de hand.

FC Twente loopt voorop als het om emotionele en educatieve begeleiding gaat. Theo Janssen kan nu eindelijk, na een cursus van veertien weken, zelfstandig zijn auto achteruit inparkeren. FC Twente zit bovenop zijn spelers. Er is geen enkele andere club die zich zo in het privéleven van zijn spelers vreet. In Enschede is het sinds kort Rusland 1918. Spelersbegeleiding met een wat ranzige bijsmaak. FC Twente loopt namelijk altijd achter de feiten aan.

Joop Munsterman en zijn team straffen pas als er door het volk om wordt geschreeuwd. Er zijn veel overeenkomsten met de zaak-Theo Janssen. Hij veroorzaakte, dronken van drank, een verkeersongeluk, Twente wachtte af hoe een en ander zou vallen in de pers en strafte toen pas. Dat gebeurde met net iets te veel spierballentaal en tamtam. Toen al voelde die strafmaatregel aan als een uitgekookt mediamomentje. Zou het ongeluk van Theo geen gewonde hebben opgeleverd en niet in het nieuws zijn gekomen, Munsterman zou hem nooit hebben geschorst.

Ik zeg expres steeds Munsterman omdat er niemand anders dan hij het zogenaamd menselijke gezicht van FC Twente breed uitvent. In de affaire-Douglas, die na zijn rode kaart in de wedstrijd tegen AZ, slaand en schoppend door zijn medespelers van het veld moest worden geduwd, speelde Munsterman een bedenkelijke rol. Om het meegereisde Twente-publiek stil te krijgen ging Munsterman – na een korte onderbreking van de wedstrijd – tussen de supporters staan. Dit leverde pijnlijke beelden op. Munsterman, die als het om zijn spelers gaat blijkbaar weinig tolereert, stond na de gelijkmaker van FC Twente als een kind zo blij te hossen met figuren die enkele minuten daarvoor de moeder van de scheidsrechter nog voor hoer hadden uitgemaakt. Munsterman had het zo te zien enorm naar zijn zin daar tussen *Het Gezonde Volksgevoel.* Munsterman treurde, met de armen om de supporters heen, om de nederlaag.

Zo zit de wereld van Munsterman in elkaar. Je mag iedereen voor hoer uitmaken, je mag vuurwerk op een veld gooien en dan krijg je als beloning de voorzitter gezellig tussen je in. Je moet volgend jaar namelijk wel weer een seizoenkaart en wat merchandise kopen. Maar verlies je jezelf tijdens het voetballen, zoals Douglas, dan word je door de club hard gestraft. Dan legt Munsterman, het liefst met zo veel mogelijk camera's in de buurt, uit dat dat niet bij een club als FC Twente past.

Dat is op zijn minst hypocriet te noemen. Iedereen weet hoe dit is gegaan. FC Twente heeft de berichtgeving rond Douglas afgewacht, ze hebben op de televisie gekeken hoe ernstig het er allemaal uitzag en hebben toen pas gestraft. Trainer Michel Preud'homme, die zich langs de lijn nog bijna drie keer gekker gedroeg dan Douglas, hoeft niet naar een cursus *Ansichtkaarten maken voor beginners.*

FC Twente, onder aanvoering van Munsterman, bedient veel te hijgerig de massa en slachtoffert daarbij graag een selectiespeler. Ik sluit niet uit dat Munsterman volgende week met een tv-ploeg van omroep RTV Oost onverwacht bij Sander Boschker aan de deur staat. 'Zo, jongen, nu houd je bij FC Twente je doel redelijk schoon, maar we hebben net even in je afvalbak gekeken en wat is dit? Noemen we dat gescheiden afval? Dat wordt zes weken in het tweede.'

Marcel Brands, de technisch manager van PSV, was zondagavond tijdens Studio Voetbal een stuk eerlijker. Hij weigerde om Ola Toivonen opeens harder te gaan straffen omdat alle kranten en supporters van andere clubs daar om schreeuwen. Hij legde uit dat PSV zich niet wil laten leiden door de waan van de dag.

Munsterman is die schaamte allang voorbij. Het is het bekende probleem van deze man. Hij wil te graag aardig worden gevonden. Hij doet te hard zijn best om over te komen als een prachtig mens. Dat lukt slecht. Wat ik de laatste maanden zie, ruikt naar zelfverheerlijking en genadeloos slachtofferen van selectiespelers als hem dat goed uitkomt.

Treurig leven

23 MAART 2011

Hoe zou Andries Jonker er de laatste tijd bij zitten? Zijn baasje, Louis van Gaal, gaat een jaar niets doen. Waarschijnlijk heeft Andries gewoon een doorlopend contract bij Louis van Gaal, dus dat wordt gewoon handdoekjes opvouwen in Van Gaal zijn buitenhuis. Jonker weet het, dat wordt een jaar lang voor dag en dauw uit de veren, om op de markt in een of ander Portugees kutdorpje verse sardines voor Louis te kopen. Zonder graatjes. Louis heeft Andries geleerd hoe je verse vis herkent. Aan de ogen. Als de ogen helder staan, als ze glanzen, dan zit je goed. Zo herkent Louis ook trouwe assistenten. Als de ogen bol staan van ontzag, als de assistent na iedere tekst van Louis kan kijken als een labrador, als er kan worden gekwijld op commando, dan weet hij genoeg: topassistent. Verse vis of een goede assistent; Louis herkent ze op kilometers afstand.

Ik kan mij niet voorstellen dat er ook maar één club is in Europa waar Andries Jonker aan de slag kan. Het is het wrede lot van Jonker: hij moet voor eeuwig de rug wassen van Louis. Andries weet wat hem dit jaar te wachten staat. Even geen voetbal en de focus verleggen. Je ziet ze zo staan: Louis van Gaal naast Andries op een vergeeld stukje gras, ergens aan de kust van Portugal. 'Wat voor kleur heeft dat gras? Niet groen, hè. Nee. Kijk me aan, Jonker, als ik tegen je spreek. Wat voor kleur heeft dat gras, ondergeschikte? Precies. Geel. En wat voor kleur hoort gras te hebben. Precies, groen. Heel goed Andries. En wanneer had ik jou gevraagd om dit gazon te besproeien? Duidelijker praten jongen. Articuleer nou gewoon eens als een echte Duitser, met je bek wijd open. Doe maar net zoals ik: praat alsof je een land binnenvalt. Goed zo. Keurig. Nou, zeg het maar. Wanneer had ik jou dat gevraagd? Harder praten, ik versta je nog steeds niet. Gisterenmiddag. Precies. En dat hebben we... Nou? En dat hebben we...? Harder, ik versta je weer niet. Dat hebben we...? Níét gedaan. Juist. Kijk maar eens naar dat gras. Denk jij dat meneer Van Gaal dat leuk vindt, moeten *sabbaticallen* met zijn blote voetjes in het kapsel van John de Wolf. Verdomme Jonker, voel dan. Bonnie St. Claire heeft nog meer leven op haar kop dan dit gras. Dus wat gaan we doen? Verven ja. Sprietje voor sprietje. Naakt. Heel goed. Smeer je goed in, jongen.'

Je moet dat kunnen, zo nederig zijn als Andries Jonker. Je hoeft maar een blik op die vertrokken zenuwensmoel te werpen en je weet genoeg. Hij heeft er zijn vak van gemaakt, dienend kijken. Andries Jonker is een geval apart. Hij heeft de opofferingsgezindheid van een butler. Je probeert het je voor te stellen: Andries die Louis een keer corrigeert. Ondenkbaar. Dan ligt hij meteen in een geluiddichte kamer met een tuinslang in zijn kont. Al wil Louis 1-1-8 spelen, Jonker staat zijn handen stuk te klappen en zegt dat hij nog nooit iemand zo mooi de magneetjes op een bord heeft zien drukken.

Het heeft de treurigheid van een klassiek drama. Een komisch duo zijn en weten dat de ander grappiger is. Maar ja, volle zalen. Dat soort leed. Andries is een man die zich heeft neergelegd bij een tweederangs leven. Louis van Gaal is een man die daar met droge ogen naar kan kijken. Nooit hebben twee mannen elkaar zo gevonden. De een doodsbang en nederig, de ander megalomaan op het krankzinnige af en dominant. Andries weet wat de afspraken zijn. Nooit tegenspreken, de pionnetjes netjes recht achter elkaar zetten en kijken of hij alles begrijpt; dan is er niets aan de hand. Mondje dicht, doen wat je wordt gevraagd en dan zit hij volgend jaar gewoon weer naast Louis bij een nieuwe topclub. Lacht hij iedereen uit.

Ik ken eigenlijk maar één man in de Nederlandse voetbalwereld die een treuriger leven leidt. Hans Kraay junior. Bekend geworden als commentator van Domino Day. Je begrijpt dat wel. Hans moet daarin zijn eigen leven herkennen. Al die losse steentjes achter elkaar en weten dat het op een dag allemaal in elkaar gaat lazeren. Dat hele bij elkaar gefantaseerde broze bouwwerk dat hij zijn *carrière* noemt, Hans weet het: als ze hem doorhebben kan het zo in elkaar donderen.

Het kan niemand zijn ontgaan: Hans Kraay junior is terug bij het programma Voetbal International. Daarin acteert hij een onnozele. Een format waar ze nog jaren mee vooruit kunnen. Hans is in dit programma de Andries Jonker. Hij weet wat er van hem wordt verwacht. Hij moet iets schreeuwen en daarna pist Van der Gijp hem in zijn nek. Dat vinden mensen leuk en Hans doet graag dingen die mensen leuk vinden. Hans vindt het heerlijk als je hem een raar mannetje noemt. Raar mannetje zijn is Hans zijn beroep. Al een carrière lang. Als voetballer acteerde hij een prof en was hij meer bezig met zijn imago dan met fatsoenlijk een bal aannemen. Als interviewer bij wedstrijden van het Nederlands elftal wordt hij al jaren niet serieus genomen. Hans is de gedroomde journalist van Kees Jansma. Positief over dat team zolang hij er zijn huur van kan betalen.

Ik zag Hans Kraay junior, vlak voor zijn terugkeer, verschijnen in een item van De Wereld Draait Door. Jakhals Frank bezocht Hans in zijn eigen huis en stelde hem wat stekelige vraagjes. Hans werd zogenaamd boos. Slecht cabaret, daar zat ik naar te kijken. Hans is definitief een Swiebertje geworden. Voor eeuwig de man die op afroep zijn oeroude kunstje opvoert. Hij scheldt omdat het geld oplevert. Hans minacht de kijker. Hij denkt dat we het niet doorhebben. Dat we zijn woede geloven. Hans denkt dat als je maar vaak genoeg heel hard *paardenlul* schreeuwt, het vanzelf goed komt.

Paardenlul. Dat is het woord waar Hans beroemd mee wil worden. Ik denk dat hem dat gaat lukken. Nog drie keer zo'n gênant toneelstukje naast Derksen, Genee en Van der Gijp, en Hans heeft het voor elkaar. Kan hij voor eeuwig in een paardenlullenpak optreden tijdens braderieën. Dat is wat Hans het beste kan. *Paardenlul* roepen en er dan zelf een krijgen als ze om hem lachen. Wat een leven.

Cruijff vecht als een wijf

30 MAART 2011

Danny Blind mag, omdat hij zo veel voor Ajax heeft betekend, in Almere gaan werken. Dat lees ik net in de maandagochtendcolumn van Johan Cruijff. Almere... Waar vogels dood uit de lucht vallen, waar het gras met tegenzin uit de grond komt. Almere, waar iedereen de trui van Albert Verlinde draagt. Je probeert het je voor te stellen: Danny Blind die zijn auto wegzet op een parkeerterrein naast de hoofdtribune van Almere City FC.

Danny speelt opeens de hoofdrol in een goedkope maffiafilm. Hij heeft een paar keer te weinig respect getoond en nu moet hij voor straf werken bij de club met de minst geile naam ter wereld. Almere City FC. Een club met de naam van een goedkoop warenhuis. Noem het dan meteen Schoenenreus FC. Arme Blind. De vernedering.

Je gunt het niemand, Almere, maar stiekem hoop ik dat Danny het een half jaar gaat proberen. Die bezoekersaantallen moeten omhoog van 300 naar 350 mensen per wedstrijd. Er moeten modernere dingen op de menukaart. Dat kan niet meer, bij een professionele club, met een föhn 's ochtends tweehonderd tosti's ontdooien omdat de achterlijke kantinebaas alweer dronken voor de vriezer is gevonden. Als iemand dat kan, dan is het Danny Blind. Niemand kijkt professioneler onder zijn oogleden door. In de korte periode dat Blind leidinggevend actief was bij Sparta, zag je zijn grootste talent: kijken alsof je net een derde sublaag in de organisatie hebt ontdekt.

Voor de neutrale liefhebber van voetbal zijn het gouden tijden. Nooit eerder liet een club zich zo recht in de stinkende darmen kijken als Ajax. Een rottende tafel vol met vlees en wij kunnen er op ons gemak, met een kopje koffie in de hand, naar loeren. We zien allemaal dat Cruijff vecht als een wijf. Hij bijt, trekt aan haren en hij maait wild in de rondte met zijn armen, maar we zeggen niets. Cruijff is de koning van het schoolplein. Als hij knikt, dan weet je genoeg. Hij wil de helft van je broodtrommel.

Het is goed om de column van Johan Cruijff zo close mogelijk te *readen*. Je moet het benaderen als een Heilig Geschrift. Niets is wat het lijkt. In iedere zin zit een verborgen boodschap. Over twaalf eeuwen zullen geleerden de column van Cruijff pas echt kunnen duiden, maar laat ik een poging doen. Ik heb er een beetje talent voor, om de verborgen boodschap te herkennen. De roep van een wethouder van Den Haag om Matthijs van Nieuwkerk op de middenstip kaal te scheren kun je zien als een ludieke actie, maar plaats je het in een breder kader en neem je de hele rel rond het foute jodengezang van John van den Brom en Lex Immers erin mee, dan zie je opeens dat het een schitterende, emotionele verwijzing is naar het kaalscheren van moffenhoeren vlak na de Tweede Wereldoorlog.

De column. Wat zegt Cruijff nu eigenlijk? De openingszin luidt: *Onder voetballers bestaat een erecode. Collega's met wie je samen de kleedkamer deelde, met wie je gewonnen en verloren hebt, die laat je in principe nooit vallen.* Cruijff zegt hier eigenlijk: voetballers zijn aparte mensen. Zij hebben een erecode. Hij noemt er nu toevallig één, maar ik weet er nog wel een paar. *Collega's met wie je samen de kleedkamer deelde, met wie je gewonnen en verloren hebt, zijn in principe niet homoseksueel.* Of: *Collega's met wie je samen de kleedkamer deelde, met wie je gewonnen en verloren hebt, die zullen een leven lang naar jouw gelul moeten luisteren en alleen maar mogen knikken.*

De kern van de zin zit natuurlijk in de woorden *in principe*. Dan weet je wel hoe laat het is. Als Johan Derksen volgende week hier aanbelt en me meldt dat in principe nooit wordt gedacht aan een andere columnist, dan weet ik genoeg. Die gaat een moppenpagina met Hans Kraay junior in zijn blad zetten.

De volgende belangrijke passage in de column luidt: *Als ik dan hoor en lees dat volgens de directeur van Ajax wij Blind meteen op straat hadden willen zetten, dan ben ik verbijsterd. Waar wij de grootste moeite mee hebben, daar stapt hij dus zo overheen!* Je moet denk ik in Cruijffs wereld verkeren om deze zin te kunnen begrijpen.

Cruijff stelt voor om Danny Blind te lozen. Niet van de ene op de andere dag, maar nog pijnlijker: een kwijnend bestaan aan de rand van het betaalde voetbal: Almere City FC. Niet Van den Boog maar juist Cruijff stapt zomaar over Blind heen. Niet Van den Boog schoffeert Danny Blind maar Cruijff zelf.

Het is een pijnlijke column. Ik schrijf het al jaren: niemand gaat genadelozer met mensen om dan Johan. Hij vernietigde met een terloops zinnetje in een interview het leven van Gerald Vanenburg. Hij treiterde ooit, samen met wat andere Ajacieden, Jan van Beveren en Willy van der Kuijlen uit het Nederlands elftal. Je bent Cruijff zijn huisvriend als je hem adoreert. Plaats je vraagtekens, dan kom je er niet meer in.

De slagschaduw van Cruijff is vernietigend. Marco van Basten, hij durfde als enige oud-Ajacied Cruijff tegen te spreken en kijk wat er met hem is gebeurd. Ik zag hem vorige week met een groene shawl om zijn nek tussen twee Portugese proleten staan.

Een perkamenten kop. Een zak huid vol met verkalkte botten. Dat gebeurt er als je Cruijff weerstaat. Dan werk je opeens in het Saudi-Arabië van Europa.

Iedereen met een beetje verstand in zijn hoofd ziet wat Cruijff doet. Hij plaatst tergend langzaam een zwaard in Danny zijn hart en fluistert hem in het oor dat hij zo veel van hem houdt. Wij zien het allemaal, we kunnen het allemaal nalezen in zijn column. Cruijff is veranderd in wat hij ooit zo verachtte: een megalomane bestuurder, uit op de totale macht. Dat is misschien nog het ergst. Cruijff is een schakende en manipulerende strateeg geworden. Hij oefent bij Ajax, maar het doel is bekend: voorzitter worden van Barcelona. En ik weet wie dan zijn eerste trainer wordt.

Meningencircus

6 APRIL 2011

Het zijn verwarrende tijden in de voetballerij. Frank Boeijen zong het al eens – helaas bijna onverstaanbaar: 'Denk goed na aan welke kant je staat.' Onbezorgde clubliefde, toch al zo'n fnuikend begrip, bestaat niet meer. Je bent voor of tegen Clarence Seedorf. Je bent voor of tegen Johan Cruijff. Je kiest voor Danny Blind of je bent tegen hem. Je maakt je zorgen om Marco van Basten of je gelooft in hem. Je bent voor of tegen keeper Jeroen Verhoeven.

Nuance, het lijkt een vergeten woord. Als je naar de televisie kijkt of naar de radio luistert, ontkom je niet aan de indruk dat je MOET kiezen, of je wilt of niet. Ton Boot hoor ik nu al talloze zaterdagen achter elkaar met een zeker gezag verklaren dat je dit-en-dit en dat-en-dat nooit moet accepteren van voetballers. Daarna zegt hij altijd: 'Ik ben zelf topcoach geweest.' Zo bestelt Boot waarschijnlijk ook een brood bij de bakker: 'Dag, ik wil graag een half gesneden volkoren, want ik ben topcoach geweest. Ook graag vier krentenbollen, want ik ben topcoach geweest, en doet u er nog maar een kruimelvlaai bij omdat ik topcoach ben geweest.'

Geweest is wel het goede woord. Ton Boot is nu fulltime meningschnabbelaar en vertelt voor rond de drieduizend euro per avond een keertje of zestig dat hij topcoach is geweest. Daarna stapt hij in zijn ex-topcoach-auto en rijdt hij naar zijn ex-topcoach-huis. Daar gaat hij onder zijn ex-topcoach-dekbed een nieuw prikkelend standpunt liggen bedenken voor de volgende zaterdag. Misschien moet hij daar eens zeggen dat hij topcoach is geweest, of heeft hij dat al gezegd? Kan hem het rotten, voor de zekerheid zegt hij het nóg maar een paar keer.

Het meningencircus, ik zit er zelf middenin. Ik word, doordat ik in Voetbal International een column schrijf, gezien als iemand die verstand heeft van voetbal. Dat is natuurlijk onzin. Van voetbal kun je geen verstand hebben. Dat is een raar misverstand. Voetbal, daar kijk je naar en dan vind je het mooi of niet. De rest is onzin en gelul van mensen die zo veel mogelijk geld willen verdienen aan voetbal. Deze week ben ik minimaal acht keer gebeld en gemaild met de vraag of ik nog een leuke soundbite had over Cruijff. Die had ik. *Laat u mij met rust. Ga stukjes schrijven over een aangereden kip, mevrouw/meneer. Val mij niet lastig met uw oudtestamentische vraag naar een verlossende duiding van een niet bestaand probleem. Prettige dag verder.*

Alleen in VI en in DWDD heb ik iets over Cruijff gezegd en wel dit: Cruijff is het jongetje in zichzelf kwijt. Hij wordt omringd door goedbetaalde gekken die op precies de verkeerde manier zeggen wat Cruijff niet bedoelt. En daar gaat dan iedereen weer een week over zitten beppen.

Om bij mijn mening te blijven is lastig. Eind vorige week zag ik Danny Blind naast een auto staan. Hij werd geïnterviewd. Normaal gesproken voelde ik niet zo veel bij Blind. Hij lijkt me een opportunist. Blind is het achterlijke broertje van Martin van Geel. Allebei bezitten ze dezelfde gave: precies op het verkeerde moment bij de verkeerde club zitten. Na het interview met Blind voelde ik opeens van alles. Ik keek anders naar hem, vooral door een column van Johan Derksen, waarin deze verklapte dat Blind binnen Ajax *Scholletje* wordt genoemd. Een vernietigend mooie onthulling waardoor je anders naar voetballers en ex-voetballers gaat kijken. André Ooijer: *De Geep.* Jeroen Verhoeven – we horen waarschijnlijk nooit meer iets over hem – stond binnen Ajax bekend als *De Kogelvis.*

Ik probeerde minutenlang Danny Blind voor mij te zien als een scholletje. Aan het eind van het interview snapte ik waarom ze hem zo noemen. Een schol: aan de onderkant donker en gronderig. Aan de bovenkant licht en goed eetbaar. Ik weet niet goed wat ik met Danny aan moet. Luister ik naar het kamp-Cruijff, dan zie ik een genadeloze man die in geen enkele functie iets heeft gepresteerd. Luister ik naar Danny zelf, dan wil ik hem in mijn armen sluiten. *Huil maar even, Danny. Dat is goed, jongen. Leg je krulletjes maar op mijn schouder, lieverd. Hé, kijk me eens aan. Ik vind je toch heel goed? Nou dan! Goed zo, laat maar lopen die tranen. Laat maar lopen, scholletje van me. Kom eens hier, ouwe schokschouderende platvis van me.*

Ik ben niet de enige die last heeft van dit soort moodswings. Heel voetbalminnend Nederland is in verwarring. Op de Marokkaanse gemeenschap na was iedereen in Nederland het over één ding wel eens: Mounir El Hamdaoui is een eigenwijs, hooghartig mannetje. Zijn vissennaam: *Het Gekrenkte Trotszuigertje.* Niet alleen het publiek verketterde hem. Veel journalisten en deskundigen wisten het zeker: deze jongen hoorde niet thuis bij een topclub. Met El Hamdaoui erbij zul je nooit spelen als een team.

Gek gemaakt door de media werd El Hamdaoui afgelopen zondag een wedstrijd lang uitgefloten door zijn eigen publiek. Dat applaudisseerde voor de tegenstander als hij grof onderuit werd gemaaid. Logisch. Zo reageer je als je van een speler virtueel elke week de opgestoken middelvinger krijgt. Het Ajax-publiek is stront en mag blij zijn dat ze voor veel geld naar hem mogen kijken. Als je dat uitstraalt, kun je lang op de omarming wachten.

Tijdens de rust spraken ze er bij Eredivisie Live schande van. Zo ging je niet om met mensen. Schofterig vonden ze de reactie van het Ajax-publiek. Zo gemakkelijk gaat dat bij Eredivisie Live. De ene week word je verketterd, de andere week vechten ze zich dood voor je.

Mijn laatste dilemma deze week: wat vind ik van Marco van Basten? Ik zag hem binnen enkele weken twee keer op een ontluisterende manier in beeld. Eerst als de grimlachende pr-man van een of andere boef in Portugal en eergisteren op Twitter, op een foto met cabaretier Jochem Myjer. Jochem straalt. Hij gaat op de foto met zijn jeugdheld. Maar waar is die dan gebleven? Vlak naast Jochem staat een oude man met een mouwloos vestje. Op de borst is een embleem genaaid. Het mannetje draagt een bruine ribbroek. Hij draagt zijn haar als een vrouwenarts uit de jaren vijftig.

Dat mannetje was nog maar een paar jaar geleden coach van Ajax. Wat is er in die tussentijd in godsnaam met hem gebeurd? Marco, waar ben je?

Mourinho

27 APRIL 2011

Een dag na de Spaanse bekerfinale kijk ik naar een foto in de krant. Vlak voor de wedstrijd wacht Real Madrid-coach Mourinho op zijn collega Josep Guardiola. Mourinho staat al op het veld en wacht tot Guardiola vanuit de spelerstunnel naar boven komt wandelen. Daar is hij al. Guardiola loert als een kikkertje naar boven. Fuck, daar staat Mourinho. Je ziet aan alles dat Guardiola liever een als zoute pinda verklede mascotte had aangetroffen, of desnoods, in godsnaam dan maar, een journalist.

Door de kennis van nu – weten dat Guardiola daar nog niet weet dat zijn team gaat verliezen van Real Madrid – interpreteerde ik de foto precies zoals de fotograaf hem had bedoeld. Hij is daar expres gaan staan, heeft een zo mooi mogelijke hoek uitgezocht en heeft gewacht. En ja hoor, daar stond Mourinho. Bijna op afroep. De fotograaf wacht op Guardiola. Nu is het zaak om op tijd af te drukken.

Dit dacht ik toen ik de foto zag. Kijk hem staan, die Portugese proleet. Die vreselijke sardinevreter, die van voetbal een raar haatspelletje heeft gemaakt. Iemand die nooit gaat voor het mooie in het voetbal, maar altijd zichzelf boven het team stelt. Die handjes in zijn zak. Dat bestudeerd nonchalante. Hij is een shawldrager. Ook al zo verdacht. Kijk hem staan met zijn schoentjes van gelooid kalfsleer, meneer de grote strateeg. Constant op je kloten krijgen van Barcelona en nog steeds denken dat alles om jou draait.

Die vreselijke uitgekauwde psychologische oorlogsvoering. Een tactiek uit het grijze verleden. Je las er in de jaren zeventig weleens over, dat het Nederlands elftal in Argentinië schandalig was behandeld. Dat ze expres de spelersbus lieten omrijden. Buiten het hotel sloegen Argentijnen met ijzeren asbakken op het trottoir. Als ik aan psychologische oorlogsvoering denk, dan zie ik mannen met bakkebaarden en golvend haar voor me. In de spelerstunnel een zakmes uit je achterzak halen en iets tussen je tanden vandaan pulken. Je sok naar beneden doen, je enkel opensnijden, het bloed langzaam in je witte sok laten trekken en dan de tegenstander aan blijven kijken. Nu staan spelers met een meisje van zeven aan hun hand te wachten tot ze het veld op mogen.

Psychologische oorlogsvoering, dat was vroeger een krantenknipsel uitknippen. De coach van de komende tegenstander noemt je team 'een verzameling boeren, die wij als natte aardappelen over het veld gaan schoppen'. En dan na de wedstrijd zeggen: 'Ik hoefde die jongens niet meer te motiveren. Het schuim stond om hun bek.'

De foto van Mourinho en Guardiola voorzag duidelijk in een behoefte. Met heel mijn hart wilde ik Mourinho haten en de maker van deze foto heeft dat goed begrepen. Hij gaf alle Mourinho-haters precies de foto die ze nodig hadden. Arrogant wachtend op zijn collega. Neerkijkend op zijn collega. Guardiola kijkt bang. De dag na de wedstrijd, als mensen deze foto zien, zullen ze zeggen: *Daar verloor Barcelona de wedstrijd al. Te veel angst.*

Hoe je je mee kunt laten slepen. Na wat nuchtere observaties van Youri Mulder in het programma Studio Voetbal ben ik de foto opnieuw gaan bekijken. Youri vond het allemaal wat overtrokken gedoe. Mourinho is gewoon eerder op het veld en staat te wachten tot hij een hand kan geven. Het is juist beleefd. En ja,

Guardiola kijkt natuurlijk naar boven, om te zien wie hem staat op te wachten.

Ik heb op Google een aantal foto's opgezocht van hetzelfde moment. Veel slechtere foto's, maar wel veel eerlijker. Minder manipulatief. Op bijna alle foto's is Guardiola net uit de spelerstunnel tevoorschijn gekomen. Hij geeft Mourinho een hand. Vreemd genoeg, als je er toch iets bij wilt denken, lijkt het er juist op dat Guardiola expres later uit de tunnel komt. Hij laat op zich wachten. Guardiola lijkt juist een spelletje te spelen.

Dit is wat ik heb geleerd. Ik wilde, na het verlies van Barcelona, te graag haten. En niemand haat lekkerder dan Mourinho. Hij weet dat zelf als geen ander. Mourinho is misschien juist zo'n grote coach omdat hij als geen ander begrijpt dat voetbal helemaal niet meer gaat om binnenkant voet en de briljante kopbal. Supporters willen helden en willen haten. Allebei graag. Als je bij Feyenoord als Japanner vier keer iemand passeert, dan smelten ze Coen Moulijn om en sta je eeuwig naast de Maas. Tegelijkertijd haten Feyenoorders graag Ajacieden, zo erg zelfs dat ze hun club liever zien verliezen van PSV, dan dat ze Ajax kampioen maken.

Mourinho heeft het haten naar een heel ander niveau getild. Fotografeer hem in een bos, vlak naast een paddenstoel en niemand ziet er een verstild moment in. Wat we zien is een coach die klaarstaat om het hoedje van de steel te trappen. Jaloers op alles wat, zonder zijn uitdrukkelijke toestemming, groeit.

Dat heeft Mourinho bereikt. Hij heeft het haten naar een heel nieuw niveau getild. Je kunt niet meer naar hem en zijn team kijken zonder je te verliezen in primitieve gevoelens. Het is precies wat hij wil en hij hoeft er geen enkele moeite meer voor te doen. Hij geeft Guardiola netjes een hand en de fotograaf doet de rest. In Nederland – het zal niet – lopen we tien jaar achter. Er wordt armzalig gehaat in dit land. Boerenlullengehaat in de marge. Het heeft geen enkel moment het raffinement van Mourinho. Wij moeten het doen met de aangeklede tractorbestuurder Gertjan Verbeek. Hij draagt zijn kostuum als een bakker die 25 jaar getrouwd is en snel een pak heeft gehuurd. Gertjan Verbeek voerde onlangs de treurigste psychologische oorlog ooit. Hij probeerde Willem II te beledigen. Op zich al een zwaktebod. Alsof je met twee gezonde benen over een invalide heen pist. Verbeek beledigde Willem II met ronkende teksten. En kreeg op zijn kloten. Na de wedstrijd hoopte Verbeek dat Willem II alsnog zou degraderen. Het was heel lelijk haten op het niveau van een zwakzinnige.

Vergelijk dat met de superieure Mourinho, met die dressboy boven aan de trap, en je schaamt je dat je Nederlander bent.

Commentaar-fundamentalist

11 MEI 2011

Wilfred Genee houdt van karaoke. Johan Derksen houdt van blues. Kees Jansma houdt van Den Haag. Mart Smeets houdt van zichzelf. Hugo Borst heeft even geen zin. Jan Mulder doet het met iedere vrouw. Jack van Gelder is ooit in een Amsterdams café gezien met Marco van Basten. Hans Kraay junior heeft een taalachterstand. Humberto Tan wist al twee jaar lang waar Osama Bin Laden zat.

Allemaal dingen die ik niet wil weten van presentatoren. Je kunt geen sportprogramma meer kijken of *De Mens achter de presentator* doemt op. Je kijkt naar Wilfred Genee, die met een stalen gezicht een onderwerp inleidt over de sanering van het vrouwenvoetbal en toch zie je hem met ontbloot bovenlijf en een bek vol speeksel heel slecht een liedje van André Hazes staan zingen in een bar vol D-artiesten. Mij gaat dat in de weg zitten. Een presentator hoort saai te zijn. Op zondagochtend wast hij zijn auto, als hij SGP stemt gooit hij zijn vrouw in de achterbak, hij kijkt voetbal en hij leert de moeilijke namen van spelers uit zijn hoofd. Daarna rijdt hij naar de studio om iets te presenteren.

Enkele jaren geleden had ik niet kunnen bedenken dat ik zou verlangen naar Evert ten Napel. Een van de grootste ouwehoeren van Nederland, Brazilië-fetisjist ('Jaaaaah, ze hebben de bal aan een touwtje!!') en scheidsrechterkenner ('Nee, petje af voor deze scheidsrechter, een ontzettend leuke man met, en ik mocht haar gisteren heel even ontmoeten, een schat van een vrouw'). Nu zou ik een moord doen voor Evert. Wedstrijdcommentaar bestaat tegenwoordig voor 75 procent uit stand-upcomedygedoe. De een doet nog leuker dan de ander. De twee ergsten: Frank Snoeks en Sierd de Vos.

Frank Snoeks maakt al vijftien jaar dezelfde grap. 'Oeeeh, had Robben schoenmaatje 46 gehad, dan hing die bal.' Ik denk dan: *Zou Frank Snoeks een IQ boven de 100 hebben, dan verzon hij een andere grap*. Het is vooral dat permanente zoeken naar de originele invalshoek waar je helemaal dol van wordt. Denken dat je de entertainer moet uithangen als je de mensen thuis netjes vertelt wie de bal naar wie speelt.

Ik ben een *commentaar-fundamentalist*. Het kan mij niet sober genoeg zijn. Het liefst zou ik bij een wedstrijd alleen maar het geluid van het publiek horen. Dat zijn de mooiste momenten, als het commentaar even wegvalt. Eindelijk zelf na kunnen denken en je niet gek ergeren aan het zoveelste lulverhaal over de vriendin van die en die met wie die en die dat en dat nog mee heeft gedaan.

Ik wil niet dat commentatoren een wedstrijd tactisch duiden. Ik vind het leuk om dat zelf te doen. Desnoods heel slecht, maar verdomme wel op eigen kracht. Ik wil niet horen dat een team met de punt naar achteren speelt of dat een jonge nieuwe rechtsback heel slim een gaatje dichtloopt. Dat stuurt het kijken. Voor de televisie wil ik het jongetje van veertien zijn en, als ik dat leuk vind, twaalf minuten ademloos naar een wapperende cornervlag loeren. Dat verpesten commentatoren voor mij.

De ergste is Sierd de Vos. Al een leven lang een megalomane gek die denkt dat sportwedstrijden om hém heen worden georganiseerd. Ik hoorde hem deze maand anderhalf uur lang dwars door een van de *Clásicos* heen lullen. Het niveau van iemand die een levensalfabet tijdens een bruiloft voorleest. In iedere opmerking gaat het eigenlijk over neuken. Dat is Sierd de Vos zijn specialiteit: weten wie met wie neukt. Ronaldo neukt alweer een tijdje met iets blonds en op de tribune ziet Sierd altijd wel iets zitten waar een van de spelers een dag daarvoor nog mee heeft geneukt. Sierd vertelt daarover alsof hij tijdens het copuleren zelf bij de spelers achter op de rug mocht meerijden.

Rol als voetbalprof voldaan van een vrouw af en je ligt met Sierd de Vos naast je een sigaretje in bed te roken.

Tijdens de wedstrijd die ik zag, raakte Sierd geobsedeerd door het kapsel en de hobby's van de keeper van Barcelona. Het keepen van José Manuel Pinto deed er verder niet zo veel toe. Sierd legde vooral uit hoe moeilijk het is om je haar in een bepaald patroon te scheren en dat de keeper hiphopplaten produceerde. Daar was Sierd nogal vol van. Barcelona zette druk op de rechterflank en Sierd legde uit hoe dat in zijn werk gaat, het opnemen van human beatbox. Je moet de microfoon achter in de keel van de rapper hangen en dan al het hoog eruit draaien.

De eerste keer dat ik Sierd hoorde moet een jaar of 23 geleden zijn geweest, tijdens de Olympische Spelen. Daar noemde hij, als leerling-verslaggever, Linford Christie 'een rare mafkees.' Toen werd Sierd nog direct gecorrigeerd door Theo Reitsma. 'Ho, ho, Sierd, we hebben het hier over een magnifieke atleet. Een beetje meer respect.' Daar heeft Sierd helaas weinig mee gedaan, die goede raad. Hij heeft er zijn vak van gemaakt, over de rug van professionele sporters de mislukte lolbroek uithangen.

Sierd wordt niet meer gecorrigeerd. Dat levert een rare stijlbreuk op als je naar Sport1 kijkt. Eerst luister je drie kwartier naar het manische starfuck-roddelbladengebazel van Sierd en opeens kijk je naar Kees Jansma met twee voetbalpraatmannetjes in een doodstille studio. Er is geen groter contrast denkbaar. Alsof je vanuit een uitzending Ter Land, Ter Zee en in de Lucht live schakelt naar de nazit van een crematie. Vooral Kieft kan er wat van. Die laat pauzes vallen ter lengte van een korte speelfilm. Na Sierd de Vos voelt dat als een verademing.

Sierd de Vos staat voor alles wat er fout is gegaan in de voetbalverslaggeving. Al die ijdelheid, al die gretige grapjes, al die meninkjes, het gewip op de stoeltjes als Jack van Gelder aan het woord is. Al die geldingsdrang. Echt geloven dat mensen thuis zitten te wachten op de mening van Tom van 't Hek. Een exhockeyer. Niemand zit te wachten op de mening van een ex-hockeyer. Niemand zit te wachten op de mening van een hockeyer. Niemand zit te wachten op hockey. Niemand zit te wachten.

Ik wil kijken en luisteren. Naar het geluid van voet tegen bal. Vooral als het heeft geregend.

Doodsbange jongens

18 MEI 2011

De spelers van FC Twente kwamen met strakke koppies bij De Arena aan. Een observatie van Jack van Gelder zondagavond tijdens Studio Voetbal. Al die wijsheid achteraf maakte het kijken naar de beschouwingen vanaf half vijf bijna ondraaglijk. Een kampioenschap doet rare dingen met een mens. Zou Bryan Ruiz in de eerste minuut de bal vol in de kruising hebben gejast dan zou Jack waarschijnlijk hetzelfde hebben gezegd. 'Je zag het al aan dat strakke wezelsmoeltje toen hij bij het stadion aankwam. Ruiz kwam om hier die schaal even op te halen.'

Het kan hard gaan in de beeldvorming. Denny Landzaat werd tijdens de eerste helft nog bewierookt. Bij Feyenoord trokken ze de haren uit hun hoofd. Landzaat, weg uit Rotterdam en nu 'een van de architecten van het succes van Twente'. Een paar minuten nadat hij de bal keihard achter zijn eigen keeper had gekopt, stond Landzaat opeens model voor een angstig Twente, Barbara Barend interviewde hem vlak na de wedstrijd en noemde hem 'de schlemiel van de dag'.

Schlemiel; uit de mond van Barbara klonk dat heel vanzelfsprekend. Die stond daar onverdoofd ritueel een speler te slachten. Van haar vader geleerd. Het mes – de vraag – in één keer tussen die ribben en dan kijken wat er gebeurt. Denny schrok ervan. Hij begreep daar pas, vlak naast Barbara, met de wedstrijd nog in zijn aderen, hoe er de volgende dag over hem zou worden geschreven.

Er liep veel aangeschoten FC Twente-wild op het veld. Het veld, een drinkplaats vol angstige dieren, eromheen de loerende journalisten. Als je weet hoe de wind staat, kan je angst, wanhoop en frustratie ruiken. Je ziet het smeuïge verhaal als zwartpaars aura bij de teleurgestelde speler uit de ogen stromen. Bij Theo Janssen hoefde je niet eens te snuffelen. Bijna een kwartier voor tijd, vlak na het derde doelpunt van Ajax, was hij bijna een minuut lang in beeld. Hij praatte en schudde zijn hoofd. Dan stopte hij weer heel even en dan begon het schudden weer. Het was theatraal hoofdschudden. De ogen hol en het hoofd een beetje naar beneden hangend. Soms keek Theo op, zag iets juichends in rood-wit voorbijlopen en daar ging hij weer. Praten en schudden.

Je hoefde niet eens te kunnen liplezen om precies te weten wat Theo daar zei. Hoofdschudders geven bijna altijd een ploeggenoot de schuld. Ze kunnen, met een onafwendbare nederlaag in zicht, er niet over uit. Wat een klootzakken om hun heen. Theo Janssen probeerde zichzelf, een kwartier voor tijd – zeer bewust van de hem filmende camera's – vrij te pleiten. Het lag niet aan hem. Mensen die het hoofd schudden willen laten zien dat het verliezen aan het gras, aan de scheidsrechter, aan het eten, het vijandige publiek of wat dan ook maar vooral niet aan hun ligt.

Dit is wat Theo Janssen daar stond te *schudbabbelen*. 'Douglas *fucking* Douglas met je heropvoedingscursusmannetje, jongen ga een keer leren verdedigen in plaats van barbecuerecepten uitwisselen met Sander Boschker. Jongen, man man, wat een klootzakken om me heen, kijk hem lopen meneer De Jong, kan net zijn eigen kont afvegen en laat gewoon zijn man lopen. Fuck, fuck, fuck. We staan achter en niet door mij. Ik scoorde. Beheerst. Dat gaan ze vanavond zeggen: *Hij scoorde beheerst*. Beheerst... Ze moesten eens weten. Ik wil nu een levende os verscheuren. Ik wil eigenlijk nu naar huis. Nog tien minuten, maar ik wil weg bij die klootzakken. Collega's, mijn *ass*. Brekebeentjes. Ik wil weg. Nu naar de invalideningang lopen, het deurtje opendoen en gewoon naar huis lopen, langs de A1. Bij een leuke vrouw achterin kruipen en dan maar hopen dat de auto niet vanzelf om zijn as begint te tollen. Het is hun schuld. Ik knik nu nog een keer met mijn hoofd. Dat is mijn vinger in mijn keel. Ik walg van die gekken om mij heen. Aan mij heeft het niet gelegen. Aan mij niet.'

In een interview vlak na het laatste fluitsignaal zei Theo het niet eens zoveel anders. Het was een interview met een open wond. Het wondvocht stroomde langzaam uit Theo's mondhoeken.

Het is nu zondagavond 23.49 uur en ik heb een hele avond nabeschouwingen achter de kiezen. De kampioensschaal was kapot. Hahaha. Hohoho. Nouounou!! Frank had weer droge kleding. Gelukkig! Zelfs mijn favoriete commentator, Jan Mulder, liet zich meeslepen. Hij had genoten van de sfeer vooraf. Hoe het hele stadion samen met de zoon van André Hazes het lied Bloed, Zweet en Tranen had gezongen. *Schit-Te-Rend!! Jaaaaaa..... Van een schoonheid. Prach-Tig!* Daar lag de kern van het succes. Zo had Ajax gevoetbald, vanuit de gedachte. Bloed, Zweet en Tranen. Ja, nee, magistraal.

Ikzelf heb, voor de televisie, verbijsterd zitten kijken naar de urenlange gekte. Ik kan en zal er nooit aan wennen, volwassen mannen die met een shawl boven het hoofd en in driekwart van de gevallen met ontbloot bovenlijf, heel hard het woord 'Joden' of 'Kankerhond' roepen. Een shawl vind ik al te ver gaan. Ik snap clubliefde niet. Ik vind het doodsbang gedweep van mensen die in godsnaam ergens bij willen horen. Een stadion dat op zijn grondvesten schudt, daar gebeurt altijd iets waar ik niet dol op ben. Een dansend en springend vol stadion staat voor blinde bewondering. Een stadion vol vlaggen staat voor wij en ik heb een rothekel aan wij. Het zal wel aan mij liggen, maar hoe harder de mensen janken, met een zoon tegen hun borst en de clubvlag tegen hun wang, des te grimmiger word ik.

We weten wat er komen gaat. Zoals altijd zal Ajax voor enkele weken zweven. Veel oude bekenden zullen opeens van alles te doen hebben rond de club. Sjaak Swart vertelt nog vierhonderd keer hoe dat voelt, een kampioenschap en legt uit dat hij op rechts nog makkelijk mee had kunnen doen en Martin Koolhoven laat tijdens een performance in het Stedelijk Museum de film Nummer 14 op zijn rug projecteren. Het is een tijdelijke blijheid. Bij een club horen, het is iets voor doodsbange jongens. Dit kampioenschap is de fijne hut, waarin je enthousiast bij elkaar kruipt. Tot de herfst begint.

Theo Janssen bij Ajax

25 MEI 2011

Een van de fijnste discussies in de voetballerij vind ik of een bepaalde speler wel of niet bij een club past. Daar kan ik mijzelf uren in verliezen. Ik zou bijvoorbeeld graag mensen ontmoeten die vinden dat de voetballer Pa-Modou Kah perfect bij Roda JC past. Er moeten mensen zijn die vinden dat Kah symbool staat voor de bekende Limburgse gemoedelijkheid. Ik wil die mensen spreken en dan luisteren naar hun verhalen. 'Ja, ik stem dan wel PVV, maar als ik die prachtige witte ogen in die bezeten zwarte kop zie, die hele houding van een manische voodoopriester en die wilde scheldpartijen tegen zijn medespelers; prachtig. Ik zei meteen: *Jongens, dat is er een voor Roda JC*.'

Het kan heel raar lopen met typische spelers voor een bepaalde club. Ronald Koeman, inmiddels is hij heel erg een trainer voor geen enkele club, maar ooit werd hij gezien als een typische Ajax-speler. Ik heb dat nooit begrepen. In het vak waar ik af en toe wedstrijden van Ajax bijwoonde, vonden we hem meer typisch een speler voor Veendam. Ruud Krol, dat was een echte Ajax-voetballer. Een pass over zeventig meter geven en tegelijk telefoonnummers uitwisselen met een geinig blond meisje op de vierde rij. Ronald Koeman bij Ajax, daar klopte iets niet. Koeman heeft daarna een carrière lang mijn gelijk bewezen door bij iedere club waar ze hem genoeg betaalden te verklaren dat hij uitgerekend die club de beste en fijnste club ooit vond. Tot er een trein voorbijkwam die hij niet kon laten passeren.

Simon Tahamata; toen die in de jeugd speelde, voor welke club was Simon toen typisch een speler? Ik zou, als leek, toch meer hebben gedacht aan FC Vaticaanstad dan aan Ajax. Toch was Simon typisch een Ajax-speler. Tot hij werd gekocht door Standard Luik, een bericht dat door een Vlaamse nieuwslezer als volgt werd voorgelezen: 'Met de aankoop van Simon Tahamata, die samen met Horst Hrubesch in de spits gaat spelen, heeft Standard Luik dit jaar in ieder geval de lelijkste voorhoede van Europa.'

Typische spelers voor een club; je denkt bijna altijd aan dezelfde mensen. John de Wolf is denk ik op geen enkel moment in zijn leven een typische speler voor een andere club dan Feyenoord geweest. Bij Ajax of PSV word je met een kapsel dat als bedorven brie in je nek loopt meteen weggestuurd. Bij Feyenoord niet. Daar waren ze dolgelukkig met hem. John de Wolf, die in zijn overhemdkeuze en in zijn haardracht blijkbaar iets oer-Rotterdams uitdrukt.

Jan van Beveren, geen twijfel mogelijk. Een typische PSV-speler. Een briljante reus met een klein hartje en liefhebber van postzegels. Dat kan alleen maar een PSV'er zijn. Bij ADO Den Haag sterft het nu van de typische spelers voor de club. Ik denk zelfs dat dat het geheim van het succes is. Geen vage schnabbelaars in het team, die in het geheim, des nachts, het Friese volkslied zingen. Nee, allemaal typische Hagenezen, ook als ze er niet zijn geboren. Voetbal is tactiek, maar voetbal is vooral – en ADO Den Haag bewijst dat ieder weekend – met een groep hossende vrienden en de borst vooruit overal schijt aan hebben en aan het eind van het seizoen met zijn allen op vakantie gaan naar een Hollands vakantiepark.

Nu gaat Theo Janssen naar Ajax. De logische vraag is dan: is dat een typische Ajax-speler? Je zou denken: na John van Loen kan alles. John van Loen, hij had de uitstraling van een voetballende winterschilder en toch speelde hij bij Ajax. John van Loen scoorde niet, hij liep, zoekend naar de coördinatie van zijn armen en benen, per ongeluk tegen ballen aan. Nog steeds is dat een open wond bij veel Ajacieden. Daar kan je ze helemaal gek mee krijgen, zeker nu. Lekker laten oreren over het kampioenschap, over de traditie bij Ajax en dan opeens over John van Loen of over Angelos Charisteas beginnen, een Griek die toen al niet meer te helpen was, al pompte je er miljoenen in.

Theo Janssen bij Ajax; voorlopig heb ik daar een wat raar gevoel bij. Dat is toch een gevalletje Sergio Romero bij AZ. Je kijkt ernaar en je denkt: *Hier klopt iets niet.* AZ-voetballers dragen het haar altijd kort gedekt, nog een overblijfsel uit de tijd van Louis van Gaal, die alle spelers, als ze naar de kapper gingen, een foto van het gewenste model meegaf. Romero vind ik meer een typische keeper voor een zaalhandbalteam. Heel woest wapperend met je armen wijdbeens op ballen afspringen. Theo Janssen, ik heb in hem, tot een week geleden, geen typische Ajax-speler gezien.

In de selectie van Ajax lullen ze toch vooral over het nieuwste model koptelefoon van Dr. Dre, een speciale met koper versterkte uitvoering zodat je je, als je uit de spelersbus stapt, nog beter kunt afsluiten voor de buitenwereld. Ajax-spelers zijn ook horlogeverzamelaars. Theo lijkt me veel meer iemand die af en toe eens een horloge wint op een broeierige, geile dorpskermis. Zo een jongen is Theo. Die komt drie uur 's nachts volkomen lam thuis met een speelgoedbeer van anderhalve meter over zijn schouder. Hij heeft er 89 keer voor moeten schieten op de kermis, maar verdomd, hij heeft hem.

Theo heeft veel te veel Gewoon Mens in zijn lijf om een typische Ajacied te kunnen zijn. Ajacieden hossen, als ze kampioen worden, met een nat Boss-overhemd in een jacuzzi. Theo Janssen stuitert met een krat Euro Shopper-bier in zijn rechterhand over de snelweg.

Je kunt zeggen: uiteindelijk gaat het om het voetballend vermogen, maar dat is onzin. Het gaat om de chemie. Je bent niet zomaar een typische speler voor een club. Theo Janssen, hij zal volgend seizoen onnavolgbaar gaan scoren uit vrije trappen, hij zal om zijn teamgenoten heen hangen, hij zal op foto's trots zijn Ajax-shirt kussen, maar hij weet het, u weet het en ik weet het: het is allemaal nergens op gebaseerd. Theo Janssen zal door de huidige selectie en het huidige publiek van Ajax nooit worden geaccepteerd als een echte Ajacied. Daar is hij te veel een typische Theo Janssen voor.

Echte Keepers

1 JUNI 2011

Ach ja, keepers. Een half leven lang handschoenen moeten dragen, je kunt het je bijna niet voorstellen. We zijn het inmiddels zo gewend dat we het niet eens meer zien, maar wat mis ik de blote handen. Ik denk dat de eerste keeper die weer met blote handen durft te gaan keepen uit kan groeien tot een cultheld. Doe dan ook maar meteen een zwarte coltrui aan.

Eigenlijk is het onbegrijpelijk dat er nog geen één keeper op het idee is gekomen. In een sport die bijna bezwijkt aan de nostalgie zou het een onverbiddelijke hit zijn, de terugkeer van de blote hand. Als mensen vierhonderd euro betalen voor een oud-Hollandse sinaasappelpers en borrelnootjes uit oranje plastic bakjes zitten te eten, terwijl ze naar Linda de Mol kijken, dan moet er ook ruimte zijn voor een ouderwetse keeper.

Ik heb de laatste twee weken eens wat beter op keepers gelet. Wat dragen die nou eigenlijk? Veel geel. Geel, dat is de kleur van zonnebloemen, je ochtendurine, eendagskuikens, Fanta Light en het haar van René Froger-fans.

Ik vrees dat er een gedachte achter zit. Het zou mij niets verbazen als daar weer zes jongens van de TU te Delft vier jaar op hebben gestudeerd. 'In 34,3 procent van de gevallen werd acht van de tien keer met meer dan 1,46 doelpunten verschil gewonnen door het team dat voetbalde met een in het geel geklede keeper.'

Voetbal en wetenschap. Ik zag nog niet eens zo heel lang geleden een documentaire over het nemen van strafschoppen. Een wetenschapper had duizenden strafschoppen geanalyseerd en kwam met wat tips voor de perfecte strafschop. Ik geloof daar niet in. Je kunt met alles rekening houden, maar niet met een stadion vol vijandige supporters die scanderen dat ze je vriendin na de wedstrijd in haar kont gaan nemen.

Geel, ik zou daar niet meteen aan denken. Geel met een zwart broekje en zwarte sokken, dat is zo ontzettend Duits. Het zal wel niet kloppen, maar in mijn beleving voetballen alle Duitse teams in gele shirts. Ik vind geel een vervelende kleur voor een sporter. Geel doet mij denken aan dronken voetballers, ergens diep in de provincie. Op gele shirts staat altijd lelijke reclame. 'Dikkie's Gelderse rookworst, als je van Gelderse rookworst houdt.' En dan onder het half loshangende rugnummer: 'ook voor al uw kanariezaad.'

Het is de gewenning. Net zoals we keepershandschoenen niet meer raar vinden, zo zijn we gaan wennen aan gele truien met elleboogversteviging, gekleurde voetbalschoenen en zwarte tulbanden. De keeper van Chelsea, Petr Cech, voetbalt nu al jaren met een zwarte bijenkorf op zijn hoofd. Ik heb hem er zelfs mee in spelerstunnels zien staan. Fascinerend. Je zag meteen dat Cech niet eens meer in de gaten heeft dat hij een gewatteerde wielrenhelm op zijn kop heeft. Dat kan eens een keer gebeuren, dat je vergeet hoe raar je eruitziet. Je stelt je voor aan de nieuwe vriendin van je zoon en pas later, voor de spiegel, zie je dat je een BBQ-schort met tieten en jarretels aanhebt. Maar jaren achter elkaar in de rondte scharrelen met een preventieve bivakmuts voor zwakbegaafden, dat is pathetisch.

Alleen de kleur is goed. Zwart. Had ook nog gekund, dat Cech een roze hoofdbeschermer droeg. Lijkt me wel iets voor doelman Piet Velthuizen. Die wil inmiddels zo graag keepen dat hij – als de trainer het hem vraagt – desnoods met een plastic zak van de Aldi op zijn kop het veld opstormt.

Zwart is de ideale keeperskleur. Met een mooie zonneklep. Geen asynchroon in de kicks genaaide gazelle-leren veters die *een stukje unieke balbeleving* creëren. Ook geen wit streepje op de kicks of een in Letland ontwikkeld voetbedje, geïnjecteerd met het voorvocht van alleen de beste rendieren. Ophouden met dat gelul. Echte keepers dragen zwarte schoenen, zwarte kousen, een zwart broekje (dat niet 'als een tweede huid om de fallus glijdt'), een zwart shirt, ze hebben zwarte wenkbrauwen, zwart haar en dragen rugnummer 1. Wit. Dat moet door een achterlijk clubvrouwtje op de rug zijn genaaid.

De nieuwe Echte Keeper loopt zwijgend het veld op, groet niemand, loopt naar zijn strafschopgebied en trekt met de hak van zijn voetbalschoen een lijn in het midden van zijn doelgebied. Hij heeft geen plastic flesje bij zich met 'de revolutionaire dop-dispenser die de suiker in één keer in je linker hartkamer hydraliseert'. De nieuwe Echte Keeper kijkt naar het publiek achter zijn doel en groet niemand. Hij haalt een zwart kammetje uit zijn achterzak, kijkt het publiek strak aan en kamt zijn haar, in drie schitterende slagen.

Hij maakt geen sprongetjes, hij schopt niet met de onderkant van zijn schoen tegen de doelpaal. Hij hangt geen mascotte in het net. Als de wedstrijd begint roepen Echte Keepers niet allerlei aanwijzingen naar hun verdediging. Zij geven nooit leiding aan de achterhoede. Dat verdommen ze. Ze hebben het veel te druk met keepen.

Echte Keepers bedanken na een redding nooit de Heer. Ze denken misschien heel even aan Sikko Beef, de oude jeugdtrainer, die hun de fijne kneepjes van het vak heeft geleerd. Echte Keepers duiken niet als het niet nodig is. Ze voetballen ook niet mee. Dat is meer iets voor die stakkers vlak voor ze. Echte Keepers leunen, als hun team aan de andere kant van het veld verblijft, met hun rug tegen de paal. Als de hele handel weer hun kant opkomt, dan staan ze er.

Als Echte Keepers een wedstrijd winnen, dan lopen ze zwijgend het veld af. Het komt niet in ze op om naar de tribune te lopen en hun kind op de arm te nemen. Echte Keepers hebben geen kind en ze huilen niet. Echte Keepers nemen nooit afscheid. Pas als het duiken gaat lijken op langzaam omvallen, dan stoppen ze. Daar praten ze met niemand over. Jaren later zie je ze lopen in een supermarkt. Je gooit onverwacht een bloemkool naar ze toe, die ze, zonder op te kijken, met één hand uit de lucht graaien. Een blote hand.

Als je het zo bekijkt: Edwin van der Sar, waardeloze keeper.

ROBIN VAN PERSIE DOET NOOIT IETS VERKEERD

8 JUNI 2011

Ik wil meteen aan het begin van deze column, voor de zekerheid, mijn excuses aanbieden aan Robin van Persie. Als deze column niet bevalt of als de column af en toe wat langdradig wordt, dan is dat mijn schuld en niet de schuld van Robin van Persie. Eigenlijk – en laat ik dat hier op deze plek nog eens heel duidelijk zeggen – is niets de schuld van Robin van Persie. Ik kan het niet genoeg benadrukken, wat de mensen ook zeggen en hoe er ook wordt geluld, Robin van Persie kan er niets aan doen. Waar hij niets aan kan doen, dat weet ik nog niet, maar ik vind het belangrijk dat het volstrekt duidelijk is dat Robin van Persie er niets aan kan doen. Het is de schuld van een ander.

Voor u verder leest wil ik dat u dat goed begrijpt. Robin van Persie heeft het niet gedaan maar een ander. De taugé-ziekte, het zou heel makkelijk zijn om daar Van Persie de schuld van te geven, maar wie voetbalt er al een tijdje in Duitsland? Precies. Arjen Robben. Robin van Persie is anders. Die zit nu, en dat weet ik bijna zeker, voor alle liefhebbers te bedenken wat we dan in godsnaam in een loempia moeten proppen. Zo is Robin van Persie. Hij leeft voor anderen en ja, het is dan heel normaal, dat je dan geprikkeld reageert als je tijdens een oefenwedstrijd tegen Brazilië in vrijstaande positie de bal niet ontvangt van Arjen Robben.

Robben had beter moeten weten. Een vrijstaande Robin van Persie speel je in de voeten. Daar hoeven we verder niet meer over te discussiëren. Voetbal is op zijn mooist als Robin van Persie vrijstaat. Daar heeft Robin het soms best wel moeilijk mee, dat hij een van de mooist vrijstaande mannen ter wereld is. Voetbal lijkt uitgevonden om Robin vrij te laten staan. Zo'n taugéknabbelaar als Robben die begrijpt dat niet. Die denkt dat voetbal op intuïtie moet worden gespeeld. Dat je in een fractie van een seconde moet doen wat je instinct je ingeeft. Dat is onzin natuurlijk. Voetbal is: zoeken naar de vrijstaande Robin van Persie, de bal naar hem toe schieten en dan maar kijken wat er gebeurt.

Ik bied in deze column nogmaals, voor de zekerheid, mijn verontschuldigingen aan voor wat dan ook. Als ik in het verleden op wat voor manier dan ook iets heb gezegd of gedaan waardoor Robin van Persie zich verkeerd begrepen kan voelen, dan is dat mijn schuld. Ik wist toen misschien nog niet wat ik nu wel weet: Robin van Persie doet nooit iets verkeerd. Het ligt aan anderen.

Na de wissel tijdens Brazilië-Nederland zocht Van Persie meteen de kleedkamer op. Bert van Marwijk heeft terecht zijn excuses gemaakt aan Robin van Persie. De kleedkamer had natuurlijk gewoon op het veld moeten staan. Het is niet Robins schuld dat hij er naar toe moest lopen. De kleedkamers in Brazilië bevinden zich niet op het veld maar in de gewelven van het stadion. Bert van Marwijk heeft zich dat niet gerealiseerd toen hij Robin wisselde. Hij snapt daarom ook wel dat hij Robin nooit zo ver had moeten laten lopen, vooral ook omdat Robin zelf nog helemaal niet had aangegeven dat hij gewisseld wilde worden.

De woede van Robin van Persie is een zeer terechte woede. Hij stond vrij en iemand anders had de bal. Robben in dit geval. Dan kan je lang en breed lullen, maar in het *Handvest Betaald Voetbal Genève 2008*, hoofdstuk 14, pagina 246 staat het toch heel duidelijk: 'Vrijstaande Van Persies dienen in de voeten te worden gespeeld. Gebeurt dit niet, dan moeten er binnen twintig minuten na het eindsignaal door de coach excuses worden aangeboden aan Robin van Persie.'

Gelukkig begreep Bert van Marwijk wat hem te doen stond. Van Marwijk verklaarde na de wedstrijd meteen dat hij de boosheid van Robin begreep. Arjen Robben verklaarde kort na de wedstrijd hetzelfde. Hij zat fout. Robin stond vrij. Je kunt zeggen, dat is stijlvol, zo'n excuus, maar met hetzelfde gemak kun je ook zeggen: wanneer gaan de spelers van het Nederlands elftal een keer leren dat voetbal niets meer is dan dit: tien mannen die zoeken naar een vrijstaande Van Persie.

Niemand heeft blijkbaar iets geleerd van de ruzie tussen Wesley Sneijder en Robin van Persie in Zuid-Afrika. Ook daar werd Robin buiten zijn schuld om gewisseld. Aan hem lag het niet. Hij stond steeds een soort van best wel vrij. Robin heeft dat laatst nog eens uitgelegd in een televisieprogramma. Zijn WK was zo teleurstellend verlopen omdat niemand in het elftal begreep wat het doel van zo'n WK is: hem, Robin van Persie, een paar heerlijke weken bezorgen. Ook daar, in Zuid-Afrika, waren er te veel spelers die zomaar, zonder Robin in het spel te betrekken, zelf op doel schoten. Dan begrijp je dus heel weinig van voetbal.

Daarom is Bert van Marwijk de ideale coach voor dit Nederlands elftal. Hij begrijpt inmiddels waar het om gaat. Om Robin van Persie. Als Robin razend naar de kant wandelt, zijn vervanger negeert en meteen het veld afloopt, dan kan je zo'n jongen keihard aanpakken en wijzen op het teambelang en je kunt hem duidelijk proberen te maken dat zulk gedrag niet in een teamsport thuishoort. Van Marwijk had in Brazilië, na een exacte herhaling van dezelfde ellende die we in Zuid-Afrika meemaakten, tegen Robin kunnen zeggen: Ik stuur je naar huis. Je vindt jezelf belangrijker dan de groep.

Het pleit voor Van Marwijk dat hij dat niet heeft gedaan. Ook hij begrijpt nu: de fout kan nooit bij Robin zitten. Als Robin boos is, dan hebben wij iets verkeerd gedaan. Gelukkig gaan steeds meer mensen begrijpen hoe loodzwaar het moet zijn om Robin van Persie te zijn. Zo volmaakt, zo briljant, zo ongenaakbaar superieur en dan moeten leven met allemaal mensen om je heen die je niets gunnen. Wat een vreselijk leven.

Mythevorming

15 JUNI 2011

Voor wie het heeft gemist: op enkele foto's – onder meer gepubliceerd door GeenStijl – zijn spelers van het Nederlands elftal te zien. Ook zijn een aantal Braziliaanse vrouwen te zien. De vrouwen drukken, zoals men dat in Brazilië gewend is, hun kont tegen het kruis van Onze Jongens. De vernietigende werking van kolkend vlees. Noem het torinstinct, noem het doorbewegen in de kleine ruimte, noem het kort doordekken, je vrouwtje vastzetten, noem het wat je wilt, maar iedereen die de foto's heeft bekeken ziet vooral het wonder van de oerdrift.

Er staan een paar personen op de foto die je niet direct verwacht. Dirk Kuijt, ik wil hem hier niet neerzetten als iemand die ieder weekend zes uur samen met zijn gezin aan een dode schelvis zit te ruiken, maar dit had ik toch niet verwacht. Dirk staat tussen twee dames in en voelt met zijn hand naar achteren. Je kunt zeggen: dat is heel verstandig. Waarschijnlijk heeft Kees Jansma de mannen nog wat lokale gebruiken in het oor gefluisterd. Dirk zou niet de eerste Nederlander zijn die 's ochtends met zijn wang op de borst van een zwaar opgemaakte Braziliaanse bouwvakker wakker wordt. Nederlanders in het buitenland vinden een behaarde vrouw met een enorme adamsappel vaak opeens heel opwindend.

Dirk ziet er op de foto heel rustig uit. Hem maak je niet gek. Al Pacino uit Katwijk. In niets lijkt Dirk op de zenuwlijder waar we in Nederland zo van zijn gaan houden. Dirk heeft het helemaal onder controle. Op Katwijkse wijze voelt hij of de eierstokken van de vrouw achter hem er niet uit hangen. Zoals vissers geroutineerd een rotte mossel overboord wippen, zo benadert Dirk deze uitheemse vrouwen. Rustig.

Veel meer moest ik wennen aan Klaas-Jan Huntelaar. Dat leek me een jongen die, als alle spelers naakt gingen karten, op zijn hotelkamer snel een vogelgids ging doorbladeren. De denker onder de voetballers. Die Klaas-Jan Huntelaar is op de foto's te zien als een hevig transpirerende half-primaat. Klaas is in Brazilië veranderd in een levensgroot zoogdier met een grijs T-shirt. Hij heeft de mond wijd open en doet twee armen in de lucht. Wil je, als natuurfotograaf, een mandril zo fotograferen dan moet je zeven maanden in een schuilhut naar de ontlasting van een rhinoceros zitten loeren.

Klaas-Jan Huntelaar ziet er op de foto's heel gelukkig uit. Hij vermaakt zich en maakt daar geen geheim van. Dat kan van John Heitinga niet worden gezegd. Nog nooit zag ik een man zo lusteloos tegen een vrouw aanhangen. Alsof hij een stuk drijfhout omarmt. Ik geloof John op zijn woord als hij verklaart dat het 'allemaal weinig voorstelde'. De foto's bewijzen het. John danst doodsbang de Hollandse Hokie Pokie tegen een Braziliaanse vrouwenkont aan. John, lees ik net, heeft zijn vrouw inmiddels bijgepraat en 'die snapte het wel'.

Door dit voorval in Brazilië valt het nog meer op: de terreur van het beeld. Iedereen ter wereld kan een foto maken en die vijf seconden later aan de wereld tonen. De halve wereldbevolking loopt met een telefoon voor zijn oog. Ik vind dat jammer. De belachelijke drang om alles vast te leggen maakt veel kapot. Voetballers zitten niet meer in het moment zelf. Ik zag de huldiging van Ajax op het Museumplein en het was treurigmakend modern, armoedig gedoe. Een hele selectie met telefoontjes voor hun kop en het hele Museumplein met een telefoontje voor de kop.

Niemand inhaleerde ouderwets de glorie. Niemand liet zich op dat moment overweldigen. Ik zag een podium vol jongetjes die zo scherp mogelijk probeerden vast te leggen wat alleen maar in je hoofd is vast te leggen.

Oh regenpijp, waar ben je gebleven. Het heerlijke geheime stappen van voetballers uit de jaren zeventig. Toen een wilde nacht nog eindigde in de hoek van een Roemeense kroeg, met een laars bier op tafel. Toen Willem van Hanegem, zonder een camera in de buurt, drie uur lang op zijn handen Joe Cocker nadeed. Ik snap nu pas, door die vervelende, veel te scherpe foto's, dat juist het niet weten zo mooi is. Het gissen. De mythevorming.

Zo had het moeten gaan. Twaalf jaar later had ik mondjesmaat willen horen wat zich daar in Bar Fuentes Del Ritmo heeft afgespeeld. Ik had zo graag een interview willen lezen met Erik Pieters. 'Gebeurd, gebeurd... Het is wat je met gebeurd bedoeld. Voor de een is daar iets gebeurd en voor de ander niet. Meer kan ik er niet over zeggen. Ik weet alleen dat een bepaalde speler, die ik hier niet ga noemen, zo dronken is geworden dat hij door een dronken hoer met een breinaald een afbeelding van Romario in zijn lies heeft laten tatoeëren. Nee, ik ga niet zeggen wie dat is. Dat is aan hem om daar mee te komen. Ik vind dat er niets is gebeurd daar. 64,7 procent van de verhalen die ik heb gehoord, daar klopt niets van. Ik weet niets van een onecht kind. Dat zegt mij niets, dat er een Braziliaan in de rondte loopt met het haar en het gebit van Klaas-Jan Huntelaar. Ik zeg er verder niets over.' Ik had de foto's niet willen zien. Ik had willen raden. Ik bewonder de mannen van GeenStijl. Die weten hoe het moet, een goed verhaal de wereld in helpen. Ik was ooit, een jaar of vier geleden, met de redactie en directie van GS een weekend naar Barcelona. Op de site werden woeste verhalen verteld. Iedereen was keihard aan het bouncen, het ging ongehoord hard los daar in Barcelona. Alleen het geilste en duurste was goed genoeg. Niemand sliep. Het was onrustig.

Dit is wat ik me kan herinneren. Negen jongens in de rij bij de afdeling Dure Chocola op Schiphol om iets leuks voor hun vrouw te kopen. Dominique Weesie die doodsbang naar een tapa keek en voor het eerst in zijn leven zelfstandig met de metro reisde. Daar zijn geen foto's van. Dat hadden die jongens al heel snel in de gaten, dat een ronkend verhaal zonder bewijs vele malen mooier is.

Stijn Schaars

6 JULI 2011

Stijn Schaars, dat vind ik een schat van een jongen. Zeker nadat ik enkele weken geleden het interview in de VI had gelezen over zijn transfer naar Sporting Lissabon. Hij heeft er zo'n zin in. Het is er, volgens Stijn, altijd warm, maar dan niet vochtig warm, zoals in Alkmaar. In Portugal is het prettig warm en ruikt het de hele dag naar gebakken sardines en verse sinaasappelsap. Portugezen wrijven zich iedere ochtend in met een mengsel van kruiden, waardoor je die hele kenmerkende Portugese Lichaamslucht krijgt.

Stijn kan – als je hem dat vraagt – al die kruiden alfabetisch opdreunen. En dat niet alleen. Als je wilt weten wat voor type trein er in 1834 tussen Lissabon en Faro reed, bel Stijn. Ben je benieuwd naar de openingstijden van een bepaald schoenenwinkeltje in het centrum van Lissabon, vraag het Stijn. Stijn Schaars heeft in zijn woning alle waterleidingkaarten van Lissabon aan de muur hangen. Valt er ergens een kraantje droog en wil je weten waar je moet graven, bel Stijn.

Daarom vind ik Stijn opeens heel lief. Hij doet zo zijn best. In VI 25 komt Carlos Freitas, de technisch directeur van Sporting Lissabon, aan het woord. Hij was onder de indruk van Stijn zijn feitenkennis. Een mooi zinnetje. Je ziet Stijn zo Freitas zijn kantoortje binnenkomen met een pondje verse vis onder zijn arm. Net gekocht op de beste markt van Lissabon. Stijn draagt een Portugees heupbroekje en over zijn schouders hangt lekker nonchalant de clubvlag van Sporting. Onder zijn andere arm heeft hij een ingelijst portret van de dichter Fernando Pessoa.

Die heeft hij sinds kort altijd bij zich. Als Stijn iets typisch Portugees doet, zoals dineren vlak voor een blauw geschilderd huisje, dan zet hij de foto voor zich op tafel.

Stijn Schaars die indruk maakt op een Portugees, daar kan ik echt op wegdromen. Stijn had ik, tot vlak voor deze transfer, toch vooral in mijn hoofd als de met een scheve bek vloekende boerenvoetballer die licht gebogen, de kruin van het egelkapsel naar de tegenstander gericht, over het veld scharrelt. Een oer-Hollandse voetballer. Iets wat je normaal gesproken alleen maar ergens als linksachter diep in De Peel aantreft.

Ik vond Stijn Schaars een wat nurkse jongen. Iemand die je cast als de zwijgende zoon in een historische film over turfsteken. Dat kan Stijn, dan weet ik zeker. Staat er in één take op, welke scène je ook met hem opneemt. Stijn, met twee zusjes tegen zich aangedrukt, kijkend naar een felle gloed aan de horizon en dan zijn tekst: 'Neeeeee!!! Niet onze turf!'

Dat zit dus allemaal heel anders in elkaar. Stijn is een Portugal-gek. Net zoals Louis van Gaal vlak voor zijn vertrek in een weekend tijd alle feitjes over Duitse gebruiken in zijn hoofd stampte ('De curryworst is een mengsel van vlees, darm en water, aangelengd met eigen worstvocht'), zo heeft Stijn zich in een paar dagen tijd Portugal eigen gemaakt. Om indruk te maken op de club. Dat vind ik ontroerend.

Het kan niet anders of Stijn heeft bij zijn nieuwe club losjes wat Portugal-weetjes rond zitten strooien. Hij heeft zijn koffie in zijn rechteroor gegoten, een bekend Portugees beleefdheidsdingetje. Vlak voordat hij de kamer van technisch directeur Freitas verliet heeft hij, zoals alle Portugezen dat gewend zijn, even kort met zijn vuisten op de deur getrommeld. Dat is een heel bekend gebruik. Loop je door Portugal en je hoort geroffel, dan weet je: er wil een Portugees naar buiten. Stijn wist dat. Stijn wist alles. Stijn heeft in het vliegtuig nog zitten oefenen, met een plastic bak tussen zijn benen, hoe je in een kwartier tijd negentig zee-egels doormidden snijdt terwijl je het Portugese volkslied zingt.

Oh Romario, waar ben je? We vergeven je alles. Als je tien minuten naar Stijn Schaars luistert, dan verlang je intens naar de arrogante onverschilligheid van bijna alle Brazilianen. Die zijn eerlijk. Ze zijn liever in Rio dan in Eindhoven. Leonardo, je kunt hem een narcistische gek noemen, maar ga er maar aan staan, als Braziliaan moeten voetballen in Breda. Opgroeien met het geluid van de samba en moeten spelen met een dweilorkest in je rug. Jonathan Reis, geef hem eens ongelijk. Ik zou ook niet naar Eindhoven willen. Eindhoven, een stad waar men op de grootste rotonde omvallende kegels neerzet. Dan vraag je er om.

Romario heeft er nooit een geheim van gemaakt: hij haatte Nederland. Hij heeft een paar jaar achter in het Italiaanse restaurant van een bevriende horeca-koning gezeten en dat was het wel, qua inlevingsvermogen. Geef Romario een gloeilamp en hij vertrapt hem met zijn hiel. Geef Stijn Schaars een glaasje port en hij gaat er huilend aan staan ruiken. Dat is het verschil.

Die totale minachting voor het land waar je speelt vind ik eigenlijk wel mooi. Ik geloof dat het typisch Hollands is om van buitenlandse spelers te eisen dat ze hier volop genieten. Voor iedereen die daar in gelooft: kijk vijf seconden naar een foto van Rio en daarna een minuut naar een foto van een willekeurige plek in Eindhoven. Dan weet je genoeg.

Romario deed wat alleen de heel grote spelers kunnen en durven: niet liegen. Gewoon zeggen: jullie boerenkool is niet te vreten. Expres met twaalf maillots over elkaar heen spelen, ook als het 32 graden Celsius is. Karakter hebben en niet zeggen dat je Nederland zo een fantastisch land vindt. Schijt hebben aan de plaatselijke gebruiken. Ze mogen blij zijn dat ze voor heel even een Braziliaan in hun midden hebben. Dat is de instelling. Niet heel laf zeggen dat je ook in Brazilië al droomde van een carrière in Brabant en daarna uit je hoofd alle geboortedata van de bestuursleden opdreunen.

Stijn deed dat wel. Hij heeft er veel indruk mee gemaakt en ik vind dat heel lief. Maar een echt grote voetballer zou midden in die bestuurskamer de kachel hebben aangezet en een haring naar binnen hebben laten glijden.

Willem van Hanegem

20 JULI 2011

Arme Willem van Hanegem. Je club heeft geen trainer meer, je bent de clubicoon en daar zit je naast de telefoon in een trui die je vriendin heeft uitgezocht. Voor Willem van Hanegem is het misschien nog het pijnlijkst, het vertrek van Mario Been. Het is nu voor eens en altijd duidelijk: ze zingen bij Feyenoord nog liever met een stadion vol supporters *Bloed, zweet en tranen* van Andre Hazes dan dat ze Willem aanstellen als coach. Te rommelig, te verward, te gespeeld eigenzinnig, te dwars. Allemaal zaken waar ze bij professionele organisaties niet dol op zijn.

Het heeft iets aandoenlijks, dat rotsvaste vertrouwen in eigen kunnen. Willem maak je niet gek. Als ze hem een jaartje daar laten klootzakken, dan komt alles weer goed. Denkt hij. Ik vind dat mooi. Zo veel van je club houden dat je niet in de gaten hebt dat het voor altijd over en uit is. Geen enkele club in het betaalde voetbal gaat Willem van Hanegem nog inhuren als hoofdcoach. Willem zou dat als iets positiefs moeten zien, maar ik denk dat het pijn doet in dat ondoorgrondelijke hoofd. Niets is vernederender dan jezelf aanbieden en dan niets horen. Daaraan kan je zien hoe veel Willem van Feyenoord houdt. Normaal praat hij niet meer met je als je iets zegt wat hem niet bevalt. Van Feyenoord kan hij blijkbaar alles hebben.

Willem is vernederd het afgelopen jaar. Niemand bij Feyenoord heeft gezegd dat Willem van Hanegem er niets van kan als coach. Het is veel erger. Ze hebben hem geprezen. Mario Been heeft Willem, ook na het golfbaan-conflict, geroemd om zijn verleden. Tientallen mensen heb ik dat de laatste jaren horen zeggen: als iemand als Willem zijn hulp aanbiedt, moet je altijd luisteren. Luisteren ja, en daarna over gaan tot de orde van de dag. Het is volstrekt duidelijk, voor iedereen, behalve blijkbaar voor Willem zelf: niemand bij Feyenoord neemt hem nog serieus. Nee, laat ik duidelijker zijn. Niemand neemt hem nog serieus.

Ik heb het afgelopen voetbalseizoen Willem een aantal keren naast Marco van Basten zien zitten, bij Sport1. Als Willem sprak keek ik naar de gezichten van Kees Jansma en Marco. Alsof er iemand een elektrische aardappel in hun ondergoed had geduwd. Verbijstering, medelijden, ongemak en schaamte. Dat zag ik allemaal voorbijkomen op hun gezicht. Willem zit daar blijkbaar omdat hij de grootste voetballer ooit was. Dat is onomstreden. Cruijff was een egocentrische draver vergeleken bij Willem. Kijk drie oude wedstrijden van Feyenoord en het Nederlands elftal terug en je weet genoeg. Willem van Hanegem was de beste voetballer. Ter wereld.

Kees en Marco zijn liefhebbers. Zij weten dat ook. Hier zit een legende. We gaan hem niet uitlachen, we gaan hem niet onderbreken. We laten hem zijn bekende Willem-teksten prevelen en dan gaan we gewoon door waar we gebleven waren. Maar Martin van Geel heeft blijkbaar ook zitten kijken. Van Geel heeft Willem horen zeggen: 'Ja, dan kennie me aankijke, maar die gast met die haren, hoe heet hij, die dinges, met die voeten, die kleine Italiaan, als die daar die bal aanneemt dan is er toch niks aan de hand, toch? Ja Kees, kennie me wel aankijke met die kale stuiter van je, maar zo is het toch? Als dinges daar, met die benen, als die die ander naast hem opvangt dan komen die gasten van de tegenpartij, FC dinges weetjenie, die komen er helemaal niet doorheen.'

Feyenoord laat onder leiding van Martin van Geel zien dat ze op de goede weg zijn. Eindelijk lijkt het erop dat goedkoop sentiment nu eens niet de doorslag geeft bij het uitzoeken van een nieuwe trainer. Dat is sinds 2004 bijna altijd gebeurd, op Bert van Marwijk na. Met Gullit werd gekozen voor goedkope aftershave, Erwin Koeman werd daarna juist gekozen omdat hij de uitstraling van een havenarbeider heeft, Gertjan Verbeek omdat hij in zijn eentje zes verhuisdozen met boeken op kan tillen en Mario Been omdat hij *Een Zoon Van Rotterdam* is. Allemaal aanstellingen die voortkwamen uit het belachelijke idee dat je bij Feyenoord moet passen als je daar wilt trainen.

Het omgekeerde is juist waar. Je mislukt bij Feyenoord als je moet janken om de haven. Dat idee is er maar niet uit te rammen bij de Feyenoord-aanhang. Ik hoorde een week geleden de voorzitter van de supportersvereniging een kwartier lang het bekende riedeltje afdraaien. Been had zijn stinkende best gedaan, de spelers moesten zich diep schamen en eindelijk eens gaan werken voor hun centen. Feyenoord heeft een trainer nodig die de mouwen opstroopt. Een bikkelaar. Een eerlijke, keihard werkende trainer zonder kapsones.

Daar klopt niets van. Ik denk dat Feyenoord juist behoefte heeft aan precies het omgekeerde. Als Feyenoord nu ergens behoefte aan heeft is het wel een trainer die niet met een dikke keel van emotie door de spelerstunnel loopt. Feyenoord moet nu eens wegblijven bij trainers die met een betraande kop aan een schilderij van Ernst Happel staan te voelen. Neem een trainer aan die het volgende antwoordt op de vraag of hij Happel kent: 'Nee sorry, maar ik zal dat gerecht zeker gaan proberen. Volgende vraag.'

Beenhakker, Been, Van Hanegem, Gullit maar toch vooral Beenhakker hebben Feyenoord aan de rand van de afgrond gebracht met dat sentimentele gelul over kippenvel, thuiskomen en voor eeuwig in het hart. Van Geel lijkt dat te begrijpen. Daarom belt hij Willem niet.

Mijn advies: bel een willekeurige Argentijnse coach. Maakt niet uit wie. Iemand met mooi lang zwart haar en een mooi hoedje op. Zorg dat hij een mooi pak aan heeft. Laat hem tijdens de eerste persconferentie uitleggen waar hij vandaan komt. Laat hem spreken over pampa's en paarden. Vraag hem daarna, tijdens de eerste persconferentie, naar Feyenoord. 'Kende u de club?' En luister goed als hij het volgende antwoordt: 'Nee. Ik wist niet eens waar Nederland lag. Mooie shirts dragen ze. Het stadion lijkt me wat klein, maar we gaan ons best doen. De Maas? Nooit van gehoord. Volgende vraag graag. Wat ik van Coen Moulijn vind? Is dat onze rechtsback?'

Als u dit leest en het is toch Ronald Koeman geworden, die 'deze unieke kans bij een unieke club wel moest grijpen', dan weet u genoeg. Ze hebben de verkeerde.

Kapsel

3 AUGUSTUS 2011

Ik had het hier graag over de inhoud gehad. Met die gedachte ging ik afgelopen zaterdagavond voor de televisie zitten. Ik ging het nieuwe Ajax en het nieuwe FC Twente voor u duiden. Daar was ik na vijf minuten al mee klaar. Ajax wordt dit seizoen geen kampioen door Miralem Sulejmani. Nooit eerder zag ik iemand zó zelfzuchtig zó veel kansen missen. Al na drie minuten voelde je waar 'm dat in zat: Theo Janssen en zijn aanvoerdersband. Zo zit Sulejmani in elkaar. Die voelt de groeiende populariteit van een andere speler en gaat dan lopen kloten. Daardoor verloor Ajax de wedstrijd om de Johan Cruijff Schaal. Pas als je van Sulejmani houdt en een vlag van 140 meter uitrolt met zijn kop erop, dan is het goed.

Als het analyseren je zo gemakkelijk wordt gemaakt, dan ga je op andere dingen letten. Eén ding viel mij meteen op: Ajax heeft opeens drie indianen op het veld staan. Sulejmani, Janssen en Gregory van der Wiel voetballen met een *mohawk* op hun hoofd. Een kapsel uit de jaren negentig. Zangers van Engelse kutbandjes droegen hun haar zo en dansten alsof er een geile bunzing in hun broek zat. Mensen met een steen in hun handen en een shawl om hun nek dragen hun haar ook vaak als een indiaan. Robert De Niro draagt in de film Taxi Driver zijn haar als een indiaan. Blijkbaar allemaal rolmodellen voor de moderne voetballer van helemaal nu.

Als Gregory van der Wiel zijn haar zo draagt, weet je zeker dat het ergens in Los Angeles een trendje is onder basketballers of rappers. Lijkt me ook iemand die binnenkort met een gouden gebit in de rondte loopt omdat MC Juicy Shit daarmee in Club Cock is gesignaleerd. Van hem verwacht je zoiets. Nodig een verdwaalde rapper uit voor een optreden in Nederland en Gregory hangt er met een wang tegenaan. In dit specifieke geval zou het ook de invloed van de Braziliaanse international Neymar kunnen zijn. Die voetbalt met een doorgeëvolueerde hanenkam op zijn hoofd. Een bewegend lego-poppetje, met een drukker boven op zijn hoofd, denk daar maar aan.

Het zou niet de eerste keer zijn dat een bekend voetbalkapsel de wereld verovert. David Beckham kreeg het al eens voor elkaar bij drie miljoen Japanners een hanenkam op het hoofd te toveren. Maar dat waren toeschouwers. Die zijn van het dwepen. Ik sluit niet uit dat er zelfs mensen rondlopen die graag op Arie Haan wilden lijken of op Wim Jansen. Als voetballer zelf op een andere voetballer willen lijken, dat vind ik bedenkelijk. Eigenlijk sta je dan in elke wedstrijd met 3-0 achter, als je dat soort figuren in je team hebt. Een zwaktebod.

Bij Theo Janssen en Miralem Sulejmani is er iets anders aan de hand. Die hebben op de gok zelf wat met een schaar en een spiegeltje op hun hoofd zitten rommelen. In beide gevallen heeft dat geresulteerd in een schizofrene indiaan. Theo heeft de zijkanten van zijn haar weggeschoren, maar moet het van zijn vriendin nog wel gewoon in een scheiding dragen. Dan krijg je al snel iets zoals ze rond 1938 in Duitsland erbij liepen. Theo ziet er, zonder dat hij het zelf weet, uit als de woordvoerder van een kraakbeweging. Ik denk zomaar dat hij daar weinig mee heeft.

Sulejmani is weer een heel ander verhaal. Ook hij heeft de zijkanten weggeschoren, maar draagt zijn kapsel verder als je achterlijke oom die op een verjaardag met een pakje boter in zijn haar nog maar eens een keer Elvis nadoet. Sulejmani is veranderd in een rock-'n-roll Apache. Alle mannen die deze column lezen, hebben vroeger weleens de barbiepop van hun zus geknipt. Alles weg aan de zijkanten, de bovenkant touperen en dan maar wachten op de schreeuw uit haar kamertje. Zo ziet Sulejmani eruit.

Frank de Boer maakte zaterdag geen beste beurt. Ik zou het verbieden, rare kapsels. Misschien zou ik zelfs wel het hele concept hoofdhaar verbieden. Nog nooit gedaan, maar reken maar dat dat er lekker uitziet, elf Jaap Stams met glimmende koppen in de spelerstunnel, klaar om met een kaalgeschoren kindje het veld op te wandelen. Frank de Boer geeft eigenlijk, door indianenkapsels toe te staan, meteen alles weg. Hier zou hij nu juist keihard moeten hebben knokken voor de Ajax-cultuur. Ajaciden dragen hun haar normaal. Al tientallen jaren. Frank had moeten ingrijpen. Nu is het te laat. Bij Ajax spelen drie bandleden van de Duitse Neue Welle-band Einfach Lustig in het team. Ben je lekker klaar mee.

Maar het kan altijd erger. Door een foto op internet weet iedereen met welke tatoeage Wesley Sneijder dit seizoen over het veld draaft. Voor wie hem nog niet zag: het is een afbeelding van Yolanthe, over de hele breedte van zijn rechterbuikhelft. Toen ik de foto zag, ontroerde mij dat. Het is een heel lelijke tekening. Alsof Bob Ross hem vlak voor zijn overlijden nog snel even erin heeft gejast. Wesley Sneijder bedoelde het goed, maar hij loopt voor eeuwig met de Zangeres Zonder Naam op zijn buik.

Het is een mislukte tattoo en hij weet het. Dat moet hij in de ogen van Yolanthe hebben gezien toen hij hem tijdens een romantisch diner stiekem onthulde. Hij moet meteen haar teleurstelling hebben gevoeld. Het is niet eens een kwestie van smaak.

Het is gewoon objectief, zonder discussie, een heel slechte tattoo. Iets wat je voor twee euro op een rommelmarkt koopt, maar dan voor altijd in je buik.

Vreemd genoeg is dat juist wat ontroert. Yolanthe doet alsof ze 'm heel mooi vindt. Net als met zijn lichtblauwe trouwpak. Dat is echte liefde. Totdat George Clooney natuurlijk zijn Yolanthe-tattoo laat zien. Een Y over de volle breedte van zijn rug, de onderkant uitdagend wijzend naar zijn beroemde espresso-billen. Eén troost voor Wesley. Die tattoo van hem verander je binnen een kwartier in een geinige palmboom.

Bij Cruijff op bezoek

17 AUGUSTUS 2011

'Oké, jongens even centraal houden. Edgar, leg dat boek van Nietzsche eens weg. Ik ben Steven ten Have en we zitten nu in een tapas-tentje om de hoek bij Johan Cruijff. Ik wil, voordat we naar binnen gaan, nog even goed doornemen hoe we het aan gaan pakken. Dit is het verhaal. Johan heeft in augustus vakantie. De rest van het jaar is hij eigenlijk ook op vakantie, maar dan declareert hij het als werk. Waar het om gaat, en ik denk dat daar onze kansen liggen, is dat Johan nu in een vakantiestemming is. Die heeft geen zin om met acht man in driedelig grijs te praten. Daarom hebben jullie net allemaal een plastic tas met vrijetijdskleding gekregen. Voor Edgar zit er een plastic veiligheidsbrilletje bij. Voor de mensen die nog nooit een badslipper hebben gedragen, Annemiek van de afdeling sales heeft met een stift een klein puntje op de voorkant gezet. Probeer ze zo maar eerst even uit, voordat we naar binnen gaan.

Ik deel nu een geplastificeerde kaart uit en daar staan wat typisch Catalaanse gebruiken op. Ik wil de belangrijkste even doornemen. Als je een hond ziet, schop hem. Dat is hier heel normaal. Maak dus niet de fout, stel Cruijff heeft een hond, om dat beest te gaan aaien. Wachten tot hij even niet oplet en dan keihard op zijn ribben trappen. Dat doen ze hier allemaal. Dat is helemaal niet gek. Wij eten weer rauwe haring. Ander belangrijk punt: de siësta. Voel je niet geschoffeerd als Cruijff midden in een verhaal opstaat en als een muisje ergens in de hoek van de kamer gaat liggen. Ook dit is Catalaans. Verder nog wat kleine dingen. Als je bruin water krijgt is dat koffie. Nooit een vlieg doodslaan. Niet over Portugal praten. Dan de binnenkomst. Ik gok dat Danny Cruijff opendoet. Ik herhaal: Danny Cruijff is geen secreet. Door een artikel in HP/De Tijd kan de indruk zijn ontstaan dat Danny een secreet is, maar ik herhaal: dat berust op een misverstand. Zelfs Johan Derksen vindt het een topwijf, dus dan kan het nooit een secreet zijn. Johan is een vrouwenkenner. Gebruik dat woord dus niet. Zeg niet, als Danny in de keuken vlak achter Johan een stukje tortilla aan staat te snijden: *Kijk, daar heb je het secreet achter Cruijff.* Is niet leuk. En oh ja, dat vergat ik net, tortilla is aardappel, maar dan Spaans, met ei en troep er doorheen. Zeg maar, zoals wij aardappel klaarmaken als we dronken zijn. Doe maar net alsof je het heel lekker vindt.

Dan hier een A4'tje dat ik heb laten maken, vol met zinnen die je kunt gebruiken als we net binnen zijn. Neem niet allemaal dezelfde, dat staat meteen zo lullig, acht man die tegelijk zeggen: *Wat een leuke tuinset. Daar zoek ik al jaren naar!* Verdeel onderling die zinnen. Ikzelf neem de zin: *Jeetje Johan, wat een ontzettend geinig idee, een broodrooster dat de letters JC in je brood brandt.* Probeer het allemaal zo natuurlijk mogelijk te laten klinken. Let even op hoe ik het doe. Ik ben dat gewend, de grootst mogelijk onzin liegen en dan toch worden geloofd. Sterker nog, daarom sta ik hier nu voor jullie. Let op hoe ik dat doe. *Allemachtig Johan, wat een geweldig idee om meteen een glas witte wijn op een omgevallen glas rode wijn te kieperen. Je ziet er niets meer van!*

Als we eenmaal binnen zijn is het heel belangrijk dat we een paar normale, alledaagse vragen stellen aan Cruijff. Maak hem niet boos, dat is het hele idee. Het kan in een fractie van een seconde misgaan. Gebruik dus niet de woorden bal, voet, opstelling, jeugd of Blind. Dan staan we meteen weer buiten. Johan ziet dat als inmenging van leken en terecht. Als je een vraag aan hem stelt, probeer die dan zo neutraal mogelijk te stellen. Vraag dus niet: *Kijkt u veel naar voetbal, meneer Cruijff?* Dat kan hij uitleggen als een aanval. Cruijff kijkt geen voetbal, hij begrijpt voetbal. Houd daar rekening mee. Ook niet vragen: *Hebt u een vaste parkeerplaats bij FC Barcelona?* Parkeren kan door hem worden uitgelegd als stilstand. Niet over beginnen. Houd het simpel, houd het gevaarloos. *Is deze bloem eetbaar?*,dat kan prima. *Waar is het toilet?*, is niet goed. Niemand pist als hij in gesprek is met Johan. Als je met Nelson Mandela zit te praten zeg je ook niet: *Waar kan ik schijten?* Houd er rekening mee dat Johan dit misbruikt. Zelf pist hij zich vlak voor een gesprek helemaal leeg en daarna put hij de blaas van de tegenstander uit. Allemaal dus goed plassen voor we naar binnen gaan in het meegeleverde flesje. Heel belangrijk: probeer niet op een of andere manier je gelijk te halen. Ook niet met een geintje. Dus niet zeggen: *Jammer dat je er niet was, bij de vergadering, Johan. Ze hadden bitterballen in de vorm van je broer. Keihard van buiten en verrot van binnen.* Humor werkt nooit bij Cruijff. Alleen als ik een teken geef, met mijn hand langs de zijkant van mijn hoofd, dan gaan we, zoals afgesproken, heel hard lachen als hij zelf iets grappigs zegt.

Probeer heel goed naar hem te luisteren. Jullie hebben de dvd met interviews en de analyses bij Studio Sport bekeken en maak niet dezelfde fout als Tom Egbers. Vraag hem niks. Dan duurt het meteen weer twee uur langer. Gewoon laten praten en aan het eind zeggen: *Ongelooflijk, zo hebben we het nog nooit bekeken, meneer Cruijff en wat een enige vrouw hebt u!*

Dan nog een ding. Ik wil dat jullie een voorbeeld nemen aan Edgar Davids. Als speler zei die nog over Guus Hiddink: "De trainer moet eens ophouden om zijn hoofd in de reet van sommige spelers te steken". En kijk nu eens naar Edgar. Die heeft daar van geleerd. Edgar – en dat vind ik heel dapper – zit over tien minuten tot aan zijn heupen in de kont van Johan Cruijff. Maar hij doet dat voor de club. Neem daar een voorbeeld aan.

Oké, dan studeren we nu nog even dat liedje in, kleden we ons om en dan gaan we! Jongens, we schrijven historie!!'

Sierd en Barbara

24 AUGUSTUS 2011

Na een weekend voetbal doe ik op maandagochtend, de dag dat ik deze tekst schrijf, mijn ogen dicht en wacht welk beeld het eerst binnenkomt. Daar schrijf ik over. Na dit weekend waaiden er verschillende beelden tegelijk mijn hoofd binnen en ik geloof dat ze iets met elkaar te maken hebben.

Het eerste beeld. Woensdagnacht keek ik bij Sport1 naar de beslissende wedstrijd om de Spaanse Super Cup tussen Barcelona en Real Madrid met commentaar van Sierd de Vos. Ik had het hier al eerder over Sierd. Hij geeft commentaar bij voetbalwedstrijden alsof hij, alleen gekleed in een handdoekje, aan de rand van het zwembad zit. Sierd is al een leven lang de leukste man van de camping. Iemand die je probeert te ontlopen als je hem tegenkomt in de supermarkt. Sta je meteen weer drie kwartier te luisteren naar een of ander lulverhaal over wat dan ook.

De essentie van Sierd zijn manier van verslag geven is deze: de wedstrijd waar hij naar kijkt is speciaal georganiseerd om hem anderhalf uur te laten praten. U moet het een keer horen om het te geloven. Er wordt wel gevoetbald, maar daar gaat het niet om. Het gaat om Sierd. Hij kwekt maar door over zijn persoonlijke ditjes en datjes. Meestal gaat Sierd een wedstrijd in met een persoonlijke *hang-up*. Iets waar hij al wat langer mee in de rondte loopt. Een ander mens slaat dan heel hard met zijn vuist op de muur of bijt een stuk uit zijn glas. Sierd niet. Die vertelt daar over tijdens een voetbalwedstrijd. Hij krijgt daar voor betaald. Veel voor betaald. Sierds thema was dit keer: hoe laat doe je Spaanse kinderen naar bed? Hij raakte er niet over uitgepraat.

Messi kon dribbelen wat hij wilde, Sierd bleef zich maar opwinden over de kinderen op de tribune. Het was half één. Hadden die al niet lang op bed moeten liggen? Het zat hem nogal hoog. Ieder shot van het publiek op de tribunes werd door Sierd meteen van commentaar voorzien. 'En kijk ze eens zitten. Ja, hoe oud zullen die zijn? Negen of tien jaar. Je vraagt je af of dat allemaal niet al lang in bed hoort te liggen. Het zal je vader maar zijn. Bij mij hadden ze er al lang in gelegen.' Drie minuten later, na een shot van twee vriendjes, naast elkaar op de tribune. 'Kijk ze zitten. Ja, lach nog maar even naar de camera, toe maar jongens. Dat is in Spanje blijkbaar allemaal heel normaal, kinderen die tot diep in de nacht op de tribune zitten.'

Ik vroeg me af wat Sierd zo dwarszat. Waarom vindt hij dat je kinderen alleen maar mee mag nemen naar een half éénwedstrijd van De Graafschap? Dat werd me al snel duidelijk. Sierd vond het zelf veel te laat. Hij zat liever thuis naakt op de bank wat grappen voor zijn volgende commentaar uit te schrijven. Bij een stand van 2-2 sloeg de paniek toe. Er dreigde een verlenging. Nog nooit heb ik een commentator zo schaamteloos horen smeken om een doelpunt. Sierd wilde al de hele wedstrijd naar bed en projecteerde dat op de kinderen. Bij de 2-2 stand bleef hij maar babbelen over mensen die morgen weer vroeg naar kantoor moesten. Daarmee bedoelde hij zichzelf. Als het in godsnaam maar geen verlenging werd.

Ik snapte daar niets van. Bij NEC tegen Excelsior hoop je dat het na twaalf minuten is afgelopen, maar Barcelona en Real Madrid, als je echt van voetbal houdt, dan wil je dat die dagen lang doorspelen. Sierd niet. Hij hoopte vurig dat het ophield. Dat noemen we beroepsdeformatie. Voetbal moeten bezoeken omdat je er geld mee verdient doet iets met een mens. Duizenden mensen dromen van een plaats in dat stadion, Sierd kijkt alleen maar op zijn horloge. Hij had het de laatste tien minuten over niets anders. Hij wilde naar huis.

Messi redde hem met een prachtig doelpunt. Sierd klonk dolgelukkig. Alle kinderen om hem heen lagen er dan toch nog voor half drie 's nachts in en hij zat over twintig minuten in zijn auto.

In die roes van vreugde leverde Sierd de Vos stuitend commentaar bij de vechtpartij aan het eind van de wedstrijd. Hij vond het smullen. Dat hier kinderen naar keken, twee ploegen die met bloeddoorlopen ogen tegenover elkaar stonden, dat was dan opeens weer veel minder erg. Sierd had in tijden niet zo'n mooie knokpartij gezien. Euforisch was hij. 'Ja, we hebben er even op moeten wachten, maar dit is wat deze wedstrijden tot iets bijzonders maakt. Wat een heerlijke vechtpartij. Kijk eens even, ja, dit is genieten. De wedstrijd bloedde een beetje dood na dat doelpunt, maar dit is prachtig. Dit loopt helemaal uit de hand. Ja, hier lik je je als fijnproever de vingers bij af. Kijk die assistent eens even tekeer gaan. Prachtig!'

Sierd becommentarieerde een ordinaire vechtpartij alsof het om een inzamelingsactie betrof voor de Hoorn van Afrika. Hij was niet voor niets opgebleven. Misschien wel de mooiste vechtpartij ooit en hij was er bij.

Het tweede beeld. Vlak na de wedstrijd VVV-Ajax, een voor Ajax uitermate teleurstellend gelijkspel, loopt Frank de Boer naar zijn collega Glen De Boeck om die de hand te schudden. De camera volgt. Dan verschijnt opeens Barbara Barend in beeld. Onafhankelijk journaliste. Ze kijkt diep bedroefd. Alsof haar vader haar net heeft verteld dat zijn goede vriend André Hazes opnieuw is overleden. Ik zie het aan Barbara's gezicht: haar Ajax heeft gelijkgespeeld. Tegen die klootzakken van VVV. Ze is helemaal vanuit de Randstad hiernaartoe gereden en dan dit.

Ik heb het fragment een paar keer teruggekeken. Nooit zag ik iemand droeviger kijken dan Barbara. Ik vermoedde al zoiets, maar nu is het zeker: Barbara Barend maakt deel uit van de selectie van Ajax.

Sierd en Barbara. Allebei aan het werk en allebei zo overduidelijk liefhebbers van de persoonlijke benadering. Oh, Hugo Walker, jongen, waar ben je? Zo hoort het en niet anders.

'Schiet! Ja! Goal! Knappe goal hoor!!'

Peter Crouch

31 AUGUSTUS 2011

Zondag bezocht ik voor het eerst een wedstrijd uit de Premier League. Samen met mijn zoon, want zo hoort dat als je ouderwets naar een voetbalwedstrijd gaat. Je moet iemand naast je hebben die je aan kunt tikken als je het gras ziet. Dat is denk ik de essentie van voetbal. Het stijgen in de buik van het stadion, de stenen trap, het lonkende licht en dan de eerste blik op een voetbalveld. Het gevoel in je buik. Je vergeet het nooit meer.

In Engeland, bij Tottenham Hotspur om precies te zijn, hebben ze dat goed begrepen. Het is een van de fijnste stadions waar ik ooit omheen ben gelopen. Bijna net zo fijn als het Olympisch Stadion in Amsterdam. Al die ingangen, het loeren naar de speciale entree voor hele rijke mensen, de stroom urine langs de muren. De zure lucht van gebakken uienringen, drijvend in hun eigen vet. Het broodje van de hamburger dat als zand in je hand verpulvert als je erin drukt, het hoort allemaal bij een goede voetbalmiddag.

Op de heenweg, in de taxi, kruipt het ook in de botten van de taxichauffeur. Hij moet in de achteruitkijkspiegel de debiele, in mijn gezicht gebeitelde grijns hebben herkend. Hij ziet het op zijn achterbank gebeuren. Man gaat met zijn zoon naar voetbal. Hij is zelf een Arsenal-fan, maar hij vergeeft mij alles. Hij vertelt ons over zijn vier zonen en zijn vrouw. 'Kijk', zegt hij, 'hier heb ik haar ontmoet. Iedere keer als ik erlangs rijd, schiet ik vol. U moet me dat maar niet kwalijk nemen'. Dat doe ik niet. Hij wijst op de houten schotten voor de ramen van de ontelbare supermarktjes en eettentjes. Of we ervan hebben gehoord, de plunderingen? Ik vertel hem dat ik Rafael van der Vaart op de Nederlandse televisie, in een interview, hoorde vertellen dat hij geen idee had dat er een veldslag langs het stadion van Tottenham trok. Geen idee had hij, wat er aan de hand was. Ze trainden gelukkig ergens anders in de stad. Het ging volledig aan hem voorbij. Als we dichterbij komen, zie ik op zestig meter van het stadion twee volledig afgebrande huizen. Rafael zal toch weleens uit het raam van de bus kijken, als hij naar het stadion rijdt? Zo een jongen lijkt me dat wel. Een man die heel trots is op het Duitse televisiewerk van zijn vrouw, die kan niet onverschillig zijn. Vandaag geloof ik daar niet in. Vandaag klopt alles.

De taxichauffeur begrijpt wat we willen. Hij zet ons op ongeveer anderhalve kilometer van het stadion uit de auto. Als we weglopen, kijkt hij ons na. Hij heeft gelijk. Je moet samen met andere mannen naar een voetbalwedstrijd lopen. Je koopt geen programma, want jij denkt zelf na over voetbal. Programmaboekjes worden gekocht door stakkers. Ik voel om de minuut in mijn achterzak aan mijn kaartjes. Ze zitten er nog. Vak B, rij 13, stoel 33 en 34.

Magisch is het. Engeland, waar ze het voetbal hebben uitgevonden. White Hart Lane; wat een prachtige naam voor een stadion. Mooie kleur stoeltjes hebben ze. Prachtige mascotte. De warming-up, een droom. Manchester City wordt uitgefloten, maar mooi uitgefloten. Nederig uitfluiten is het. Alles klopt. Mijn zoon en ik stoten elkaar onophoudelijk aan. En dan zie ik Peter Crouch. De voetballende reiger. Knieën, midden in kilometers been, die scharnieren als een roestig tuinhek. Midden op het veld schiet hij samen met Rafael een bal heen en weer. Eerst kijk ik een andere kant op, maar houd dat niet lang vol. Ik moet ernaar kijken. Ik kijk ernaar zoals je doodsbang naar een aangereden hond kijkt. Je hoort het aan zijn blafje. Dat komt nooit meer goed. Naar Crouch kijken, is als kijken naar een instortend gebouw. Alles verzet zich tegen de zwaartekracht en toch zie je het opeens zuchtend naar links vallen.

Minutenlang kijk ik naar de warming-up van Crouch. Geen enkele bal, hoe zacht die ook wordt ingespeeld, controleert hij. Crouch staat midden op het veld met twee kokendhete tosti-ijzers om zijn voeten zijn best te doen om de bal niet kapot te schieten.

Ik heb medelijden met Van der Vaart. Die moet net doen alsof Crouch best wel een beetje goed kan voetballen. Ik zie hem zelfs een keer zijn duim opsteken als Crouch de bal achter zijn standbeen langs laat lopen. De spelers van Manchester City zien het ook. Dat kan niet anders. Ik heb een beetje spijt van mijn Tottenham Hotspur-shawl als ik Crouch over het veld zie struinen. Alsof je met een tas van de Lidl door De Bijenkorf loopt.

Crouch speelt in de spits en daarmee is de wedstrijd, bij het oplezen van de opstelling, meteen beslist. Tottenham Hotspur besluit, voor eigen publiek, met een gewonde giraffe in de punt van de aanval te spelen. Dan wil je niet winnen. Crouch domineert, alleen al door zijn aanwezigheid, de hele wedstrijd. Na twee minuten voetballen is het duidelijk. Bryan Ruiz heeft hier helemaal niets te zoeken. Fans van Tottenham Hotspur vertrouwen het niet, techniek. Alleen als er een bal naar Crouch zijn hoofd suist, ver over Van der Vaart heen, veert het publiek op. Hij krijgt applaus als hij niet valt tijdens het aannemen van de bal. De keeper van Tottenham, een kale zenuwlijder met het uiterlijk van een tuinman, gooit bijna geen enkele bal. Hij trapt alles richting Crouch. Die doet er daarna iets heel lelijks mee.

Manchester City lijkt voetbal van een andere planeet te spelen, maar dat is optisch bedrog. Tottenham speelt het lelijkste voetbal dat ik ooit zag. Oliedom vooral. Bij een achterstand van 4-0 en na het inbrengen van alweer een heel hard werkende dommekracht vindt Rafael van der Vaart het wel genoeg. Er schiet iets in zijn been en hij laat zijn ploeg met tien man naar het eind van de wedstrijd rommelen.

Wesley Verhoek, nog nooit had een speler zo gelijk. Als je van voetbal houdt en niet alleen van de folklore, dan heb je in Engeland niets te zoeken.

Lulletje rozenwater

7 SEPTEMBER 2011

Het voordeel van een wedstrijd als Nederland-San Marino is dat je je kunt concentreren op alle randverschijnselen. Hoe liggen de verhoudingen in televisieland bij het begin van een nieuw seizoen? Wie zijn de nieuwe analisten? Heeft Jan Joost van Gangelen nu eens meer tijd aan zijn voorbereiding besteed dan aan het oppoetsen van de koperen India-armband die hij ooit op Kreta van een oude hippie kreeg? Is het Oranje-publiek nu eindelijk eens kritisch of zitten ze nog steeds met twee oranje tieten op hun hoofd heel debiel naar het videoscherm te wijzen als ze een microseconde in beeld verschijnen? Is Hans Kraay junior nog wel gewoon de ouderwetse Hans Kraay junior, namelijk de interviewer die je het liefst na twee vragen van achteren met een roestige schep achter een van zijn oren zou willen slaan?

Om de laatste vraag meteen maar te beantwoorden: ja, Hans Kraay junior is nog precies hetzelfde. Zijn interviews met spelers hebben nog steeds alleen maar plaats om zijn eigen voetbalverleden op te rakelen. Het hele betaalde voetbal lijkt te zijn uitgevonden om Hans Kraay junior een podium te verschaffen. Vooral dit irriteert: die ouwe-jongens-krentenbrood-toon. Ook Harry Vermeegen heeft er een carrière mee opgebouwd, spelers aanspreken alsof je net nog naakt met ze in de sauna zat. Die vreselijke ons-kent-ons-sfeer als Kraay junior iemand interviewt is steeds minder te harden. Harry Vermeegen bood spelers tijdens een interview tenminste nog een kop erwtensoep aan. Hans Kraay junior biedt tijdens een interview alleen zichzelf aan. Het wordt pas een beetje draaglijk als je er op deze manier naar kijkt: die spelers lullen ook maar gewoon mee. In de kleedkamer lachen ze zich gek, dat kan niet anders. Ik denk dat ze het aan elkaar vragen: 'En, Mark, begon hij tegen jou ook weer over zijn voetbalverleden?' 'Ja, man. Meteen. Dat hij zelf ook nog heeft gevoetbald. Dat hij een harde speler was. Heb ik maar weer net gedaan alsof ik dat heel leuk vond.'

Dat is het pijnlijke. Je ziet dat alle spelers ook wel weten dat ze worden geïnterviewd door Malle Eppie. De enige die dat niet in de gaten heeft, is Hans Kraay junior zelf. Hij is de baas op het werk die heel gezellig met zijn werknemers heeft zitten lunchen en daarna tevreden terugloopt naar zijn kamer met een sticker op zijn rug: *Ik ben geil, neuken?* Wij zien het, de spelers zien het, Jan Joost van Gangelen ziet het, de regie ziet het. Behalve Hans. Hij is het lulletje rozenwater van de Nederlandse sportjournalistiek.

Na Nederland-San Marinio deed hij, voor de liefhebbers van een schot hagel in je gezicht, een paar fijne Hans-interviews. Bert van Marwijk vroeg hij eigenlijk niets. Hij vertelde de kijkers alleen maar dat hij Bert een beetje kende uit de kleedkamer en dat-ie een klerelijer was. *Net als Hans*, moest je daar als kijker dan achteraan denken. Bert protesteerde een beetje, maar Hans duldde geen tegenspraak. 'Jij was een pestventje in de kleedkamer.'

In een interview met Wesley Sneijder meldde Hans dat FC Lienden, zijn vorige club, negen van de tien keer van San Marino zou hebben gewonnen. Sneijder stond er een beetje ongemakkelijk bij te grijnzen. Hij had net een wedstrijd in het Nederlands elftal gespeeld en moest het nu blijkbaar over FC Lienden hebben. Daarna interviewde Hans een zwetende Mark van Bommel. Die kreeg aan het eind van het gesprek de mededeling: 'Nou,

Mark, tot zo. We gaan met hetzelfde vliegtuig naar Finland.' Je zag Van Bommel maar één ding denken: *Niet naast hem, lieve Heer, alstublieft niet naast hem.*

Daarna werd er naar de studio geschakeld en vertelde Ruud Gullit, zoals hij dat zijn hele carrière al doet, achteraf hoe het zat. Marco van Basten zat naast hem haarscherp te analyseren en durfde te zeggen dat Robin van Persie in de eerste helft slecht speelde. Ruud koos, zoals altijd, voor de netwerkbenadering. Likken, lachen en half vooroverhangen om losheid te suggereren. Hij herhaalde in de nabeschouwing vooral dat je ze er toch maar gewoon in moest schieten. 'Je moet scherp blijven.' Daar weet Ruud alles van. Hem is dat als trainer nooit gelukt en daarom zit hij nu voor eeuwig dom te lachen naast *krullenlulletje* Jan Joost van Gangelen, die het weer voor elkaar kreeg bijna al zijn vragen gesloten te stellen. Let er maar op: bijna elke vraag van Jan Joost kun je met *nee* of *ja* beantwoorden. Je moet hem gelijk geven als hij voor-analyseert of niet. Waar is de tijd dat presentatoren nog gewoon presenteerden?

Dan het publiek. Is dat wat kritischer geworden? Nee. Dolblij waren ze met de elf doelpunten tegen San Marino. Oh, wat gaf Wesley een mooi passje. En oh, wat werd er schitterend gecombineerd. Wat ging iedereen met een heerlijk gevoel naar huis. Ikzelf denk dat Nederland het lastiger had gehad tegen elf rolstoeldansers, met hun wielen diep in het gras. Zelden zag ik een team zo slecht voetballen als San Marino, met als dieptepunt de bal in de tribune, rechtstreeks na de aftrap. Iedereen met een beetje voetbalverstand zou na deze wedstrijd moeten zwijgen. Daar lul je niet over, zo'n gênante vertoning. Het was pingpongen tegen een blinde Chinees op één been. Elf reigers hadden méér tegenstand geboden. Robin van Persie bewees in deze wedstrijd het gelijk van al zijn criticasters. Op de belangrijke momenten is hij er niet. Als het tegenzit, kun je hem wisselen en als je mazzel hebt, doet hij dat niet vloekend. Van Persie schitterde met vier doelpunten en wat assists tegen elf voetballende dameskappers. Aan zijn gezicht te zien was hij daar heel blij mee. Daar zou ik me ernstig zorgen om maken als ik Bert van Marwijk was. Een speler die niet wil spreken als hij met 8-2 verliest van échte voetballers en wél wil spreken als hij wint van een team vol warme bakkers... Dat inzicht is de enige winst.

De bril van Peter Bosz

14 SEPTEMBER 2011

Laat ik u eens vertellen wie ik lief vind. Peter Bosz, de trainer van Heracles Almelo, vind ik een schat. Met dat brilletje. Je wilt Bosz meteen tegen je aan drukken als je hem ziet coachen. Een paar weken geleden had hij beslagen glazen. Toen was hij helemáál om op te vreten. Een blinde intellectueel zonder herdershond. Met dat natte jasje. Zo aandoenlijk. Bosz zag geen reet en toch maakte hij zijn glazen niet schoon. Hij zat helemaal in de wedstrijd.

Normaal gesproken word ik dan argwanend, als coaches twee keer drie kwartier in de stromende regen vlak voor de reservebank blijven staan. Vaak is dat om 'een bepaald signaal af te geven'. Soms zeggen trainers dat na de wedstrijd. 'Ik heb me even wat meer langs de zijlijn laten zien om een bepaald signaal af te geven.'

Van Peter kan ik dat hebben. Hij doet het op een mooie Hollandse manier. Natgeregend, met een beslagen bril op je neus, en dan erbij staan alsof je in een volle tram met honderden mensen tegen elkaar de etenslucht in andermans jas staat op te snuiven. Peter geeft een schitterend Hollands signaal af. Hij is een onverzettelijke man, een haringkaker, een mosselboer, een strandjutter, zijn kop recht vooruit, de slagregens trekken groeven door zijn voorhoofd, maar tegelijkertijd is hij met zijn uiterlijk ook de wat wereldvreemde Duitse architect Nosse Buckelstrumpf die in Düsseldorf zijn nieuwste werk exposeert: 23 opgehangen elandkoppen gevuld met zomerfruit. Vergelijk die majestueuze aanwezigheid van Bosz, sterk geworteld in een Nederlandse traditie en met een knipoog naar de Nieuwe Kubisten, maar eens met die ordinaire karatetrap van Louis van Gaal tijdens de Champions League-finale van Ajax tegen AC Milan. Armoe vergeleken bij Bosz. Als Van Gaal langs de lijn een signaal wil afgeven, trapt hij op Japanse wijze een vogeltje uit de lucht. Ordinair gedoe. Van Gaal weet het ook wel: Peter Bosz is de dichter, hij de sinterklaasrijmer.

Wat ik ook fijn vind aan Peter Bosz: hij koopt zelf zijn kleding. Dat voel je gewoon. Peter heeft aan het begin van dit seizoen een afspraak gemaakt bij opticien Eye Want You en heeft daar 486 brillen op zijn neus gehad. Hij begrijpt dat je er als trainer niet meer bij kunt lopen als Jan Everse, die nu al een carrière lang met het geleende leesbrilletje van zijn broer op zijn gok loopt. Bosz begrijpt wat een bril kan doen. Ik merk dat zelf ook.

Zonder bril lijk ik op z'n best op een uitgerangeerde keurslager uit het oosten des lands, maar met een zwarte bril op mijn hoofd en een kaars voor mijn buik denkt iedereen dat ik een dichter ben. Ik laat dat maar zo. Peter Bosz – en dat zie ik aan zijn gezicht – kent de kracht van een goede bril. Bijna een heel voetballeven lang is hij het lachertje van de voetballerij geweest. Niemand nam hem serieus. Het zou mij niets verbazen als Johan Derksen hem onbetrouwbaar heeft genoemd. Als iemand technisch directeur van Feyenoord is geweest, dan weet je eigenlijk al genoeg: die kan niks. Een bril met het goede montuur heeft dat allemaal veranderd.

Peter Bosz heeft vooral precies de goede bril bij de juiste club gekozen. Draag je deze bril als trainer van Ajax, dan heb je geen leven. Bij PSV zie ik het ook niet meteen voor me. Voor Heracles is dit precies de goede bril. Als je in Almelo iets op hebt wat niet aan een touwtje om je nek hangt, dan vinden ze je al een kunstenaar. Bosz heeft dat begrepen. Bijzondere mensen hebben geen haar en dragen een zwarte bril.

Hans van Breukelen vind ik zo lief. Ook door zijn bril. Hans begrijpt, net als Peter Bosz, wat een bril voor je carrière kan doen. Sinds Hans voor duizend euro per uur aan verveelde medewerkers van een kartonfabriek uitlegt dat ze heerlijk werk hebben, draagt hij een bril. Geen kunstenaarsbril, maar een bril die de suggestie wekt dat Hans ingewikkelde boeken leest. Hans van Breukelen draagt een bril die je opzet als je zelf ook wel weet dat je de boel staat te belazeren. En het werkt.

Hans laat op congressen, tussen de luxe broodjes door, mensen weer in zichzelf geloven. Met wat halfbakken filosofietjes en zwaar leunend op een loopbaan als voetballer probeert hij mensen te leren hoe je in het leven moet staan. In het geval van Hans van Breukelen is dat nogal lachwekkend. Als er íémand tijdens zijn voetbalcarrière een labiele indruk maakte, dan is hij het wel. Dat kan gewoon in Nederland: een Duitse speler, die vlak voor je op de grond ligt, helemaal verrot schelden, de Tweede Wereldoorlog van stal halen en daarna een goed betaalde goeroe van het positieve denken worden. In zo'n land wonen we. Managers staan juichend op hun stoel voor iemand die dood wilde doordat hij de bal op een polletje gras liet stuiteren.

Ik denk dat het zo werkt: mensen betalen zeshonderd euro voor een congres, zitten met een gesponsorde agenda en een notitieblok op schoot te wachten op de klapper van de middag en worden dan getrakteerd op Hans van Breukelen, een geflipte exvoetballer die op basis van een jarenlang verblijf in het gekkenhuis dat Modern Voetbal heet denkt te kunnen vertellen hoe je in het leven moet staan. Ze luisteren twee minuten naar hem en denken: Als je met zó weinig inhoud, met zulke flinterdunne levenswijsheden, met zulke mierzoete Rien Poortvliet-observatietjes helemaal binnen kunt lopen, dan kan ik het zeker.

Daarom vind ik Hans zo lief. Je ziet het aan dat brilletje. Hij weet het zelf ook wel: Ik ben mislukt. Ik doe maar wat. Ik rommel maar wat aan. Als ik de goede kop trek, zit ik elke week bij Knevel & Van den Brink.

Hans van Breukelen is aan een nieuwe bril toe. Eentje die nog beter past bij wat hij nu doet. Nu moet hij doorgroeien en de volgende stap zetten. Van Breukelen verdient een bril met spiegelende glazen. Aan de binnenkant, zodat hij zichzelf tijdens elke lezing in de doodsbange ogen kan kijken.

ZONDAGOCHTENDGEVOEL

21 SEPTEMBER 2011

Zondag keek ik naar PSV-Ajax. In alle opzichten een dag vol nostalgie. Alleen al het wakker worden. Het verjaardagsgevoel. Een heerlijk moment. Heel even, minder dan een seconde lang, weet je niet welke dag het is. Moet je werken? En dan de golf geluk. Vandaag is PSV-Ajax op de televisie. En nog heel vroeg ook, zodat je nog wat aan je dag hebt.

Ik vind dat de fijnste zondagen. In ieder geval tot een uur of half drie voel je niet de verlammende dreiging van alweer een werkweek. Morgen, maandag, staat je baas naast je en vertelt over de erker die hij aan zijn huis vast bouwt. Terwijl je naar hem luistert breek je onder je bureau een potlood in tweeën. Dat is zijn ruggengraat. Morgen ga je in de pauze maar weer een rondje lopen om het nabijgelegen winkelcentrum. Je kijkt naar de achterkant van winkels. De opgestapelde kratten en het meisje van de vleeswaren die met de haren los langs haar gezicht in de zon zit. Alles beter dan in de bedrijfskantine luisteren naar mensen die je uitleggen dat een all-inclusive vakantie zo prettig is.

Al die ellende is weg op voetbalochtenden. Dan is het één groot verheugen. Al is het heerlijk weer, je hoeft niet mee naar het bos of het strand, want er is voetbal. De kinderen laten je met rust want er is voetbal. Wat je al maandenlang wilt doen tijdens Knevel & Van den Brink, op volle kracht schreeuwen naar de televisie, het mag vandaag.

Het zijn zondagochtenden om nooit te vergeten. Je weet: zo direct staat Ruud Gullit op het veld en die gaat Ruud Gullit-dingen zeggen. Zondagmiddag was Ruud zijn praatje vooraf misschien wel zijn mooiste praatje ooit. Ruud combineerde virtuoos de verbale armoede van Ruud Krol met het tactisch inzicht van Ronald Spelbos. Op een doordeweekse dag zou ik mijn televisie naar buiten hebben gelazerd, maar zondagochtenden maken mild. Ik heb geamuseerd naar Ruud zitten luisteren. Sowieso een bron van inspiratie. Twee jaar geleden schreef ik het volgende gedicht over hem:

Nelson Mandela over Ruud Gullit
als ik had geweten
dat ruud mij wilde ontmoeten
was ik
20 jaar langer
op robbeneiland blijven zitten

Nu deed Ruud, een kwartier voor het begin van de wedstrijd, magische dingen met het woordje *hun*. Het ging ongeveer als volgt. 'Je ziet aan hun dat hun heel goed hebben gekeken naar hun capaciteiten, die hun sterkste kant zijn wat je van hun niet kon zeggen toen hun nog met hun kont naar achteren in hun strafschopgebied speelden op dat veld van hun. Nu zie je dat hun als ze het lastig krijgen niet naar hun kijken, maar dat hun juist uitgaan van hun eigen kracht, die hun echt wel hebben wat je aan hun kan zien want hun hebben een bepaalde spelvreugde die hun uitstralen, dus als je mij vraagt, wie van hun gaat er winnen dan zeg ik toch hunnie.'

Daarna deed Kenneth Perez net alsof hij Nederlands kan spreken. Kenneth werkte grootmoedig mee aan Het Zondagochtendgevoel. Hij had zich heel mooi aangekleed. Dat is een trend aan het worden, voetbalanalisten die in een iets afgebiesd pak van modehuis Dadi Lamoure zitten te lullen over voetbal. Kenneth Perez heeft ons jarenlang, tot vervelens aan toe, verteld dat hij maar één droom had: voor de televisie werken. Nu het zover is valt het een beetje tegen. Moeizame grapjes gaan er richting Kees Jansma. Steeds meer bewondering krijg ik voor deze minzaam voor zich uit loerende mastodont. Perez probeerde hem steeds aan het lachen te krijgen en het lukte geen een keer. Kees is niet zo van het lachen op de televisie. En terecht. We hebben het over voetbal. Kenneth zit in de verkeerde hoek. Hij moet reporter ter plekke worden in een gesponsord damesprogramma.

Dan de wedstrijd. Halverwege bevriest die in een verontrustend bekend beeld. Er ligt een man met een geel shirt doodstil naast een brancard. Binnen een seconde verandert de eredivisiewedstrijd tussen twee topclubs in een duel tussen twee amateurelftallen op veld 6c, derde sloot links, netten zelf ophangen. De geblesseerde keeper en de om hem heen buigende mannetjes roepen angstaanjagend precies tientallen zondagochtenden diep in de provincie op.

Eenentwintig voetballers, wachtend op de man die de sleutel van het hek heeft, zodat eindelijk de ziekenauto het veld op kan. Meestal duurde dat minimaal vijftig minuten. De sleutelman was net boodschappen doen met zijn vrouw of hij stond achter in de kantine de tosti's te ontdooien met een koptelefoon op zijn oren. Ik herkende zondagmiddag, met keeper Przemyslaw Tyton op de grond, het rusteloze wachten. Voetballers die niet konden doen wat ze het liefst doen: voetballen. Trainers die in godsnaam maar wat ballen het veld op gooiden. Op amateurvelden schreeuwen ze na een gebroken nek eigenlijk maar één ding: hou je warm jongens.

Daar in het PSV-stadion, dat moderne PSV-stadion, smolten amateurvoetbal en profvoetbal op een ontroerende manier samen. Loop per ongeluk tegen iemands hoofd en de oerwetten van het voetbal gaan werken. Mannetjes met waterzakken en een leren dokterstas maken een draaiende beweging met de handen. Spelers delen elkaars waterkan. Een trainer legt nog even snel uit, stel de keeper overlijdt niet, hoe er na de hervatting van de wedstrijd moet worden verdedigd. Langs de kant van het veld schatten bezoekers de ernst van de blessure in. Hebben ze nog genoeg tijd om even een broodje bal te halen en snel tegen een boom aan te pissen?

De blessure van Przemyslaw Tyton zette de wedstrijd tussen PSV en Ajax even stil. Het zag er uit als een dodenherdenking. Je moet denken aan alle mannen die zinloos sneuvelden en toch sta je al na twintig seconden aan de nieuwe bekleding van je auto te denken. Zo liepen de spelers er bij. Die man moest weg, dan konden ze door. Het waren opeens allemaal weer jongetjes, daar op het veld. Eerst die wedstrijd uitspelen en dan maakten ze morgen allemaal een mooie tekening voor de keeper.

Allemaal onzekerheid

12 OKTOBER 2011

Een week geleden schreef ik over te hete thee in de rust. Ik heb daarna veel mail gekregen van mensen die dat herkenden. U was het met mij eens. Het is onmogelijk om ook maar naar één woord van de trainer te luisteren met een plastic beker kokend water in je handen. Veel mensen hebben het ervaren als een Chinese foltering. Of ze je nu met een stok onder je voetzolen slaan of dat je de thee van tante Sjaan binnen tien minuten naar binnen moet klokken, het komt eigenlijk op hetzelfde neer.

Ik heb deze week geen zin om te schrijven over het moderne voetbal. In het moderne voetbal nemen persvoorlichters samen met de bondscoach door of er nu wel of niet hard mag worden gereageerd op het medisch team van Bayern München, legt Gertjan Verbeek voor de honderdste keer op de televisie uit dat hij volkomen authentiek is, leeft het hele land mee met de depressie van een presentator, kan iedereen inmiddels al na twee woorden alle zinnen van Ronald Waterreus afmaken, doet Robin van Persie met de minzame glimlach van Mona Lisa in zijn gezicht gebeiteld interviews op de televisie en begint Jan van Halst er steeds meer uit te zien als het achterlijke Zuid-Duitse neefje van Jack van Gelder. Dan schrijf ik liever over nieuwe voetbalschoenen. Weinig dingen in het leven zijn spannender dan het dragen van nieuwe voetbalschoenen. Je moet dat kunnen, in een kleedkamer je nieuwe schoenen uit je tas halen. Ikzelf maakte ze altijd eerst vuil. Ik heb er nooit het zelfvertrouwen voor gehad, in een volle kleedkamer heel rustig je nieuwe kicksen aandoen. Bang voor het dollen.

‘Zo Nico, gele schoenen. Toe maar, oude modekoning. Met blauwe veters. Jongens, kijk eens, Nico heeft nieuwe schoenen! Heb je ze helemaal zelf gekocht? Wat heb je gezegd? Ik wil iets geels? Staat goed bij je gebit, dat wel. Ga eens staan. Nee, doe niet zo flauw, ga nou eens staan. Ja, goed zo. Je lijkt kleiner op deze schoenen. Een centimeter of zestig. Wat is het merk? Van Velzen? Zitten er ook hele kleine nopjes bij? Ga je dan ook juichen als een dwerg als je hebt gescoord? Mogen we je dan optillen en ga je dan spartelen met je nieuwe voetbalschoenen? Hoe heten ze? Praat eens wat harder. We verstaan je niet. De Men’s adiPower Predator XTRX SG? Zo zo. Dus dat gaan wij zo zien, jouw nieuwe Men’s adiPower? Dus niet die bekende glijpartijtjes langs de zijlijn, maar vernieuwde adiPower. En Predator, dat is toch een dinosaurus? Mooi man. Loop jij wel gewoon op een paar oude kicksen van Steven Spielberg in de rondte. Nou, fijne wedstrijd met je XTRX SG-gebeuren aan je klompvoeten, Dijkshoorn.’

Op nieuwe voetbalschoenen een kleedkamer uit komen wandelen, ik heb dat nooit goed gekund. En dan voetbalde ik nog in een tijd dat voetbalschoenen zwart waren. Nu voetballen kinderen op lichtgevende schoenen die je binnenkort ook verplicht aan moet doen als je ’s avonds met pech naast je auto staat. Schoenen voor ANWB-leden vind ik het.

Ik ben altijd zo jaloers geweest op teamgenoten die alles vanzelfsprekend vinden. Ik ken bijvoorbeeld mensen die moeiteloos een kantinedienst draaien. Voor mij is dat de hoofdreden om mij nooit meer bij een vereniging aan te melden. Ik wil geen tosti’s uit plastic knippen. Ik wil voetbal kijken. Ik weet niet hoe andere mensen dat doen, heel onbevangen een broodje kroket voor iemand gaan staan bakken. Ik word vreselijk agressief van het idee alleen al. Waarschijnlijk ben ik geen clubman in hart en nieren. Al het bloed trekt uit mijn gezicht als ik alleen maar aan de dreiging van een kantinedienst denk.

Hoe leer je al die verschillende soorten snoep uit je hoofd? Hoe ziet een zure mat eruit? Wanneer is een kroket heet van binnen? Als uit de ham van de tosti groen-bruin vocht loopt, is hij dan gaar of bedorven? Hoe weet je wie er aan de beurt is? Hoe moet je kijken als je net een blad met veertien bakken koffie voor de ouders van de D2 uit je handen hebt laten donderen?

Uiteindelijk is het allemaal onzekerheid. Ik heb ook nooit durven vlaggen. Ik was altijd de vader aan de andere kant van het veld die, als de grensrechter niet op kwam dagen, heel laf in de bosjes verdween om daar te zoeken naar iets wat helemaal niet kwijt was. Gisteren vertelde ik mijn vriend over deze twijfel en hij hielp mij met een prachtig advies. Geniaal in al zijn eenvoud. Hij zei: 'Vraag je altijd af hoe Louis van Gaal het zou doen.'

Dat helpt enorm. Je hoeft je alleen maar af te vragen: Zou er iemand durven te klagen over een broodje koude kroket bij Louis van Gaal? Ik denk het niet. Je kent zijn antwoord al. 'Wat suggereer jij nou eigenlijk, met je kroket? Dus dat die kroket koud is, dat is dan mijn schuld? Ja, dat zeg jij. Jij zegt eigenlijk, die meneer van Gaal heeft een hele rare neus, die zal wel geen kroketten kunnen bakken. Dat zeg jij eigenlijk tegen mij. Dus wat suggereer jij nou eigenlijk met die kroketvraag? Dat ik dom ben? Zeg het maar, hoor. Precies. Dat dacht ik ook. En nou wegwezen.'

Louis twijfelt nooit. Ik denk dat niemand mooiere bardiensten draait dan hij. Ik zag dat dit weekend nog, tijdens Studio

Sport. Louis mocht, als ambassadeur van Spieren voor Spieren, het startschot geven van een hardloopwedstrijd. Dat deed hij magistraal. Geen spoortje twijfel. Ikzelf zou bang zijn geweest dat ik per ongeluk een Ethiopiër tussen zijn schouderbladen zou schieten. Hoe werkt zo'n pistool? Schiet ik niet per ongeluk een heel zeldzaam uiltje uit de lucht? Dat soort dingen. Moet je daar speciale kleding voor dragen? Kan iedereen het? Heb je er geen vergunning voor nodig? Ruikt kruit niet heel vies?

Louis van Gaal had er geen enkele moeite mee. Zelden zag ik iemand met zoveel innerlijke rust een pistool afvuren.

Mario Balotelli

26 OKTOBER 2011

Mario Balotelli heeft zijn huis in brand gestoken. Normaal gesproken meer iets voor een uitgeprocedeerde asielzoeker, om in een brandende deken schreeuwend door je hangar te hollen. Balotelli is veel, maar niet wanhopig. Balotelli is fulltime krankzinnig en verdient met die act zijn geld. Als het enkele weken rustig is, steekt hij iets in brand of gooit hij een jeugdvoetballer een dartpijltje in het achterhoofd. Hij doet dat uiterst professioneel, bijna met dezelfde commerciële souplesse als Paris Hilton.

Die weet ook hoe het werkt. Als de aandacht een beetje verslapt ligt ze naakt in groen licht, met de opengesperde ogen van een dood konijn, de ballen van haar vriend hoog te houden. Paris Hilton, een echte voetbalvrouw. Nooit is er een vrouw dieper gepenetreerd met de punt naar voren.

Mario Balotelli is een kind van nu. Hij weet hoe je kranten verkoopt. Kranten met zijn kop op de voorkant. Dat doe je niet door te zeggen dat je naast het voetballen het liefst vogels spot en dat de dinsdag, als je vrouw macaroni speciaal maakt, je favoriete dag is. Niemand zit nog te wachten op voetballers als Mark van Bommel. 'De schoonzoon van', alleen dat al. Het roept een dodelijk saai beeld op. Mark van Bommel en Bert van Marwijk, om een tafeltje vol leverworst en blokjes kaas. Weekendjes weg met de hele familie. Dat wil je helemaal niet weten.

Als Mark van Bommel en Bert van Marwijk na een verjaardag met een schuursponsje de restjes mosterd van een bord af staan te schrapen, ligt Balotelli met een vuurpijl in zijn kont voor het raam en richt op de buren. Dat is het laatste wapenfeit van Balotelli die - zou hij een rapper zijn - bijna als vanzelf Crazy Nigger Deluxe Gallore zou heten. Hij heeft vlak voor de wedstrijd tegen Manchester United zijn huis een heel klein beetje in brand gestoken.

Mijn eerste gedachte toen ik hoorde over het vuurwerk? Gelukkig dat hij niet in Enschede voetbalt. Mijn tweede gedachte: het is hem weer gelukt. Want zo zit Mario in elkaar. Hij is het perfecte voorbeeld van de moderne voetballer. Mannen die het voetballen er zo'n beetje naast doen, vertrouwen op hun talent en de rest van de tijd in hele rare broekjes en jasjes van negenduizend euro in de rondte lopen. Mijn derde gedachte: had Ajax maar zo een gek. Een secreet. Iemand die mensen wil passeren. Nee, laat ik het anders zeggen: iemand die mensen kan passeren.

Wiel Coerver – alweer even dood – zelfs nu nog zou hij makkelijker een man passeren dan alle verzamelde Ajacieden. Zondag, tegen Feyenoord heb ik geen enkele Ajacied dreigend met de bal aan zijn voet het strafschop zien naderen. Tegen Ajax verdedigen, daar hoef je niet voor te hebben doorgeleerd. Je wordt nooit verrast. Niemand in de selectie van Ajax komt zijn man nog voorbij. Tegen Feyenoord speelde Ajax met een Russische spits van 190 kilo die heel goed een balletje vast kan houden. Je hebt er niets aan.

Dmitri Bulykin zou wel meteen weer een nuttige speler voor Ajax zijn als hij deze week zestien rendieren in zijn slaapkamer slacht. Daar snakt Ajax naar. Een rare voetballer. Een type-El Hamdaoui, ik noem naar een naam. Maar ja, waar vind je die?

Mario Balotelli snapt verdomd goed waar het om gaat in deze tijd. Nooit uit de kranten verdwijnen. Zolang The Sun meer kranten verkoopt als hij in damesondergoed cocaïne uit de liezen van Miss Nigeria snuift, zal hij het blijven doen. Voetbal is entertainment geworden, of we dat nu leuk vinden of niet.

Mario Balotelli toonde na zijn doelpunt tegen Manchester United een T-shirt met tekst. Eigenlijk al genoeg reden om zo'n jongen drie jaar lang in een Siberisch werkkamp bontmutsjes van zeehondenvel te laten naaien. Ik constateer dat het bestaat en ik snap hoe het werkt, maar toch ben ik voor een levenslange schorsing na het tonen van beschreven T-shirts.

Het heeft iets narcistisch obsceens, scoren en dan bijvoorbeeld de afbeelding van een overleden vriend laten zien. Daarmee zeg je eigenlijk maar één ding: 'Het gaat om mij. Kijk mij eens nobel zijn. Hopen dat ik vanavond in het laatste filmpje van Studio Voetbal zit.' Teksten schrijven op T-shirts en die dan onder je wedstrijdshirt dragen, het is voor mij het eindstadium van megalomane gekte. Ik zou er niet naast moeten zitten in de kleedkamer. Ik zou reageren. Meteen.

'Wat heb jij nou aan? Hoezo *Love you Daisy. This one's for you* Wie is Daisy? Staat die bij ons in de spits? Nee, precies. Uittrekken dat shirt, of ik knip je er uit, mafkees. Je hebt al zes jaar niet voor ons gescoord en dan opeens wel voor Daisy. Uit dat shirt! Nu!'

Mario Balotelli droeg onder zijn shirt de tekst: *Why always me?* Niet geheel onverwacht een tekst met het woord ik er in. Jammer. Dat kan nog gekker. Ik denk dat hij nog maar een paar weken nodig heeft en dan eindelijk tot de kern komt. Een T-shirt met alleen het woord *ME* er op.

Daarom doet het me zo goed dat Voetbal International de Televizier-Ring heeft gewonnen. Zij zijn in alles het omgekeerde. Prediken de gewoonheid zonder belerend te worden. Voetbal

International is het nieuwe bord chinees eten op schoot. Ik vind het heel erg voor Johan Derksen dat ze hebben gewonnen en ik vind het vooral geweldig voor Wifred Genee en Michel van Egmond.

Wilfred Genee is vooral het laatste jaar een van de beste presentatoren van Nederland. Hij doet op een uiterst losse manier het moeilijkste wat je op de televisie kunt doen: een live-programma vol met dominante karakters presenteren. Hij snapt televisie. Hij is fijn cynisch en hij heeft een belachelijke feitenkennis. Tegelijk heeft Wilfred iets aandoenlijks jongensachtigs. Hij geniet zichtbaar tijdens het programma. Als je dat allemaal tegelijk kunt, dan ben je een vakman en liefhebber tegelijk.

Michel van Egmond is de eindredacteur van het programma. Hij is dus niet alleen de beste sportschrijver van Nederland, maar ook definitief de beste televisiemaker. Het publiek heeft altijd gelijk. Vraag dat maar aan Mario Balotelli.

André Ooijer

9 NOVEMBER 2011

Hij ligt in bed en droomt. Over een landhuis. Krakende hekken. Een voorbij waaiende bol stro. Op de oprijlaan ligt een zachtjes jankende hond. Er zit glas in een van zijn poten. We zien voeten. Lopende voeten. Ze stoppen naast de hond. De voeten lopen terug, nemen een aanloop en schoppen de hond hard tegen zijn kop. Die jankt niet meer. De voeten lopen door naar de voordeur. We horen iemand op de deur kloppen. Voetstappen diep in het huis. Dan gaat de deur langzaam open. Een oude man kijkt doodsbang naar buiten. Dan zien we wie er voor zijn deur staat. André Ooijer in zijn voetbalkleding. Daarna een harde trompet, een gitaarsnaar en de titel in beeld: *Crazy Old Kid is Back in Town, part 6*.

André Ooijer schrikt maandagochtend om 06.00 uur wakker. Hij blijft in bed liggen. Jack van Gelder, Jan Mulder, Ronald Waterreus en Jan van Halst; hij laat hun gezichten even aan zich voorbijtrekken. Jan Mulder – het is jammer dat zijn knie allang verrot is, want hij zou hem met alle liefde alsnog aan stukken hebben geschopt. Meneertje Mulder, met zijn roep om zwaardere straffen. Mulder, die 35 jaar geleden nog vier man kon passeren op techniek. Over zo'n fossiel hebben we het. Een man die nog voetbalde omdat hij er plezier aan beleefde.

Dan ben je bij hem aan het verkeerde adres. Voetbal is werken. Voetbal is pijn. Of nee, laat hij het zorgvuldiger formuleren: voetbal is zorgen dat de ander pijn heeft. Mulder, met zijn sentimentele gezeik over Brussel, witte netten, steak hachee en een vertrapt kippenhok. Alsof dat bijzonder is. Ooijer vertrapt elke avond een kippenhok, met de kippen er nog in. Hij heeft gisteren gekeken, naar Studio Voetbal, hoe ze hem ter verantwoording riepen, al die ouwe zakken aan tafel. Ronald Waterreus nota bene. Een keeper. Dat is het allerergste, dat zelfs keepers iets van hem vinden. Keepers horen, vlak achter hem, in een homokleur hun doel te verdedigen en moeten verder gewoon niet lullen. Als dat ook allemaal gaat meebeppen over voetbal, dan houdt alles op. Kun je net zo goed Van Velzen in de spits zetten. Ergert hij zich ook dood aan, dat bij The Voice of Holland een dwerg in kinderkleding andere mensen gaat vertellen hoe je popartiest moet worden. Door een meter te krimpen en dat gebrek keihard uit te buiten, denkt hij dan.

Ronald Waterreus heeft opeens praatjes omdat hij in Amerika is geweest. Jan Mulder, met zijn Walt Disney-opvatting van voetbal en dan die Jan van Halst met zijn uitgestreken Nosferatuhoofd. Met zijn uitlegmachine. Dat zou Ooijer graag een keer doen, oude beelden van Jan van Halst bij Ajax analyseren. 'En kijk, hier in deze cirkel, zie je Jan van Halst zichzelf voor de negentiende keer in zijn arm knijpen omdat hij nog steeds niet gelooft dat hij bij Ajax speelt.'

En dan die *fokking* Jack van Gelder, met zijn walgelijke Zuid-Duitse uitstraling. Nee, dat is lekker, er altijd uitzien alsof je tijdens een bierfeest je lederhose net even hebt uitgedaan. Zo iemand zit hem te vertellen wat wel en niet mag. Werd die Shrek de Derde gisteren ook nog onverwacht in het zonnetje gezet, omdat hij al zo lang het radiocommentaar doet. Beroemd worden omdat je tien keer 'Dennis Bergkamp' roept. En dat musicalgedoe. André Ooijer hoort liever het breken van een scheenbeen dan dat hij naar Jack van Gelder moet luisteren.

Doodstil ligt Ooijer in bed. Ze kunnen lullen wat ze willen, maar hij vond het zondag een van zijn mooiste overtredingen ooit. Op dat pisjochie van een Sneijder. De broer van, dat alleen al is zo tragisch. Dat je broer heel goed kan voetballen en dat jij dan ook zo nodig moet. Ooijer doet alles alleen. Al een leven lang. Dat heeft hij die Sneijder even willen laten voelen.

Hij is ontevreden over het eindresultaat van de overtreding. Bij het inkomen ging hij uit van 75 procent blijvende invaliditeit. Voor minder doet Ooijer het niet. Dat is afgelopen zondag helaas mislukt. Hij is wél tevreden over de schoonheid van de overtreding. Daar is hij slimmer in geworden. In het verleden wilde hij nog weleens iemand in diens gezicht schoppen met maar één camera in de buurt, of met zijn rug naar de camera. Dat gebeurt hem nu niet meer. Deze overtreding – en dat wist hij van tevoren – was vanuit alle hoeken goed filmbaar.

Daar is Ooijer een prof in geworden. Tijdens de overtreding houdt hij al rekening met de slow motion. Dat is de truc. Van tevoren weten dat op de televisie zijn noppen tergend langzaam in het vlees verdwijnen. Ooijer snapt wat de kijker wil: de dreiging van krakend been. Niet willen kijken en dat, door je vingers, toch doen. Die spanning zoekt hij op. Dat is zijn vak. Dat is zijn specialisme. En scoren met zijn buik.

Daar hebben die zakken in Studio Voetbal het niet over. Niets is moeilijker dan scoren met je buik. Ze zeggen dat Frank de Boer hem nu, na die overtreding, hard moet straffen, maar hij moet daarom lachen. Frank staat maandagmiddag weer lekker honderd ballen strak over het veld te trappen en die werkt Ooijer dan met zijn buik af op doel. Dat is wat Frank de Boer wél ziet en al die oud-voetballers met colberts maar niet willen zien:

Ooijer moet je lelijke dingen laten doen. Hij dacht ooit dat hij een voetballer was, maar Frank heeft hem de ogen geopend. Ooijer doet nu eindelijk waar hij goed in is. Mensen verminken en heel lelijk scoren. Hij kan niet wachten op zijn volgende doelpunt. Frank heeft bedacht dat het er nog lulliger uitziet als Ooijer met zijn rechteroor scoort. De kunst is het laten lijken op toeval. Dan heb je het dus over perfecte timing. Die bal zien aankomen, net doen alsof je iets tegen Theo Janssen zegt, omkijken en dan via je oor onbereikbaar voor de keeper in de rechterbovenhoek. En daarna weer iets breken.

U moet zich schamen

16 NOVEMBER 2011

De spelers van het Nederlands elftal zijn erg teleurgesteld in u. En terecht. U hebt het maar makkelijk. Overdag lekker naar uw werk, twee uur in de file staan, op uw lazer krijgen van een baas die er geen kloot van begrijpt en dan weer twee uur in de file op weg naar uw gezin, terwijl u aan die leuke nieuwe collega met rode lipjes denkt. Een luizenleventje vergeleken met de voetballers die u afgelopen zaterdag uitfloot na Nederland-Zwitserland.

Misschien moet u eens proberen zich in het loodzware leven van een profvoetballer te verplaatsen. Zo veel geld verdienen dat je niet eens meer weet aan welke auto's je het uit zult geven. Robin van Persie, die woont helemaal in Engeland en is speciaal voor deze wedstrijd naar Nederland gevlogen. Misschien dat u daar voortaan eerst even aan kunt denken voordat u hem uitfluit. Twee keer drie kwartier hebben die jongens gevoetbald. Voor u! Alleen voor u. Realiseert u zich dat wel?

Ik denk het niet. Nee, u koopt gewoon een kaartje van gemiddeld veertig euro en denkt dan dat alles vanzelf gaat. Lekker op uw luie reet naar hardwerkende voetballers zitten kijken en als het dan eens een keer tegenzit meteen uw vingers in uw mond steken. U moet zich schamen. Als u zo doorgaat, dan willen die voetballers binnenkort helemaal niet meer voor u voetballen. Dan gaan ze gewoon stil leven van de reclameopbrengsten van hun plakplaatjes. Wilt u dat dan, met uw domme gefluit, dat die arbeiders van het groene gras, die kolchoz-medewerkers op voetbalschoenen, onze jongens die soms wel meer dan een week hun vrouw en kinderen niet zien, dat die noeste arbeiders boos op u worden? Bert van Marwijk was heel teleurgesteld in u. En terecht. Daar hebt u het zelf naar gemaakt. Als u een beetje verstand in uw hoofd had, dan zou u na de wedstrijd hebben geapplaudisseerd voor de prachtige reeks die hij heeft neergezet. U hebt het goed verkloot bij Bert. Hij vindt u allemaal amateurkijkers. Een echte voetballiefhebber zou zaterdag, na de wedstrijd, hebben gezegd: Wat een ongehoord kutvoetbal en wat een domper, vlak na die verloren wedstrijd tegen Zweden, maar wat een reeks! Maar nee! U kunt niet over een wedstrijd heen kijken. U wilt, met uw kaartje in uw hand, waar voor uw geld. Beetje kortzichtig, hè! Die mannen zijn met een reeks bezig. Laat dat even tot uw botte hersens doordringen.

Wat u maar niet wilt begrijpen is dat u er alleen maar bent om hele dure kaartjes te kopen en daarna, met een consumptie van gemiddeld tien euro in uw hand, onze jongens te bewonderen. Als u dat doet, juichend het stadion verlaten na een bloedeloze doelpuntloze wedstrijd, dan hebt u er kijk op. Dat zijn de echte Oranje-fans, de kritiekloze, oranje geschminkte mannen en vrouwen die een wedstrijd lang aanmoedigen. Maar u, VI-lezers, met al dat domme gelees over achtergronden en al die ideetjes over opstellingen en zo, u verpest het voor Bert en zijn mannen. Daar zit dus even helemaal niemand op te wachten, zogenaamde supporters die een lekkere pot voetbal willen zien en die ontevreden zijn na een 0-0 wedstrijd.

U zou zich echt dood moeten schamen. Als u met uw zoontje naar een wedstrijd van het Nederlands elftal gaat, dan hebt u voor 120 euro de heen- en terugreis, een zitplaats, wat te drinken en wat te eten. Maar nee, dat is niet genoeg. U wilt ook mooi voetbal zien. Als u een beetje fatsoen in uw lijf hebt, dan biedt u

Bert van Marwijk volgende keer massaal uw excuses aan. Ik heb me ook voor u geschaamd. Nu moest Bert van Marwijk, die dat helemaal niet in zijn karakter heeft, voor de zoveelste keer zelf uitleggen hoe goed hij is en hoe prachtig de reeks is die hij heeft neergezet. Maar waar blijft u over zeiken? Over de verloren finale. Over zijn vechttactiek. Dat het helemaal niet mooi was om naar te kijken.

U moet met uw verwende gedrag gewoon uw bek eens houden als Bert en zijn modelarbeiders hun stinkende best doen. Wat u zich daar op de tribune, in uw luxe kuipstoeltje, helemaal niet realiseert, is dat iemand als Wesley Sneijder tijdens de wedstrijd ook met Yolanthe twee paar nieuwe tieten en een nog witter bovengebit had kunnen kopen, of een nieuw pak met afgeknipte pijpjes. Maar nee, hij was er voor u!

Zelfs Dirk Kuijt was teleurgesteld. Dan heb je het bont gemaakt, hoor. We hebben het hier over Koning Gewoon. In een interview vlak na de wedstrijd, wat u natuurlijk weer niet hebt gehoord omdat u met uw ontevreden hoofd eerst zes kilometer naar een parkeerterrein moest lopen, zei hij het. Hij snapte dat fluiten van u niet. Dirk waarschuwde u. Voor hem is dat zo geen werken. Hij kan alleen maar voetballen als u hem toejuicht. Anders wordt het niks tijdens het EK. Dirk miste respect en gelijk heeft hij.

Denkt u dat Klaas-Jan Huntelaar voor zijn lol een masker op heeft? U hebt makkelijk lullen. Als u uw neus breekt, dan hoeft u niet te werken. Dan zetten ze hem even snel recht en krijgt u na een week een geinige kaart van uw collega's. Ook van dat nieuwe meisje met rode lipjes. En daar ligt u dan mee in bed en u denkt: Kijk nou eens, ze denken aan me!

Dat vindt u allemaal heel normaal, dat u fruitmanden en bemoedigende telefoontjes krijgt, maar als Klaas-Jan met een motorbril zonder glazen moet voetballen, dan worden daar domme grapjes over gemaakt.

Als u zo doorgaat, zwaaien de voetballers niet meer naar u. Het moet wel van twee kanten komen. U bewondert, zij buigen. U betaalt, zij geven uit. U fluit, zij zijn boos. Zo is de rolverdeling en als u zich daar niet aan wenst te houden, dan gaat u voortaan van dat geld maar lekker iets anders doen. Naar de Voedselbank brengen bijvoorbeeld. Ik zeg maar iets. Is dat dan wat u wilt? Precies. Dat dacht ik ook. Dus wat gaan we doen volgende keer? Goed zo. Betalen en juichen.

Ronald Waterreus

30 NOVEMBER 2011

Laten we het over keepers hebben. Doelverdedigers. Het woord zegt het al. De jongen die je bij twee stapels jassen achterlaat, waarna je zelf lekker kan gaan voetballen. Keeper ben je niet van geboorte. Je wordt aangewezen. 'Jij daar, met dat rare haar. Keepen!' Ik ken niemand die graag keeper wilde worden. In mijn jeugd waren keepers figuren die een abonnement hadden op het populair wetenschappelijk tijdschrift KIJK. Voetballen met handschoenen aan, als dat je een leuk idee lijkt, dan komt het eigenlijk nooit meer goed.

De keepers die ik ken hebben hun halve jeugd op hun buik naast een sloot met een tak naar een bal liggen slaan. Het nadeel van doeltjes zonder netten. Het water. Wij, de voetballers, bespraken even kort bij welk benzinestation de porno op de laagste plank stond en de keeper lag op zijn buik in nat gras, met een reiger op zijn rug.

Dat was een duidelijke situatie. Als je verloor lag het aan de keeper, als je won kwam het door jou. Johan Cruijff – het zal niet – heeft dat allemaal omgegooid, met zijn Meevoetballende Keeper. Twee woorden die helemaal niets met elkaar te maken hebben. Doet Johan graag, dat soort woorden achter elkaar zetten. Door Johan Cruijff zijn keepers gaan geloven dat ze er best wel toe doen. Ikzelf vind dat een verarming van de sport. Vóór het meevoetballen was een keeper die vlak buiten het strafschopgebied de boel voetballend op moest lossen nog een attractie. Dat was lachen. Keepers schoten nog tegen een bal zoals vrouwen een bal koppen. Doodsbang en met de ogen dicht. Het publiek ging vanzelf joelen als een keeper in het jaar vier voor JC een bal weg wilde schoppen.

Door Stanley Menzo, de eerste meevoetballende *Cruijff-keeper* is dat allemaal verleden tijd. Het is nog steeds even belabberd en de bal wordt nog steeds door keepers op de krankzinnigste manieren de tribune in gemaaid, alleen schamen ze zich daar niet meer voor. Sterker nog, als er weer een bal de tweede ring in is geramd krijgen de verdedigers de schuld.

Ook dat is iets van de laatste vijf jaar. Keepers die wild gebarend aan verdedigers duidelijk maken dat het allemaal anders had gemoeten. Ik herinner mij onze keeper bij NFC, Robbie van Vleuten, die een jaar of twintig te vroeg het moderne keepen uitvond. Die gaf onze verdediger, Sikko Room, de schuld van een doelpunt en drie minuten later zat hij vastgebonden aan een lichtmast te loeren naar naderend onweer. Zo ging wij om met keepers die praatjes kregen.

Nu zitten keepers zelfs in praatprogramma's over voetbal. Niet als de man die de glaasjes water neerzet of tijdens filmpjes snel Jack van Gelder zijn hoofd droogwrijft met een Ajax-handdoek, nee, echt als meepratende gast. Ik heb het over die dinges, met al dat haar, kom hoe heet hij nou, die murmelaar met dat Brabantse haar, met die truien en dat hij steeds van alles zegt en dat je er geen hol van verstaat, jezus, duizend keer kan ik zijn naam zeggen, die dinges die in Amerika ging voetballen, die iedereen in Nederland persoonlijk een hand kwam geven en die na een jaar alweer terug was. Hoe heet hij nou? Ronald Waterreus, precies ja. Die!

Ronald Waterreus wilde zondag, tijdens Studio Voetbal, niets meer zeggen over Ajax. Houden zo, dacht ik. Maar hij hield zich niet aan zijn woord. Daarna zei hij van alles over Ajax. Onder andere dat de hele club moet verdwijnen en dat ze zich in Amsterdam diep moeten schamen. Hij wilde er verder geen woord aan vuilmaken en dat zei hij met heel veel woorden. Ronald leek echt boos. En dat is precies wat ik bedoel. Als je keepers laat praten, dan komt daar alleen maar ellende van. Ronald moet het zelf ook hebben gevoeld, op de terugweg, dat hij beter een handschoen in zijn wang had kunnen proppen. Als analist met een PSV-verleden heel agressief roepen dat de club Ajax moet verdwijnen, dat is op zijn minst onhandig. Het komt allemaal door dat meevoetballen. Ze willen nu ook meelullen.

Misschien wel het allergekste keepersnieuws las ik deze week. Edwin van der Sar is benaderd om algemeen directeur van Ajax te worden. Edwin van der Sar, die zit bijna tegen doofstom aan. Ik heb hem nu een paar keer als analist aan het werk gezien. Ik luister nog liever naar een vogelliefhebber zonder tong die uitlegt hoe een spreeuw zijn nest bouwt. Je wilt dingen stuk slaan als hij twee minuten aan het woord is. Een inktzwarte leegte vult je woonkamer als Edwin van der Sar iets uitlegt. Met Edwin van der Sar kan je een land binnenvallen. Zet hem pratend op de voorkant van een tank en hij lult binnen een kwartier 25 duizend soldaten in slaap.

Die man, een ex-keeper, hebben ze gevraagd om algemeen directeur van Ajax te worden. Vergeleken bij Van der Sar is Tscheu La Ling een levende Socrates. En toch, Edwin van der Sar kan er zelf niets aan doen. Het komt door Cruijff. Die is als eerste trainer met keepers gaan praten. Daar is het fout gegaan. Vóór Cruijff hadden keepers een aparte kleedkamer, zodat ze de voetballers niet stoorden met hun vervelende keepergeluiden en die penetrante keeperlucht. Vóór Cruijff had je nog keepers als Pim Doesburg, een man die al een heel leven lang schreeuwend van achter uit het restaurant zijn eten bestelt. Eddy Treijtel was een aanstootgevend kale keeper die meeuwen naar god schoot. Dat was verder gevaarloos.

Keepers waren nederig, en terecht. Jan Jongbloed, vanaf het moment dat hij voor Vrij Nederland een dagboek bij ging houden en hele zinnen achter elkaar begon te schrijven waren we kansloos op het WK.

Studio Voetbal kan een gebaar maken. Ze kunnen iets terugdoen voor voetballend Nederland. Ze kunnen Ronald Waterreus de rest van het seizoen aan een aparte tafel laten zitten. Behandel hem eindelijk weer eens als een keeper. Stel hem een vraag, wacht tot hij antwoordt en dan meteen de aftiteling starten.

Andy van der Meijde

7 DECEMBER 2011

Een van de mooiste interviews die ik ooit las stond anderhalve week geleden in dagblad De Pers. Het was een vraaggesprek met ex-voetballer Andy van der Meijde. Ooit Ajacied, daarna bij Inter, Everton en PSV onder contract gestaan. Bij PSV werd zijn contract niet verlengd. Nu woont hij in Apeldoorn.

Het interview legt genadeloos de volslagen krankzinnigheid van de bedrijfstak voetbal bloot. De absurde opeenstapeling van clichés – samen Andy's leven – werkt je eerst op de lachspieren en grijpt je daarna bij de keel. Je leest het en je weet meteen: ja, dat gebeurt er met jongens die toevallig heel goed kunnen voetballen. Ze trouwen met een mond met twee tieten, rijden in te dure auto's, beginnen te veel te eten en laten dronken van drank een tattoo zetten.

Volgens Andy is het misgegaan door de tattoos. Hij vertelt in het interview het verhaal over de harde kern van PSV-fans die op De Herdgang kwamen controleren of hij nog een afbeelding van Ajax in zijn vlees had. Bij PSV vonden ze dat blijkbaar goed, een selectiespeler als een kistkalfje wat laten bekloppen en besnuffelen door de fans. Drie van de fans mochten een gebouwtje binnen en daar moest Andy, slechts gekleed in een onderbroek, zijn enkel laten zien.

Ze hebben zelf liever niet dat je er over begint, maar ik denk dat dit nu eens een pakkend voorbeeld is van de zo geroemde Brabantse gemoedelijkheid. Ik zie het bij Feyenoord niet snel gebeuren, Bakkal naakt voor een afvaardiging van Feyenoordfans, omdat het gerucht gaat dat hij Willy van der Kuijlen over de hele breedte van zijn borst heeft laten tatoeëren. Bij PSV gaan ze daar heel anders mee om. Gemoedelijker. Als er daar iemand roept dat Toivonen een seizoenkaart van Ajax heeft, dan staat hij binnen een dag gebukt in de kleedkamer en schijnen ze hem met een zaklampje in zijn hol, op zoek naar het geplastificeerde kaartje. Daarna krijgen de fans een Brabantse koffietafel aangeboden en gaat iedereen weer tevreden naar huis.

Andy vertelt in het interview dat hij zijn Ajax-tattoo allang heeft laten veranderen in een Japanse goudkarper. Toen moet hij hebben geweten dat het klaar was met zijn carrière. Als je tattoos van je oude clubs laat veranderen in een visje is het einde verhaal. Meestal laten voetballers verkeerd gespelde woorden in hun nek jassen of alleen de letter Y van Yolanthe, omdat de hele naam meteen het hele kabouterlichaampje zou bedekken. Maar een karper... Voor je het weet sta je ergens op een beurs met zo'n beest in je armen en word je als ex-voetballer tweede in de categorie *Koikarpers tot twee kilo*. We hebben het verdomme over Andy van der Meijde.

Ook de harde kern van Ajax wilde zijn enkel controleren. Dat werd één grote vechtpartij. We hebben het hier nog steeds over voetbal en niet over de maffia. Ik sluit niet uit dat Andy de volgende ochtend de afgesneden kop van zijn favoriete karper tussen de lakens vond. Ajax-lakens, vermoed ik.

Het interview met Andy van der Meijde leest als een horrorfilm. Hij is de jongen die slechts gewapend met een theelepeltje, de kelder van een huis onderzoekt waar onlangs nog 34 lijken zijn gevonden. Iedereen weet dat dat slecht gaat aflopen, behalve de jongen met het theelepeltje. Zo is het ook met Andy. Verkeerde vrouwen, verkeerde clubs, verkeerde beslissingen en de verkeerde tattoos. Iedereen in zijn omgeving heeft het gezien en niemand heeft wat gezegd. Vrienden van Andy moeten in Italië bij hem hebben gelogeerd en hebben het meteen gezien: onze vriend is getrouwd met een vrouw die een kameel in haar garage houdt.

Het leven van Andy doet mij sterk denken aan dat van John de Wolf. Ik herinner mij een documentaire over John. Hij zit op de bank naar teletekst te kijken, terwijl zijn vrouw naar hem wijst: 'Zo zit hij de hele dag. Het is hartverscheurend.' Als ze over je gaan praten alsof je er niet bij bent, dan weet je als exvoetballer: het is voorbij.

Overigens: ergens in Nederland moet een man in de rondte lopen met een tattoo van John de Wolf op zijn rug. Probeer daar maar eens een karper van te maken. Een schele leeuw misschien, maar ik denk dat je John er doorheen blijft zien.

Andy heeft nu een nieuwe vriendin. Een heel lief en zelfstandig meisje. Ze zat als Geile Vrouw heel even in het programma De Gouden Kooi. Zij onderhoudt Andy en dan voel je het alweer aankomen: Andy wil binnenkort wat gaan terugdoen voor zijn meisje. Dat wordt een tattoo van een gouden kooi op zijn dij, een kooi met een open deurtje en een wegvliegende duif in zijn lies. Andy zal aan zijn vriendin uitleggen dat hij die duif is, een soort van, en dat dat allemaal door haar komt.

De mooiste zinnen in het interview zijn deze: 'Ik doe nu even niks. Ik ga me bezighouden met kleding, volgend jaar. Ik woon in Apeldoorn en daar is niet zo heel veel op het gebied van mode.' Vooral dat laatste zinnetje. Je ziet Andy zo lopen in het centrum van Apeldoorn. Stiekem loeren naar de schoenen van winkelende mensen. Allemaal Crocs. Daar zit een groeimarkt. Meer dan de helft van de mensen loopt er bij als Johan Derksen.

Hij weet het zeker: Andy gaat een kledingzaak beginnen. De kledingzaak is de nieuwe sigarenwinkel. Vroeger verkochten oud-voetballers pakjes halfzware shag en stonden een leven lang achter een toonbank te lullen over de ene goal die ze ooit maakten, nu verkopen ze overhemden met een gekleurd kraagje.

Andy, hij heeft door Londen gereden in een sportauto, hij heeft gegeten in Milaan. Andy was ooit heel even de koning van Amsterdam. Hij hoefde nergens te betalen. Hij betaalde tattoos voor al zijn vrienden. Hij houdt van zijn dochter. Ooit was hij precies op gewicht. Nu zoekt hij de goede kleur sokken bij een afgeprijsd pak van Humberto Tan. Rood-witte sokken. Zit hij altijd goed, mochten Ajax- of PSV-fans lucht krijgen van zijn winkeltje.

Glenn Helder

14 DECEMBER 2011

Het is bijna kerst en dan zie je vanzelf Glenn Helder op de televisie. Zo werkt het in televisieland. Ergens in september gaan ze om een tafel heen zitten en vergaderen ze over Zielige Mensen. Aansprekende drop-outs, figuren aan de zelfkant van de samenleving, bijna dode mensen, kinderen met een lekkend oog en vergeten BN'ers. Daarom zie je in december ook Arie Ribbens veel op de televisie. De rest van het jaar zit hij in een caravan te bedenken wat er rijmt op het woord polonaise en houdt hij zich in leven met emmers frietsaus, maar in december kan Arie in ieder programma op komen draven. Wij vinden het fijn om met een toastje zalm in ons hand te kijken naar mensen die zijn mislukt.

Glenn Helder zit bij alle programmamakers in het kaartenbakje Heel Erg Zielig. Als je het echt niet meer weet, als niemand meer kan, als zelfs Imca Marina te duur is, dan vraag je Glenn Helder. Die komt alleen al langs om even lekker onder die warme studiolampen te ontdooien. Een avondvullende show met Glenn Helder kost je als producent twee glaasjes appelsap, een warme paardendeken en een plekje op de parkeerplaats, waar hij na de uitzending achter in zijn auto kan slapen.

Ik heb Glenn Helder nu minimaal dertig keer hetzelfde verhaal horen vertellen en alle keren heb ik hem niet verstaan. Glenn spreekt onnavolgbaar gehandicapt. Het ene moment lijkt het op iets uit Oezbekistan, een tel later herken je er een verknipte versie van het Oud-Pools in. Deze taal wordt alleen nog gesproken door een honderdjarige priester en door Glenn Helder. Heel af en toe waait er een verstaanbaar woordje Nederlands doorheen. Meestal zijn dat de volgende woorden: Arsenal, muur, gekkenhuis, casino, gevangenis, zoontje en drumstel. Daarmee is Helder zijn leven ook wel adequaat samengevat. Hij voetbalde ooit bij Arsenal, verspeelde zijn hele kapitaal, slaapt in auto's, moest gelukkig naar de gevangenis voordat hij echt domme dingen ging doen met een vriend van zijn ex en leeft nu voor zijn zoontje, waarvoor hij door een muur gaat. En oh ja, hij drumt.

U zult hem deze maand nog wel een paar keer op zien duiken, maar het programma Life after Football was er dit jaar vroeg bij. Vorige week werd Glenn geïnterviewd door Regi Blinker. In hetzelfde programma interviewde Humberto Tan de ex-voetballer Giovanni van Bronckhorst. Allebei de geïnterviewden ontroerden mij. Giovanni omdat hij op een zo aandoenlijke manier wilde laten zien dat hij geen domme jongen is. Ongeveer driekwart van het interview liet Giovanni zijn collectie fotoboeken zien. Een bekende reflex van oud-voetballers, heel geforceerd laten zien dat je niet van de straat bent. Je kent ze al een half leven lang als een schreeuwende gek in een korte broek en opeens vertellen ze aan wie het maar wil dat ze dol zijn op de boeken van Raymond Carver, maar dan vooral in zijn Chinese periode.

Giovanni deed zo zijn best dat het aandoenlijk werd. Vlak voor een enorm raam lag een boek met foto's van Helmut Newton. De bekende edelkitsch. Vrouwen met billen als te hard afgebakken pistolets, naakt wachtend bij een bushalte. Giovanni bladerde samen met Humberto wat door het boek. Ze bleven even hangen bij een foto van twee vrouwen naast een zwembad, allebei op hoge hakken en met een halve tonijn tegen hun lichaam. Giovanni vertelde dat hij het boek net op tijd had besteld bij *bol.com*. 'Twee dagen later was die Newton dood. Dit is een collector.' Oh die zalige onwetendheid van oud-voetballers. Zet John de Wolf bij een veiling en die biedt veertigduizend euro voor een huilende zigeuner. 'Kijk dan, je zou zweren dat-ie echt huilt. Prachtig'

Glenn Helder ontroerde door de plek waar hij werd geïnterviewd. Bij zijn vader thuis. Regi Blinker zat aan een Leen Bakker-tafeltje rijst op te scheppen uit een Leen Bakker-schaaltje. Ondertussen liet de vader van Glenn angstaanjagend hard een nieuwe single horen en lulde Glenn daar weer permanent onverstaanbaar doorheen. Een prachtig item. Tussen de vragen door zagen we beelden van Glenn Helder als drummer. Hij doet dit blijkbaar zonder andere muzikanten. Glenn komt aan, pakt een drumstel uit, roffelt als een bezetene op zijn trommels, pakt de boel weer in en gaat dan naar het huis waar hij die avond mag slapen. We zagen Glenn drummen. Niemand keek naar hem. Alleen Regi die voor aan het podium stond. Hij applaudisseerde toen Glenn klaar was.

Ik voelde een diep medelijden. Dat enorme geraas van Helder, dat gebabbel en dat gefilosofeer. Al legt hij duizend keer uit dat hij nu weer precies weet waar het in het leven om gaat, tijdens ieder interview zie je de dood langzaam in zijn ogen sluipen. Hij heeft het verkloot. Groots verkloot. En hoe hard hij ook lult, dat zal hem altijd blijven achtervolgen.

Maar het kan nog erger. Dan heb ik het over Vincent Mokers, de oud-spits van IJVV Stormvogels, al heel jong weggekocht door Liverpool. Een van de grootste talenten van de laatste dertig jaar. Johan Cruijff zelf noemde hem zijn gedroomde opvolger. Hij heeft twee maanden bij Piet Keizer gewoond. Vincent Mokers was de eerste buitenlandse voetballer die in het tweede van

Liverpool negen doelpunten in een wedstrijd maakte. Zes met links, twee met rechts en een met zijn hoofd. Een droomvoetballer, tot hij Tracey Macer ontmoette. Twee dagen na de eerste kennismaking in discotheek Far Out trouwde Vincent met Tracey. Twee maanden later sliep hij onder een brug.

Vincent trainde niet meer, werd weggestuurd door Liverpool, werkte een half jaar lang in een snookercentrum, kwam toen in de herenprostitutie terecht, tot hij Toos Muiden tegenkwam, een onderwijzers uit Sittard. Met haar kreeg hij twee kinderen. Op de verjaardag van zijn jongste kind werd Vincent Mokers op zijn buik in een weiland gevonden. Dood door onderkoeling. In zijn hand had hij een foto van zichzelf. Juichend om een doelpunt. Vincent Mokers, niemand kent hem en dat kan kloppen want ik verzin hem net tijdens het schrijven. Maar geef toe, wat wilde u al graag dat hij bestond. Uw honger naar bederf en daarna redding is niet te stillen.

John Guidetti

21 DECEMBER 2011

Soms lukt het je maar niet om van een voetballer te houden. Helemaal uitleggen kan ik het niet. Peter Bosz, tijdens zijn actieve carrière: nee. Nu hij trainer is: schitterende vent. Niemand loopt mooier met een bril langs een waterzak.

Eddy Treijtel, al voordat hij een meeuw uit de lucht schoot zat ik me op te vreten als ik hem over het veld zag schuiven. Dat ontzettende Eddy Treijtel-haar. Ik vind: je bent kaal of niet. Treijtel twijfelde. Die deed het er om. Aanstootgevend kaal noemde ik dat, zoals John de Wolf aanstootgevend behaard was.

Eddy Treijtel kon bij mij geen goed doen. Tijdens wedstrijden hield ik hem in de gaten. Dan liep hij tijdens een aanval van Feyenoord weer heel aanstootgevende *Treijteldingetjes* te doen in zijn doelgebied. Heel lelijk in zijn handen klappen bijvoorbeeld. Expres aritmisch. Hij had ook een vervelende stem. Een stervende haas aan de rand van de duinen, denk daar maar aan.

Ik moest aan Eddy Treijtel denken toen ik zojuist een kort interview met John Guidetti, de gehuurde spits van Feyenoord, las. Hij scoorde dit weekend drie keer en juichte daarna vreemd. John legde het zelf als volgt uit: 'Het was *planking*, zoals ze dat over de hele wereld doen. De dag voor de wedstrijd deed ik het samen met vrienden en mijn vriendin bij mij thuis, gewoon *planking*. Eerst een bever of een uil uitbeelden en dan plat neergaan. Toen ik dat zo deed, zeiden mijn vrienden dat ik het de volgende dag ook moest doen in een vol stadion als ik zou scoren. Tja, als je dan een paar keer scoort, doe je dat ook.' Juist ja. Dat planken begrijp ik. Doe ik zelf ook vaak. Midden in een slagerij even tussen de rookworst gaan liggen, tijdens het oversteken een half uurtje op het zebrapad planken en in een doe-het-zelf-winkel drie uur tussen de lijmtangen gaan liggen. *Planking* is een sociaal gebeuren. De bedoeling is dat mensen op je inlopen, je doodstil zien liggen en dat ze dan denken: *Wat doet die nou?* In een bos is het veel minder leuk. Ik heb een maand geleden nog anderhalve dag langs een bospad gelegen. Geen mens gezien.

Wat mij vooral fascineert is het nadoen van dieren. Want dat zegt Guidetti. Hij doet eerst een uil of een bever na en daarna gaat hij pas liggen. Ik heb het teruggekeken en inderdaad, vlak na zijn eerste doelpunt doet hij een Zweeds nachtuiltje na. Vrij goed zelfs. Als Guidetti geen voetbalschoenen aan zou hebben gehad, dan was ik gaan twijfelen. Het komt door Guidetti zijn Zweedse roots. Daar doen ze niet anders. Opstaan, de hele dag naar een uil loeren en dan weer snel in bed gaan liggen. Wat moet je anders.

Ik vond Guidetti's imitatie van een bever veel minder overtuigend. Dat was een bevertje van niks. Guidetti zat daar heel dicht tegen het niveau van een Nederlandse acteur aan. Iedereen die wel eens een goede bever heeft neergezet, die weet dat je de ogen wijd open moet sperren. Je publiek moet geloven dat je een dam wilt bouwen. Dat had ik bij Guidetti niet. Je zag nog te veel de voetballer er doorheen.

John Guidetti, als ik zijn naam hoor vallen komt daar steeds vaker het woord fenomeen achteraan. Zo gaat dat. In Rotterdam, waar men zo wanhopig verlangt naar succes, ben je al een fenomeen als je de bal per ongeluk via je wang het doel in loopt. Guidetti maakt echte doelpunten. Over zestig jaar liggen er zeventigduizend mensen op de Coolsingel te planken ter nagedachtenis aan John Guidetti, liefkozend *Het Beveruiltje* genoemd. Maar zo ver is het nog lang niet. Er zijn weinig mensen die nog zo enorm leven als John Guidetti. En dat zullen we weten ook. John Guidetti houdt enorm van John Guidetti. John Guidetti heeft vrienden met wie hij, de avond voor de wedstrijd, aan *planking* doet. Dan weet je het wel. Je ziet het zo voor je: John Guidetti midden in de kamer en zijn vrienden applaudisserend eromheen. Vrienden, nu ik het zeg vind ik het al verdacht. Een voetballer heeft geen vrienden.

Guidetti is een voetballer aan het worden die ik niet kan verdragen. Dat ontwikkelde zich al weken geleden. Het hysterische gejuich na ieder doelpunt. Dat oppeppen van zijn medespelers, steeds toevallig vlak voor een camera. Die geacteerde wedstrijdbeleving. In ieder interview benadrukken dat je *een gekkie* bent. Guidetti weet hoe het in de moderne voetballerij werkt. Als je Messi heet, dan kan je rustig als een monnik blijven werken aan een van de grootste kunstwerken van de laatste twintig eeuwen, maar als je geen Messi bent moet je een Mal Mannetje zijn. Je moet van veelbesproken gedrag zijn. Vuurwerk in huis afsteken helpt. Vertellen dat je een dode eland in zijn geheel in je vriesvak hebt proberen te proppen, ook prima.

Bij Guidetti ligt het er allemaal net iets te dik bovenop. Hij weet te goed waar de arbeidersharten van Feyenoord-supporters harder van gaan kloppen. Gekte gecombineerd met werklust. Als je het – zoals ik – beleeft als een act, dan is Guidetti niet te harden. Zijn gedrag zit mij ernstig in de weg als ik hem probeer te beoordelen op zijn voetbalcapaciteiten. Prachtige acties, geweldige doelpunten, maar dat stervende uiltje verpest alles. Ik wil oprechte vreugde zien. Ik wil iemand vol ongeloof over het veld zien hollen. Een sprong in de lucht met een vuist omhoog. Ik wil geen vooraf bedacht toneelstuk. Het is armzalig juichen. Vreugde verzin je van te voren niet met vrienden. Het vult je lichaam, of je wilt of niet, en dan zie je wel waar het schip strandt. Guidetti verkloot met zijn *beverplanking* alles. Je kijkt naar een voetballer die de nacht ervoor heeft na liggen denken welk dier hij nu weer na gaat doen als hij scoort.

Maar, eerlijk is eerlijk, dit is wat ik na drie keer Guidetti-juichen dacht toen Co Adriaanse kort in beeld kwam: een heel ziek doodshoofdaapje. Sprekend!

Colofon

AUTEUR	Nico Dijkshoorn
EINDREDACTIE	Martin Donker
VORMGEVING	Remy Best
DRUK	Koninklijke Wohrmann
DRUKWERKBEGELEIDING	Geert Gortzak
COÖRDINATIE	Marieke Derksen
COVERFOTO	Hollandse Hoogte

Eerste druk: mei 2012
Derde druk: april 2013

ISBN: 978 90 71359 95 8
NUR: 489